U0887452

21世纪高等职业教育财经类规划教材
财务会计类

工业和信息化高职高专“十三五”
规划教材立项项目

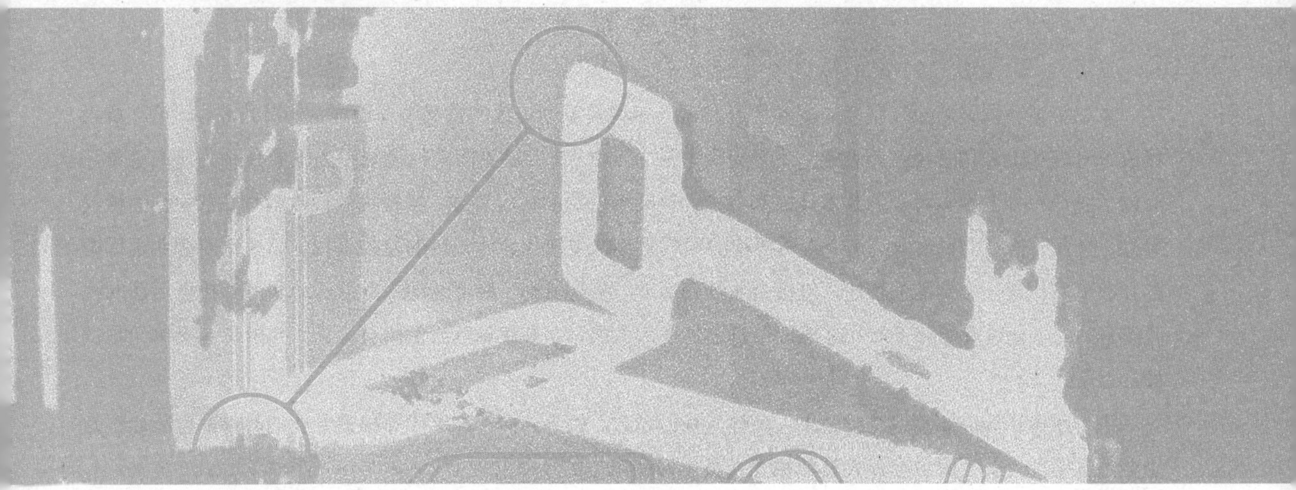

税收筹划（第2版）

Tax Planning (2nd Edition)

◎ 王振东 韩清轩 主编 ◎ 朱瑞华 刘淼 朱妤 副主编

人民邮电出版社
北京

图书在版编目（CIP）数据

税收筹划 / 王振东，韩清轩主编. -- 2版. -- 北京：人民邮电出版社，2015.7
21世纪高等职业教育财经类规划教材. 财务会计类
ISBN 978-7-115-39126-1

Ⅰ. ①税… Ⅱ. ①王… ②韩… Ⅲ. ①税收筹划－高等职业教育－教材 Ⅳ. ①F810.423

中国版本图书馆CIP数据核字(2015)第096521号

内容提要

本书根据我国最新税收制度的变化情况和近几年税收筹划实践的发展编写而成，全书共8章。第1章为税收筹划概述，介绍了税收筹划的基本理论和方法。第2～7章以我国现行税制中的主要税种为研究对象，介绍了各个税种的税收筹划的基本技能和方法，包括增值税的税收筹划、消费税的税收筹划、营业税的税收筹划、企业所得税的税收筹划、个人所得税的税收筹划、关税及其他税种的税收筹划。第8章对企业运行中的税收筹划作了一个全面的描述，包括企业经营活动、筹资活动、投资活动、重组活动和海外投资活动的税收筹划。为了让读者能够更加及时地检查自己的学习效果，本书在每章后都附有习题，并附有5个单元测试题。

本书既可作为高职高专院校、成人高等院校的财政、税务、会计、审计等相关专业的教材，也适合作为企业经营管理人员、财务会计人员、税务人员学习和工作的参考书。

◆ 主　　编　王振东　韩清轩
副 主 编　朱瑞华　刘　淼　朱　妤
责任编辑　李育民
责任印制　杨林杰

◆ 人民邮电出版社出版发行　　北京市丰台区成寿寺路11号
邮编　100164　　电子邮件　315@ptpress.com.cn
网址　http://www.ptpress.com.cn
北京鑫正大印刷有限公司印刷

◆ 开本：787×1092　1/16
印张：12.5　　2015年7月第2版
字数：277千字　　2015年7月北京第1次印刷

定价：29.80元

读者服务热线：(010) 81055256　印装质量热线：(010) 81055316
反盗版热线：(010) 81055315
广告经营许可证：京崇工商广字第0021号

第 2 版前言

近两年来，我国税制改革不断深入，先后对增值税、消费税、营业税和资源税等进行了重要改革，随着税收征管的不断完善，税收筹划课程的教学也需要进行同步调整。同时，《税收筹划》（第 1 版）教材自出版以来，受到了众多高职高专院校的欢迎，读者对教材的使用和编写反馈出了很多宝贵而中肯的意见。因此，借本书重印之际，对教材内容进行了全面的修订，以适应形势变化需要和广大读者要求。

本次修订，力求保持原教材的体系和特点，突出教材的理论性、实用性、新颖性和可操作性。修订内容主要涉及增值税、消费税和营业税等各个税种的税收筹划，同时也对教材中的例题、习题及实训题做了较大的修改、调整和补充。

本书按照高等职业教育的人才培养目标，并针对高职高专税收筹划课程教学的特点，本着理论与实践相结合的原则，突出了理论性、实用性、新颖性和可操作性，体现以下特点。

（1）目的性强。本书注重对学生基本技能的培养，使学生能够熟练掌握税收筹划方面的基础知识和基本理论，运用所学知识准确地处理税收缴纳过程中的各项业务活动。

（2）体系完整。本书既包括对税收筹划基本理论和方法的介绍，也包括对经济活动中涉及的各种税收的分税种的税收筹划，还对企业运行过程中的税收筹划作了一个全面介绍，使学生对税收筹划工作有一个完整的认识。

（3）突出重点。对当前我国税制的主要税种的税收筹划作了较为详尽的介绍，对辅助性税种的税收筹划作了概要性的介绍。

（4）注重实践。每一章的后面都附有练习题，并附有 5 个单元的自测题，强化学生动脑和动手能力，增强学生对税收筹划知识的把握和业务的实际操作技能。

（5）内容新颖。本书针对税法的最新变化编写，力求在内容上做到“新”，并针对税制改革的进程，适时进行调整。

全书由山东警察学院王振东、韩清轩担任主编；河南广播电视大学朱瑞华，山东警察学院刘淼、朱妤担任副主编。参加编写的人员还有日照市财政局安佰征，山东警察学院毛乾梅、杨忠英、赵海霞和田静。全书由王振东统稿和定稿。

刘清欣、王海勇等国家税务总局、山东省国税局等单位的领导和同志对本书的修订给予了热心的帮助，并提供了最新的资料；许多热心的读者也提出了大量中肯的意见，在此一并表示衷心感谢！

由于编者学识与经验有限，书中难免有疏漏之处，恳请同行和读者继续提出宝贵意见。

编者

2015年3月

目 录

目 录

目录

第1章 税收筹划概述

【知识目标】

- 了解税收筹划的概念、特点与意义。
- 了解税收筹划的风险与成本。
- 了解税收筹划的动因与目标。
- 掌握税收筹划的基本原则。
- 掌握税收筹划的基本步骤。

【技能目标】

- 能够把握税收筹划的基本方法。
- 能够熟练运用税收筹划的基本技术。

案例引入

野蛮者抗税，愚昧者偷税，糊涂者漏税，智慧者进行税收筹划

税收筹划与国家征税相伴而生，这是“经济人”的必然选择。税收筹划为社会所关注并被法律认可，从时间上可以追溯到20世纪30年代。1935年，英国上议院议员汤姆林爵士针对“税务局长诉温斯大公”一案指出：“任何个人都有权依据法律安排自己的事务，以便减少纳税支出……尽管税务局局长或其他纳税人可能不欣赏他的策划，但也不能强迫他多缴税。”汤姆林爵士的观点赢得了法律界的认同，这是第一次对税收筹划作了法律上的认可。自此，英国及许多受英国影响的国家（澳大利亚、美国等）

对纳税人税收筹划的处理都参照这一判例精神，不少税务专家和学者对税收筹划有关理论的研究也在不断向深度和广度发展。

随着我国社会主义市场经济体制和现代企业制度的建立和不断完善，特别是加入WTO后经济的国际化进程不断加快，税收筹划已越来越受到企业的关注并成为企业理财的重要组成部分。税收筹划的观念也正逐步更新，有了"野蛮者抗税，愚昧者偷税，糊涂者漏税，智慧者进行税收筹划"的说法。

学习税收筹划必须掌握税收筹划的概念、意义、风险与成本、动因、目标、原则、特点、技术、方法等基本理论问题，了解税收法律责任，保证在不违法的前提下进行税收筹划，使纳税人最大限度地获得税收利益，实现其财务目标。

1.1 税收筹划的含义、特征与意义

1.1.1 税收筹划的含义与特征

税收筹划亦称纳税筹划、税务筹划。国际上对于税收筹划的理解不尽一致，我们可做这样的概括，税收筹划是指在不违反法律的前提下，通过对经营、投资、理财活动中涉税事项的筹划和安排，尽可能地减轻税负以实现财务目标。税收筹划的特征表现在以下3个方面。

（1）政策依赖性。我们可以将税收筹划视为企业和政府在税收法律政策上的一种博弈行为，具体来说有两层含义：一是税收的征缴要以国家制定的相关法律政策为依据，那么税收筹划也要以这些相关法律政策为对象，研究如何利用它们提供的优惠措施和本身的不完善之处来减少税负；二是税收筹划行为必须限定在法律政策的框架之内；如果超出，那就是偷税、漏税，是违法行为。

（2）事前筹划性。税收筹划属于计划范畴，是一种指导性、科学性、预见性极强的管理活动，其目的是减少税收支出，取得税收利益。纳税义务履行的滞后性决定了企业可以对自身应纳税经济行为进行事先的预见性安排，利用税收优惠的规定、纳税时点的掌握、申报方式的选择及收入和支出的控制等途径，比较不同经济行为下的税负轻重，作出相应选择。

（3）被动判定性。税收征缴的权利掌握在税务机关手中。这样，即使税收筹划的过程由企业主导，但是最后筹划方案是不是符合法律规定，是否会成功，能否给纳税人带来税收上的利益，很大程度上取决于税务机关对纳税人税收筹划方案的判定。如果纳税人所选择的方法并不符合税法精神，如一些"打擦边球"的做法，税务机关可能会视其为避税，甚至看作是偷税漏税，那么纳税人将遭受重大损失。

1.1.2 避税与节税

小案例　教人偷税坐牢5年

美国俄亥俄州有位叫弗莱的作者，写了一本《不缴税也不用坐牢》的书，使政府税收损失近1 300万美元。为此，美国财政部国内收入署对弗莱提出指控，致使弗莱被判刑入狱5年。

问题：税收筹划（节税、避税）与偷税有什么不同？

1. 避税

避税是指在不违反税法规定的前提下，利用税法的漏洞、特例和缺陷，规避或减轻其纳税义务的行为。它具有以下3个特征。

（1）不违法性。避税是利用“不违反税法规定”的手段来规避纳税义务。“不违反税法规定”可能是税法对此没有作出规定，也可能是税法的规定中存在疏漏、不足之处。既然避税没有违反税法规定，就不能受到像对待偷税、逃税等行为的法律制裁。事实上，何为“违法”，何为“不违法”，完全取决于一国一段时期内的法律。在一国违法的事，也许到了另一国就成了不违法的事；在一段时期内不违法的事，也许到了另外一段时期就是违法的事。

（2）不顺应法律意图性。由于法律的制定往往滞后于新经济活动的发生，因此，法律总是难以面面俱到。税法中的空白、漏洞、缺陷、错误都是纳税人可以利用的地方，尽管这些不是立法者的本意。例如，税法中有的条款在执行中有弹性，纳税人可以按有利于自己的理解去执行；税法中过于抽象、过于简化的条款，纳税人可以根据自己的理解，从有利于自身利益的角度去进行筹划；税法中相互矛盾、相互冲突的内容，纳税人也可以加以利用。

（3）受制约性。由于避税违背了法律的意图，因此政府部门迟早要对此作出反应，通过完善税法和加强执法来对避税行为进行制约，即采取反避税措施。例如，我国的《税收征管法》《增值税暂行条例》《消费税暂行条例》以及《企业所得税法》中都有税务机关有权核定和调整关联企业往来业务的规定。需要指出的是，避税的不违法性是就法律而言的，但是就经济影响而言，避税影响了国家的税收收入，因此，反避税的深层次理由既源于法律也源于经济。

2. 节税

节税是指在税法规定的范围内尽可能地减轻税负以实现财务目标的合理行为。节税的行为是符合法律精神的，也是顺应法律意图的。它具有以下3个特征。

（1）合法性。从法律角度来看，节税是以遵循税收法律、法规和政策的合法方式，在税法允许甚至鼓励的范围内进行的纳税优化选择。

（2）符合政府政策导向性。税收具有宏观调控的职能，各国政府都会利用税收经济杠杆，有意识地通过税收优惠、鼓励等政策，引导纳税人逐步走向优化产业结构和合理配置资源的道路。纳税人在实现节税目的的同时，政府也实现了其政策导向。

（3）合理性。合理性是指节税具有经营上的目的。纳税人的节税行为不仅仅是出于税收因素的考虑，也是出于合理的商业经营上的考虑。没有合理的经营目的，纯粹是为了规避税负的交易行为是避税行为，是要受到制约的。

3. 避税与节税

一般来说，税收筹划应该包括避税与节税。避税与节税都会使纳税人的税负减轻，国家的财政收入减少，但是两者的性质不一样，对它们的处理也不一样。避税和节税的区别在于：从形式上看，节税是合理利用税法，避税是错误或滥用税法；从实质上看，节税是顺应立法精神的，而避税是违背立法精神的。例如，一个国家对高酒精含量的酒类产品征收重税，一个纳税人可以采取三种办法来少缴纳或者不缴纳税款：第一种是积极开发果汁制品来取代原来的产品；第二种是钻“高酒精含量度数”标准的空子，继续生产高酒精含量的酒类产品；第三种是通过隐瞒销售收入的手段，继续生产该酒类产品。我们把第一种行为称为节税，把第二种行为称为避税，把第三种行为称为偷税或逃税。

在实践中，节税与避税两者往往联系紧密，难以分清。特别需要指出的是，两者都不违反税法。因此，纳税人完全可以采取节税和避税的手段来减轻税收负担。税收筹划与偷、逃、抗、欠、骗税的根本区别是：税收筹划以不违法为前提，而偷、逃、抗、欠、骗税均属违法行为，要承担行政责任和（或）刑事责任。节税、避税与偷税、逃税的区别，如表 1-1 所示。

表 1-1　节税、避税与偷税、逃税的区别

纳税人行为	与立法意图的关系	与法律的关系	政府的态度
偷税、逃税	违背立法意图	违反法律规定	制裁处罚
避税	违背立法意图	法律对此没有规定	反对
节税	顺应立法意图	符合法律规定	鼓励

1.1.3　税收筹划的意义

（1）税收筹划有助于抑制偷税、漏税的行为。人们减少税负的动机是客观存在的。但是，其行为方式可能是多种多样的。如果用违法的手段达到偷税、漏税的目的，显然是我们所竭力反对的，也是税法所不容的。而税收筹划的理论与实践，则是用合法的手段达到减轻税负的目的，显然有助于抑制偷税、漏税的行为。

（2）税收筹划不仅不会减少国家税收总量，而且可能增加国家税收总量。税收筹划的作用是调整投资方向，做到国民经济有计划、按比例稳定发展，提高企业的经济效益和社会效益。因此，企业虽然减按较低税率纳税，但随着企业收入和利润等税基的扩大，实际上对国家今后的税收来说，不仅不会减少，反而会有所增加。

（3）税收筹划有助于强化企业法律意识。同是减少税负的动机，有的纳税人采取合法手段，有的纳税人采取非法或违法手段，根本问题是法律意识问题。税收筹划是以遵守税法和拥护税法为前提的，是建立在对税法深刻认识和理解的基础上的，因而有助于人们强化法律意识。

（4）税收筹划有助于促进税收法制建设。税收筹划是根据税法的规定达到减轻税负的目的。税收筹划理论与实践的发展，有助于促进税法的不断完善。

（5）税收筹划有助于优化产业结构与投资方向。税收筹划是利用税基与税率的差别，以达到减轻税负的目的。而税法中税基与税率的差别，是国家利用税收杠杆来引导纳税人的投资行为，达到调整国民经济结构与生产力布局的目的。尽管纳税人主观上是为了减轻自身的税负，但在客观上却在国家税收杠杆作用下，走向了优化产业结构和生产力合理布局的道路。

（6）税收筹划有助于提高企业的经营管理水平和会计管理水平。资金、成本和利润是企业经营管理和会计管理的三要素。而税收筹划的理论，正是为了实现资金、成本和利润的最佳效果。所以，税收筹划理论也是企业经营管理理论和会计管理理论的

重要组成部分。国外一些企业在选择高级财务会计主管人员时，总是将应聘人员的税收筹划知识和能力的考核，作为人员录取的标准之一。税收筹划理论与实践的发展程度，实际上是衡量企业经营管理水平和会计管理水平的重要指标。

因此，真正意义上的税收筹划，不论是对企业还是对国家，都有积极的意义。税收筹划是纳税人整体财务筹划的重要组成部分。

1.2　税收筹划的风险与成本

在市场经济条件下，企业的任何经济活动都存在一定的风险，都需要一定的成本费用支出，企业纳税以及税收筹划也不例外。

1.2.1　税收筹划的风险

（1）政策风险。政策风险由税收筹划对政策的依赖性所引起，具体又包括以下几种。

① 政策选择风险。该种风险的产生主要是因筹划人对政策精神的认识不足、理解不透、把握不准所致。对税收政策的理解既不能扩大，也不能缩小，同时必须注意立法机关、行政机关作出的有效力的解释，以做到准确把握税法。

② 政策调整风险。我国市场经济在蓬勃发展，为了适应不同发展时期的需要，作为国家宏观经济调控工具的税收政策必然要随之进行调整。从这个意义上讲，政府的税收政策总是具有不定期或相对较短的时效性。这不仅增加了企业进行税收筹划的难度，而且可能导致企业税收筹划的目标不能得以实现。

③ 政策模糊风险。我国现有的税收法律法规层次较多，除了全国人民代表大会及其常委会制定的税收法律和国务院制定的税收法规外，还有大量的由有关税收管理职能部门制定的税收行政规章。这些行政规章有时不够明晰，企业如果依据这些行政规章开展税收筹划，就有可能因为对这些规章理解错误而导致税收筹划的失败。

（2）经营风险。税收筹划的超前性是导致其经营风险的主要原因，具体也可以分为以下几类。

① 方案设计风险。科学的税收筹划方案是税收筹划成功的关键。在实践中，不科学的筹划方案大致有以下3种：一是税收筹划严重脱离企业实际；二是税收筹划方案不符合成本效益原则；三是税收筹划方案没有从企业整体发展战略角度出发。这些方案的设计失误将给企业带来沉重的负担。

② 经营变化风险。因为税收筹划的过程实际上就是对税收政策的差别进行选择的过程。但无论何种差别，均应建立在一定的前提和条件下，即企业日后的生产经营活动必须符合所选税收政策要求的特殊性。这些特殊性，在给企业的税收筹划提供可能性的同时，也对企业的某一方面的经营活动（经营范围、经营地点、经营期限等）带来了约束性，从而影响着企业经营活动本身的灵活性。

③ 方案实施风险。科学的税收筹划方案必须通过有效的实施来实现。即使有了科学的税收筹划方案，如果在实施过程中没有严格的实施措施，或者没有得力的实施人才，或者没有完善的实施手段，都有可能导致整个税收筹划的失败。

（3）执法风险。执法风险是由税收筹划的被动判定性所决定的。严格意义上的税收筹划应当是合法的，符合立法者意图的，但这种合法性还需要税务行政执法部门的确认。在这一确认过程中，客观上存在着税务行政执法偏差，从而产生税收筹划失败的风险。因为我国税法对具体的税收事项常留有一定的弹性空间，即在一定的范围内，税务机关拥有自由裁量权，再加上税务行政执法人员的素质又参差不齐，这些都客观上为税收政策执行偏差提供了可能性。即使是合法的税收筹划行为，结果也可能因税务行政执法偏差而导致税收筹划方案在实务中根本行不通，从而使方案成为一纸空文，或者被视为偷税或恶意避税而加以查处，不但得不到节税的收益，反而会加重税收成本，产生税收筹划失败的风险。

1.2.2 税收筹划的成本

税收筹划成本是企业因进行税收筹划而增加的成本。税收筹划成本可分为显性成本和隐性成本。显性成本是在税收筹划中实际发生的相关费用；隐性成本是纳税人因采用税收筹划方案而放弃的其他潜在利益，因此，隐性成本是一种机会成本。企业在进行税收筹划时，更应该关注后者。

（1）企业要在有关法律的约束下，通过内在经营机制的优化谋取最大限度的利益增值，这是企业经营理财（含税收筹划）的行为准则和根本出发点。税收筹划作为企业维护自身利益的必要手段，不能仅考虑税负的减轻，还应将减轻税负置于企业的整体理财目标中。为此，要充分考虑（分析）以下5点。

① 企业采取怎样的行为方式才能达到最佳的税收筹划效果，即有利于企业财务目标的实现。

② 税收筹划的实施对企业当前和未来发展是否会产生现实的或潜在的机会损失。

③ 企业取得的税收筹划效应与形成的机会成本配比的结果是否真正有利于企业内在经营机制的优化和良性循环。

④ 企业税收筹划行为的总体实施是否具有顺应动态市场的应变能力，即具有怎样的结构弹性、可能的结构调整成本及风险程度。

⑤ 企业进行的税收筹划是否存在受法律惩处的可能性，一旦筹划不利将给企业带来什么后果等。

（2）如果单纯为筹划而筹划，就可能降低筹划的效果，甚至可能出现以下负效应。

① 筹划的即时外显收益抵补不了筹划的即时显性成本（筹划费用过大，收不抵支）。

② 筹划的即时外显收益虽然大于相应的即时显性成本，但其外显净收益却低于即时的机会成本。

③ 筹划的即时净收益虽然超过了即时的机会成本（损失），但因片面筹划动机导致的筹资、投资或经营行为短期化，使企业资金运动的内在秩序受到干扰，影响企业资金未来的获利能力，形成潜在损失。

④ 存在触犯法律的可能性，形成有形的或无形的潜在机会损失（隐性成本）。

由此可见，单凭主观动机或愿望并不一定就能减轻税负、降低税收成本，只有将主观动机与决策素质（水平）较好地融汇于具体的经营理财行为中，并通过对客观条件（现行税制）的深刻理解与充分把握，在对未来国家经济政策、市场环境准确预测的基础上，才能实际有效地进行税收筹划。

1.3 税收筹划的动因与目标

1.3.1 税收筹划的动因

税收筹划是因税收的存在而产生的，利益的驱使是税收筹划产生的根本原因。现代意义上的税收，应该是在税收法律规范下的税收。这个阶段，税收对纳税人的经济活动调控作用更为明显，并且税收通过税收法律规范后，明确界定了纳税人应尽的纳税义务，为合法降低税收成本提供了现实的可能性。主观愿望和客观条件相结合，造成了税收筹划的产生和存在。

（1）税收筹划是纳税人的正当权利。缴税是纳税人的义务，税收筹划是纳税人的权利，看似矛盾的双方在法律责任的范围内求得统一。纳税人在法律允许或不违反税法的前提下，有从事经济活动、获取收益的权利，有选择生存与发展、兼并与破产的权利，也有通过税收筹划取得税收收益的权利。税收筹划是企业对其资产、收益的正当维护，属于企业应有的经济权利。纳税人对经济利益的追求可以说是一种本能，是最大限度地维护自己利益的行为。

税收筹划应是在企业权利的边界内或边界线上，超越企业权利的范围和边界，必然构成对企业义务的违背、践踏；而超越企业义务的范围和边界，又必然构成对企业权利的破坏和侵犯。对纳税人来说，遵守权利的界限是其应承担的义务，不超出承担义务的界限又是其应有的权利。税收筹划没有超越企业权利的范围，应属于企业的正当权利。

（2）主观动因。在市场经济体制下，企业是独立核算、自主经营、自负盈亏的市场主体，税收对企业的收益有重大影响。首先，税收支出的多少直接影响企业流动资金的周转；其次，所支出的税收是否计入企业成本直接影响企业的最终收益；最后，当企业和税务机关在对税法理解上发生偏差时，企业的态度常会决定企业所处的地位。

从宏观上讲，企业在筹资、投资等决定企业未来发展方向的决策中引入税收筹划，会对企业决策产生一定影响，使最终收益达到最大化；从微观上讲，企业在生产经营中对某一产品、税种、税收政策的筹划，有助于企业将税负降至最低。所以，企业的税收筹划得当，用足、用好税收优惠政策，有利于减轻税负，增强竞争力，有效维护企业权益，使自身经济利益达到最大化。

（3）客观条件。税法的政策导向性和不完善性也为税收筹划创造了客观条件，具体表现在以下4个方面。

① 在国际之间，不同国家的税收制度存在较大的差异，因而存在利用国别税收政策的差异在国际间进行税收筹划的空间。

② 在同一个国家的不同地区采用不同的税收优惠政策，如我国的西部、高新技术开发区、经济特区等采用的税收优惠政策都可为税收筹划提供广阔的空间。

③ 同一个国家内的各税种间亦存在税收筹划的空间，可以通过筹划加强税种间

的组合优势。

④ 在同一个税种内也可进行税收筹划，如纳税人、征税对象、税目税率、计税依据、纳税环节等皆可以进行筹划。

1.3.2 税收筹划的目标

税收筹划的目标，就是减轻税收负担、争取股东财富最大化或者企业价值最大化。其外在表现是纳税最少、纳税最晚，即“经济纳税”，以实现税后利润最大化。

为实现税收筹划的目标，可以将税收筹划目标细化，具体可分为以下4点。

（1）恰当履行纳税义务。恰当履行纳税义务是税收筹划的基础目标或最低目标，旨在规避纳税风险、规避任何法定纳税义务之外的纳税成本的发生。一是认识和避开税法陷阱，二是实现涉税零风险。税法陷阱是税法漏洞的对立面，税法漏洞的存在给纳税人提供了避税的机会。而税法陷阱的存在，又让纳税人不得不小心，否则会落入税务当局设置的看似漏洞，实为陷阱的圈套（这也是政府反避税的措施之一）。纳税人一旦落入税法陷阱，就要缴纳更多的税款，影响纳税人正常的收益。涉税零风险是指纳税人账目清楚，纳税申报正确，缴纳税款及时、足额，不会出现任何关于税收方面的处罚，即在税收方面没有任何风险，或风险小至可以忽略不计的一种状态。在这种状态下，纳税人虽然不能直接获取税收上的好处，但却能间接地获取一定的经济利益，更加有利于企业的长远发展与规模扩大。

（2）纳税成本最低化。纳税成本最低化与恰当履行纳税义务，虽然都是防卫型的税收筹划目标，但也都是最基本的税收筹划目标。纳税成本是指纳税人在纳税过程中所发生的直接或间接费用，包括经济、时间等方面的损失，如税务登记、纳税申报、税款缴纳、税务检查等整个纳税过程中的时间耗费及纸张、记录等方面的费用；此外还包括纳税人的心理压力等。西方经济学家在税收成本理论中常把这部分费用称为“奉行纳税费用”、“履行纳税义务费用”、“税收奉行费用”等。纳税人纳税成本的降低会使企业利润增如，从而增加应税所得额；对税务机关来说，增加税收收入，降低其征管成本，是一种双赢的结果。

（3）税收负担最低化。税收负担最低化是一种积极的、进攻型的税收筹划目标。纳税人对税收负担最小化的追求，是税收筹划产生的最初原因。毫无疑问，减轻税收负担也就必然是税收筹划所要实现的目的之一。减轻自身税收负担包括3层含义：第一层是绝对地减少经济主体的应纳税款数额；第二层是相对地减少经济主体的应纳税款数额，即经济主体的应纳税额虽然有所增加，但其增加幅度小于利润增长的幅度；第三层是获取延迟缴纳税款的资金时间价值，资金的时间价值是指资金在经历一定时间的投资和再投资所增加的价值。虽然这笔税款迟早是要缴纳的，但现在无偿地占用这笔资金就相当于从财政部门获得了一笔无息贷款，有利于更好地安排企业的资金运动。

（4）税后利润最大化。税后利润是属于股东的权益。税收筹划作为财务管理的一个部分，它也要服从于财务管理追求股东财富最大化的目标。税后利润最大化有2层含义：第一层是在整个投资项目的投资周期内的税后回报最大化，也就是不能单纯以眼前税负的高低作为判断标准，而要以企业长远利益作为判断标准，有时可能会选择税负较高的方案；第二层是整体投资税后回报的最大化，也就是不能单纯以税负的高低作为判断标准，而要以企业整体利益作为判断标准，也许税负增加了，但是总的税后利润增长得更快。

1.4 税收筹划的原则与基本方法

1.4.1 税收筹划的原则

1. 不违法原则

税收筹划应该以现行税法及相关法律、国际惯例等为依据，在不违背税法规定的前提下，利用税制构成要素中的税负弹性进行税收筹划，选择最优的纳税方案。税收筹划的最基本原则或最基本特征为不违反税法，这是区别于偷、逃、欠、抗、骗税的关键。

2. 全面筹划原则

税收筹划是企业财务管理活动的一个重要内容，它与企业其他财务管理活动是相互影响、相互制约的。

（1）不可把税负轻重作为选择纳税方案的唯一标准，而应着眼于企业财务管理的总目标——企业价值最大化。税收支出的减少并非等额地带来资本总收益的增加，当税收负担降低反而引起企业价值的减少时，盲目追求减少税负毫无意义。

（2）税收筹划要考虑企业整体税负的下降，不能只注意一个或几个税种，应综合权衡，趋利避害。

3. 成本效益原则

税收筹划要进行“成本—效益”分析，判断其方案是否经济可行。企业应以税后收益最大化为目标，充分考虑税收筹划的显性成本和隐性成本，进行有效税收筹划。在筹划税收方案时，不能一味地考虑税收成本的降低，而忽略因该筹划方案的实施引发的其他费用的增加或收入的减少，必须综合考虑采取该税收筹划方案是否能给企业带来绝对的收益。

4. 适时调整原则

税收筹划是在一定法律环境下，以企业经营活动为背景制订的，有着明显的针对性和时效性。随着时间的推移，社会经济环境、企业、法律等各方面情况不断发生变化，必须注意税收政策法规的更新及未来走向，抓住时机，灵活反应，不断补充和修订税收筹划方案，以确保企业长久地获得税收筹划带来的收益。

5. 保护性原则

我国大部分税种的税率、征收率不是单一税率，有的税种还有不同的扣除率、出口退税率。在现实中也存在这样的情况：兼营适用同一税种但不同税率的货物或劳务，兼营适用不同税种的货物或劳务以及混合销售行为。税法中对此的规定都是“就高不就低”的原则。因此，纳税人要按不同税种、税率（退税率）分别设账、分别核算；在有混合销售行为时，要掌握计税原则。另外，由于增值税实行专用发票抵扣制，依法取得并认真审核、妥善保管专用发票是至关重要的，对纳税人来说，这都是保护性的举措；否则，不但不能减轻税负，还可能加重税负。

1.4.2 税收筹划的基本方法

1. 变更纳税主体

不同的纳税主体在税收待遇上是不同的。以所得税为例，个人独资企业、合伙企业的税负一般要低于公司制企业（包括有限责任公司和股份有限公司），因为前者不存在重复征税问题（只交个人所得税不交企业所得税），而后者一般涉及双重征税问题（先交企业所得税，投资者还要交个人所得税）。即使同为公司制企业，又有居民企业与非居民企业之分。以居民企业为例，小型微利企业适用的税率为20%，高新技术企业适用的税率为15%，其他企业的税率为25%。

企业在设立之初，面临着不同组织形式、投资地点以及经营范围等的选择，业务扩展中也面临着分支机构形式的选择，相关的抉择会导致对企业未来经营与发展的不同影响，产生不同的税务后果。一个已经成立的企业也可以通过改制、改组引起纳税主体的改变；而且还可以通过不同企业之间的互相渗透，把原来不属于优惠范围企业、不能享受优惠政策的纳税主体通过重组变为享受优惠政策的纳税主体，从而享受税收优惠的好处。

另外，企业业务经营的国际化，世界各国税制的差异，特别是国际避税地、自由贸易港的存在，使得国际税收筹划成为可能。

小案例 身份之谜——百度是中国公司吗？

“百度”这个名字来源于南宋词人辛弃疾（1140—1207年）的一首非常有名的词中的一句“众里寻他千百度，蓦然回首，那人却在灯火阑珊处”。虽说，百度的主体业务在中国，它在美国上市时使用了“中国的Google”这么一个概念，但它真的是中国公司吗？

2. 业务流程的安排

业务部门产生税收，财务部门反映和缴纳税收。因此，税收筹划要注重对业务过程的合理安排。以增值税业务为例，如果一个企业从种草开始到养牛，再到生产牛奶整个产业链都是自己生产，并且安排在一个企业来生产，可能导致这个企业最终销售出去的牛奶按照17%来交增值税；如果把种草场分立出去，那么从草场购进的草可以按买价的13%作为进项税额在牛奶的生产环节进行抵扣。

3. 转让定价

由于不同的企业实行差别优惠政策，所以这种政策直接导致关联企业之间税负水平差异明显；而且同一集团内不同企业之间盈利水平不同，盈利企业应该纳税，亏损企业不需要交所得税。我们可以通过关联企业之间的转让定价，综合考虑企业之间的盈亏情况，通过转让定价，合理地把税负高的企业利润转移到税负低的企业，从盈利的企业转移到亏损的企业，以达到降低税负的目的。这是跨国公司进行国际避税的一种惯用手段。

4. 税负转嫁

税负转嫁是税收筹划的特殊形式，是指在经济交易中，经济主体通过抬高商品销售价格或压低商品购进价格的方法，将税收负担转嫁给商品购买者或商品供应者，自己少缴税款甚至不缴税款的行为。纳税人进行税负转嫁的目的在于消除或减轻自己的纳税义务。因为税负转嫁意味着税收负担的最终承担者不完全是纳税人自己，而且包括背后隐藏的第三者,纳税人在一定程度上充当了税务机关与直接负税人之间的中介者。税负转嫁的形式主要有税负前转、税负后转、税负消转、税负混转以及税收资本化。

5. 税收优惠政策的充分利用

我国很多的税收优惠政策都有一个临界点的规定。例如，增值税、营业税有起征点的规定；卷烟等的消费税有差别税率；企业所得税中有对高新技术企业实行15%、小型微利企业实行20%优惠税率的规定等。通过临界点分析，充分利用各种税收优惠政策，才能享受更多减免税待遇。

6. 会计政策的选择

新企业会计准则的实施给了企业更多的选择空间。例如，固定资产折旧方法的选择、折旧年限的选择，存货的计价方法、费用的分摊等问题，对于这些业务，不同的会计选择就有不同的节税效果。

7. 进行税收筹划应注意的问题

（1）准确理解与把握税收政策。税收筹划是合法的，符合税务立法精神。因此，企业开展税收筹划必须正确把握税收政策，而这是进行税收筹划面临的最大困难。我国税法立法层次较多：既有税收法律，又有税收法规，还有税收规章制度，立法文献不仅数量庞大，而且变化频繁。同时，税收法规之间还存在很多模糊之处。因此，进行税收筹划时必须准确理解和把握税收法规,充分利用税收政策的筹划空间进行筹划，以获得尽可能多的税收收益。

（2）避免税收筹划行为的违规性。在采取各种方法进行税收筹划时，有时很难把握行为的合法性，税收筹划有可能转变为违规行为。因此，进行税收筹划时要把握好合法性原则。

（3）提高税收筹划人员的业务素质，建立税收筹划质量控制体系。税收筹划人员的专业素质和实际操作能力是影响企业税收筹划质量的重要因素。因此，企业必须加快税收筹划人才队伍的建设，加强税收筹划人员业务素质的培养，为员工创造学习的机会，逐步提高税收筹划人员的综合素质，以适应税收筹划发展的需要。在提高税收筹划人员综合素质的同时，要建立完善的税收筹划质量控制体系，即通过一系列方式对税收筹划人员素质进行考核，严把质量关，从源头上保证税收筹划的实施效果和质量。

（4）树立正确的税收筹划意识，科学防范与控制税收筹划风险。税收筹划是企业的一项基本权利，通过税收筹划获得的收益是合法收益，企业在经营决策过程中，应有意识地、主动地运用税收筹划的技术方法，节约纳税成本，实现企业的经营管理目标。企业开展税收筹划应遵循合法性、成本收益及综合利益最大化等原则，这是企业取得筹划成功的基本前提。企业必须站在实现整体财务管理目标的高度，从全局出发，把税收筹划与企业的经营活动联系起来，综合衡量，以保证税收筹划方案的实施效果。同时，风险是客观存在的，企业也必须加强税收筹划风险的防范与控制。

1.5 税收筹划的基本技术

税收筹划技术是指利用不违法和合理的手段使纳税人尽量少缴纳税款的知识和技巧。税收筹划技术可以分为减免税技术、税率差异技术、分割技术、扣除技术、税率差异技术、抵免技术、退税技术、延期纳税技术和会计政策选择技术。这些技术，除会计政策选择技术外，都是针对税制的各个要素的技术。

各种税收筹划技术，可以单独使用，也可以结合使用。当同时使用两种或两种以上筹划技术时，必须注意各种税收筹划技术之间的相互影响。

1.5.1 减免税技术

1. 减免税技术的概念

减免税技术是指在不违法和合理的情况下，使纳税人成为免税人，或使纳税人从事免税活动，又或使征税对象成为免税对象而免纳税款的税收筹划技术。

使纳税人享受减免税待遇，如国家需要重点扶持的高新技术企业，减按15%的税率征收企业所得税；使纳税人从事减免税活动，如农业机耕、排灌、病虫害防治、植物保护、农牧保险等，可以免征营业税；使征税对象成为减免税对象。如购买债券，一般的债券利息要缴纳所得税，而国库券的利息可以免税。

一般来说，国家有两类不同目的的减免税：一类是照顾性减免税，对于纳税人来说只是税收照顾，是财务收益上的补偿；另一类是政策性减免税，对于纳税人来说则是税收奖励，是财务收益的取得。照顾性减免税往往是在非常情况或非常条件下才能取得的，只是弥补其所遭受的损失，所以税收筹划不能利用其来达到筹划目的，只有取得国家奖励性减免税才能达到筹划的目的。

2. 减免税技术的特点

（1）主要针对税额进行筹划。减免税技术通过直接减小税额的方式来实现税收减免，主要包括全部免征、减半征收、核定减征率征收以及另定减征额等。

（2）适用范围狭窄。减免税是对特定纳税人、纳税对象的减免，这些纳税人或纳税对象必须从事特定的行业、在特定的地区经营、要满足特定的条件等，而这些不是每个纳税人或纳税对象都能或都愿意做到的。因此，减免税技术往往不能普遍运用，适用范围狭窄。

（3）技术简单。减免税技术节减的税额比较明确，一般不需经过复杂的计算过程。

3. 减免税技术的要点

（1）尽量争取更多的减免税待遇。在不违法和合理的情况下，尽量争取减免税待遇，争取尽可能多的项目获得减免税待遇。

（2）尽量使减免税期最长化。在不违法和合理的情况下，尽量使减免税期最长化。许多减免税都是有期限规定的，减免税期越长，节减的税额越多。

（3）减免税必须有法律、法规的明确规定，这里的法律、法规是指税收法律、法规。减免税的纳税人要严格按照税法规定履行纳税义务，如必须按期、如实进行纳税申报。

需要注意的是，企业同时从事适用不同企业所得税待遇项目的，其优惠项目应当单独计算所得，并合理分摊企业的期间费用；没有单独计算的，不得享受企业所得税优惠。

1.5.2 分割技术

1. 分割技术的概念

分割技术是指在不违法和合理的情况下，使所得在两个或更多个纳税人之间，或者在适用不同税种、不同税率和减免税政策的多个部分之间进行分割的税收筹划技术。

2. 分割技术的特点

（1）针对税基进行筹划。分割技术通过使纳税人的应税基数不违法和合理地减少达到节减税额的目的。

（2）适用范围狭窄。一个企业分立为多个小企业，通过强行分割所得来降低适用税率，要办理重新评估资产、变更工商登记等手续，比较繁琐，还必须考虑到其他经济因素，因此，分割技术适用范围狭窄。一个企业将应税销售所得分割，分别记账的前提也是分别销售，如果不是分别销售，也不能分别记账。

（3）技术较为复杂。采用分割技术不仅要受到许多税收条件的限制，而且要受到许多非税收条件（如分割参与人等）复杂因素的影响。

3. 分割技术的要点

（1）分割合理化。使用分割技术进行税收筹划，要特别注意的是所得或财产分割得合理。例如，将一个企业分为两个企业，以享受较低的所得税税率，还要考虑到分割后经济上的合理性，如控制力下降、管理费用增加、分割的手续比较繁琐等。

（2）分割不违法。把一个纳税人的应税所得分割成适用不同税种、不同税率和减免税政策的多个部分的应税所得，其前提是分别销售。如果工业企业将一个完整的产品化整为零销售，分开发票，分别记账，分别适用不同的税率纳税，则属于偷税行为。

（3）收益最大化。在不违法和合理的情况下，企业尽量寻求通过分割能使节减的税款最大化的途径。

1.5.3 扣除技术

1. 扣除技术的概念

扣除技术是指在不违法和合理的情况下，使扣除额增加而直接节减税额，或调整扣除额在各个应税期的分布而相对节减税额的税收筹划技术。在相同收入额的情况下，各项扣除额越大，应税基数就越小，应纳税额也越少，所节减的税款也就越大。

扣除技术一般采用增加扣除项目、提前确认扣除项目等手段。

2. 扣除技术的特点

（1）针对税基和税率进行筹划。扣除技术除直接减少税基外，还可以通过扣除项目的转移采用较低的边际税率。

（2）技术较为复杂。税法中的各种扣除规定复杂多变，如果采用扣除技术就要精通有关的最新规定和变化，将计算结果加以比较。

（3）适用范围较大。税法准予扣除的项目、范围和标准，基本上对每个纳税人都是适用的，是对征税对象的一种必要扣除，几乎每个纳税人都能采用此法进行税收筹划。因此，扣除技术是一种能普遍采用、适用范围较大的税收筹划技术。

3. 扣除技术的要点

（1）扣除项目最多化。在不违法和合理的情况下，尽量使更多的项目能够得到扣除。在其他条件相同的情况下，扣除的项目越多，应税基数就越小，应纳税额就越少，因而节减的税收就越多。

（2）扣除金额最大化。在不违法和合理的情况下，尽量使各项扣除额能够最大化。在其他条件相同的情况下，扣除的金额越大，应税基数就越小，应纳税额就越小，因而节减的税收就越多。

（3）扣除最早化。在不违法及合理的情况下，尽量使各允许扣除的项目在最早的应税期得到扣除。在其他条件相同的情况下，扣除越早，早期缴纳的税收就越少，早期的现金净流量就越大，可用于扩大流动资本和进行投资的资金也越多，将来的收益也越多，因而相对节减的税收就越多。扣除最早化，可以达到筹划收益最大化的目的。

1.5.4 税率差异技术

1. 税率差异技术的概念

税率差异技术是指在不违法和合理的情况下，利用税率的差异而直接节减税款的税收筹划技术。税率越低，节减的税额越多。

对于实行比例税率的税种，要注意税种常有多种比例税率。对比例税率进行筹划，可以从中寻求最佳税负点。

对于实行累进税率的税种，如个人所得税和土地增值税，税收筹划主要是防止适用税率的爬升。

对于实行定额税率的税种，如城镇土地使用税、耕地占用税和车船税等，也可以通过筹划取得一定的税收利益。

2. 税率差异技术的特点

（1）针对税率进行筹划。税率差异技术通过寻求最低的税率来实现更大的筹划收益。

（2）技术较为复杂。采用税率差异技术节减税收不仅受不同税率差异的影响，而且还受不同的应税基数差异的影响。应税基数的计算很复杂，计算出结果后，还要按一定的方法进行比较，才能知道可以节减多少税款。因此，税率差异技术较为复杂。

（3）适用范围较大。税率差异普遍存在着，几乎每个纳税人都有一定的挑选范围。因此，税率差异技术是一种能普遍运用、适用范围较广的税收筹划技术。

（4）具有相对确定性。税率差异是客观存在的，而且在一定时期内是相对稳定的。因此，税率差异技术具有相对的确定性。

3. 税率差异技术的要点

（1）尽量寻求税率最低化。与高税率相比，按低税率缴纳税款就能节减税款，而税率最低化能使税收筹划的收益最大化。因此，要在不违法和合理的情况下，尽量寻求适用税率的最低化。

（2）与企业的经营活动有机地结合起来。在企业的设立、投资方向、投资规模等的决策中要充分考虑到税率差异的影响。

1.5.5 抵免技术

1. 抵免技术的概念

抵免技术是指在不违法和合理的情况下，使税收抵免额增加的税收筹划技术。税收抵免额越大，冲抵应纳税额的数额就越大，应纳税额则越少，从而节减的税额就越大。税收抵免是指从应纳税额中扣除税收抵免额，包括避免双重征税的税收抵免和作为税收优惠或奖励的税收抵免。

避免双重征税的税收抵免是指对纳税人来源于国内外的全部所得或财产课征所得税时，允许以其在国外缴纳的所得税或财产税税款抵免应纳税款。例如，《中华人民共和国企业所得税法》规定，居民企业来源于境外的所得已在境外缴纳的所得税税款，准予在汇总纳税时，从其应纳税额中扣除。作为税收优惠或奖励的税收抵免是指对纳税人符合国家鼓励性政策的投入项目允许按投入额的多少抵免部分或全部应纳所得税额。例如，创业投资企业从事国家需要重点扶持和鼓励的创业投资，可以按投资额的一定比例抵扣应纳税所得额。

属于避免双重征税性质的税收抵免，对于纳税人来说是指在已纳税的情况下避免了重复纳税，同时还要受到抵免限额的限制，不能利用其达到财务收益最大化的筹划目的，只有取得国家奖励性税收抵免才能达到筹划的目的。

2. 抵免技术的特点

（1）针对税额进行筹划。抵免技术直接减少纳税人的应纳税额。

（2）技术较为简单。税收抵免项目较少，计算较为简单。

（3）适用范围较宽。抵免适用于所有纳税人，不是只适用于某些特定纳税人的优惠。因此，抵免技术适用范围较宽。

3. 抵免技术的要点

（1）抵免项目最多化。在不违法和合理的情况下，尽量争取更多的抵免项目。在其他条件相同的情况下，抵免的项目越多，冲抵应纳税额的项目也越多，应纳税额就越少，因而节减的税款就越多。

（2）抵免金额最大化。在不违法和合理的情况下，尽量使各抵免项目的抵免金额最大化。在其他条件相同的情况下，抵免的金额越大，冲抵应纳税额的金额就越大，应纳税额就越少，因而节减的税款就越多。

1.5.6 退税技术

1. 退税技术的概念

退税技术是指在不违法和合理的情况下，使税务机关退还纳税人已纳税款的税收筹划技术。在已缴纳税款的情况下，退税是退还企业已经缴纳的税款，所退税额越大，节减的税款也越多。

退税技术涉及的退税主要是出口退税和税务机关退还纳税人符合国家退税奖励条件的已纳税款。例如，我国对出口属于增值税、消费税的产品，除特定出口不退税的产品外，在国内生产环节征收了的增值税、消费税税款，报关出口后应按退税办法计算应退税款。

2. 退税技术的特点

（1）针对税额进行筹划。退税技术减少了纳税人实际负担的纳税额。

（2）技术有难有易。出口退税技术比较复杂，其他的退税技术相对较为简单。

（3）适用范围较小。退税一般只适用于某些特定行为的纳税人，因此，退税技术适用的范围较小。

3. 退税技术的要点

（1）尽量争取退税项目最多化。在不违法和合理的情况下，尽量争取更多的退税优惠待遇。在其他条件相同的情况下，退税的项目越多，退还的已纳税额就越多，因而节减的税款就越多。

（2）尽量使退税额最大化。在不违法和合理的情况下，尽量使各退税额最大化。在其他条件相同的情况下，退税额越大，退还的已纳税额就越大，因而节减的税款就越多。

1.5.7 延期纳税技术

1. 延期纳税技术的概念

延期纳税技术是指在不违法和合理的情况下，使纳税人延期缴纳税款而取得相对收益的税收筹划技术。因为货币存在时间价值，延期纳税就如同纳税人取得了一笔无息贷款，可以在本期有更多的资金用于投资和再投资，将来可以获得更大的投资收益，或者可以减少企业的筹资成本，相对节减了税收，取得了收益。

例如，企业所得税采取“按年计算，分期预缴，年终汇算清缴”的办法征收，企业在预缴中少缴的税款不作为偷税处理。企业可以根据自己的实际情况，确定最佳的预缴方法。又如，我国规定，境外进入免税区的货物，除国家另有规定外，免征增值税和消费税，以后在免税进入保税区的货物运往非保税区时，再照章征收增值税和消费税；如果保税区生产的产品，除国家另有规定外，运往境外，则免征增值税和消费税。从该规定的性质来看，它是一种延期纳税。

2. 延期纳税技术的特点

（1）针对税额进行筹划，延期纳税技术推迟了税金的缴纳。

（2）技术复杂。运用延期纳税技术需要对纳税人的预期应税所得进行测算，计算较为复杂，需要考虑的因素较多。

（3）适用范围宽。延期纳税技术几乎适用于所有纳税人，适用范围较宽。

3. 延期纳税技术的要点

（1）延期纳税项目最多化。在不违法并合理的情况下，尽量争取更多的延期纳税项目。在其他条件包括一定时期纳税总额相同的情况下，延期纳税的项目越多，本期缴纳的税款就越少，获取的货币时间价值也就越高，因而相对节减的税款就越多，筹划的收益就越大。

（2）延长期最长化。在不违法和合理的情况下，尽量争取纳税延长期最长化。在其他条件包括一定时期纳税总额相同的情况下，纳税延长期越长，由延期纳税增加的现金流量所产生的收益也将越多，因而相对节减的税款也越多。

1.5.8 会计政策选择技术

1. 会计政策选择技术的概念

会计政策选择技术是指在不违法和合理的情况下，采用适当的会计政策以减轻税负或延缓纳税的税收筹划技术。

会计资料是许多税种确定应纳税额的基础。所得税等重要税种的应税基数，往往是根据财务会计核算结果并加以调整计算出来的。例如，企业所得税的应税利润就是在会计利润的基础上，通过调整差异项目金额计算出来的，对税法没有明确规定的事项，都是按照财务会计处理结果计算应税所得。

选择不同的会计政策，核算出来的结果会有不同，不同的结果会对纳税人的税负产生影响，甚至有较大的影响。

（1）存货计价。如果多计期末存货成本，必然会降低本期销货成本，夸大本期收益。此外，多计本期期末存货成本，又会增加下期期初存货成本，从而使下期的销货成本提高，降低下期的收益。如果相反，则会导致另一种结果。由于存货计价对企业的收益和应税所得额均有直接影响，会计制度规定的存货计价方法又有多种。不同的计价方法对企业利润和纳税多少的影响是不一样的。因而，企业在选择存货计价方法时，可选择一种使其税负较轻的方法。在预测购进货物价格下降的情况下，应当采用先进先出法；在预测价格较稳定或者难以预测的情况下，应当采用加权平均法；在价格变化不定且单位价格较高的情况下，应当采用个别计价法。

小案例　美国废“后进先出”会计方法议案遭反对

美国参议院多数党领袖傅利斯（Bill Frist）2006年4月28日在一项能源议案中曾提议，废除“后进先出”的会计记账方式，是为美国人提供100美元的减税优惠的融资措施之一。此减税旨在帮助美国消费者抵销油价高启的影响。该议案立刻遭到了石油公司及其他一些行业公司的反对，原因在于该举措将导致对这些公司多征税额高达数十亿美元，并将导致会计政策的不确定性。新记账方式一旦实施，将影响很多领域的公司，特别是零售商和制造业厂商。在反对压力下，傅利斯表示，拟撤销此前的议案。

（2）折旧计提。对企业来说，采用不同的折旧方法会产生不同的税收影响。首先，不同的折旧方法使固定资产价值补偿和实物补偿的时间有早晚之分；其次，不同的折旧方法造成的年折旧额的不同直接关系到利润额受冲减的程度，因而造成累进税率制度下纳税的差异。企业要在国家有关折旧规定的范围内选择不同的折旧方法，力图降低税负，增加企业税后利润。

一般来说，企业采用加速折旧法可以在固定资产使用初期多计折旧，加大企业初期成本而减少利润，从而减轻企业前期所得税负担，将企业缴纳所得税的时间大大推迟，因而企业可以提前取得部分现金净收入，促进资产的更新改造。企业推迟缴纳的所得税，可以视同政府提供的无息贷款，这对企业是有利的。但是如果企业适用的所得税税率是超额累进税率，加速折旧法就不见得是最好的折旧方法。因为加速折旧使企业利润集中在后几年，使企业后几年的利润与前几年形成明显的差距，导致后几年必然要承担较高的税负，从而使企业纳税额增加，税负加重。企业使用直线法，使摊入成本费用的年折旧额基本相等，从而有效地避免了企业某几年利润过于集中，而其余年份利润骤减的不利情形，使纳税金额比较小，税负比较轻。至于用哪种方法更符合企业利益，要视企业的具体情况，经过计算、比较而定。

（3）费用列支。企业应在税法允许的范围内，充分列支费用，预计可能发生的损失，这样才能缩小税基，减少所得税。

① 要使企业发生的费用全部得到补偿。国家允许企业列支的费用，可使企业合理减少利润，企业应将这些费用列足，如按规定提足折旧费、职工福利费、教育经费、工会经费等；否则，会减弱企业自身的生产能力，缴纳一些不需缴纳的税金。

② 要充分预计可能发生的损失和费用。对于一些可预计的损失和费用，企业应以预提的方法提前计入费用。

③ 对于税法有列支限额的费用尽量不要超过限额，对超过的部分，税法不允许在税前扣除，要并入利润纳税。

（4）营业收入的确认。营业收入不仅是企业计算缴纳流转税的直接依据，而且也影响企业所得税的缴纳。不同的结算方式，企业确认销售收入的时间不一样。《中华人民共和国增值税暂行条例》规定，企业采用现销方式，收到货款或取得索取货款凭据的当天确认销售收入；企业采用托收承付或委托收款方式，发出货物并办妥托收手续的当天确认销售收入；企业采用赊销和分期收款方式销售货物，按合同约定收款日期的当天确认销售收入。因此，企业可根据产品销售策略选择适当的销售收入确认方式，尽量推迟确认销售收入的时间，从而推延纳税义务发生的时间。

2. 会计政策选择技术的特点

（1）技术复杂。运用会计政策选择技术要经过复杂的预测和计算，计算出结果后还要按一定的方法进行比较，才能大致知道可以节减多少税额。

（2）适用范围较广。会计政策选择技术适用于所有的纳税人，不是仅适用于某些特定纳税人。

（3）受其他因素影响较大。运用会计政策选择技术必须考虑纳税人的其他经营目标，节减税额的目标是从属于生存、发展和获利的企业目标和股东财富最大化或企业价值最大化的财务目标。例如，上市的股份有限公司可能为了实现盈利或保住配股资格，即使多缴纳所得税，也要选择有利于增加收入、减少成本费用的会计政策。

3. 会计政策选择技术的要点

（1）注意会计利润和应税利润的差异。财务会计利润与应税利润之间存在差异，分为永久性差异和时间性差异两类。永久性差异是指某一个会计期间，由于会计制度和税法在计算收益、费用或损失时的口径不同，因此产生的税前会计利润与应纳税所得额之间的差异。这种差异在本期发生，不会在以后各期转回。时间性差异是会计制度在确认收益、费用或损失时的时间不同而产生的税前会计利润与应纳税所得额的差异。时间性差异发生于某一会计期间，但在以后若干期间内能够转回。因此，会计政策选择技术利用的是时间性差异。

（2）注意税务规定对会计政策选择的限制。例如，纳税人的成本计算方法、间接成本分配方法、存货计价方法一经确定，不得随意改变，若确需改变的，应在下一纳税年度开始报主管税务机关批准；否则，对应纳税所得额造成影响的，税务机关有权调整。

1.6 税收筹划的基本步骤

1.6.1 税收筹划的基本层次

（1）税收筹划的具体操作可分为以下3个层面。

① 税收筹划的战略研究、宏观经济分析。这是税收筹划专家、专业人士的主要工作之一。

开展税收筹划首先要对纳税人的经营环境、法律环境、政策制度环境等方面作出深入、细致、恰当的评估；其次，要认真分析研究筹划的纳税人的战略目标、产品市场环境、企业文化、决策者的偏好等；最后，要研究、分析税法的现状、沿革、今后的发展方向，只有这一层掌握充分信息后，才能进一步开展具体的筹划。

② 税收筹划方案设计，即税收筹划的思路、税收筹划的具体方案和税收筹划的实施步骤计划。

③ 税收筹划的具体实施。具体实施涉及筹划人员、财会核算人员、生产管理人员、市场营销人员、人力资源管理人员等，通过实施方案，税收筹划转化为纳税人经营管理活动的优化。

（2）税收筹划的具体操作方法有以下两种。

① 围绕税种进行的税收筹划，如对企业所得税的税收筹划、对增值税的税收筹划、对个人所得税的税收筹划等。这种方法的优点是筹划简单明了；其缺点是在实际的经济活动中，税收问题很少单纯出现一个税种，而是多个税种同时出现，需要统筹考虑，否则会顾此失彼。

② 围绕经济活动的不同方式和环节展开的税收筹划，如投资的税收筹划、营销的税收筹划等。由于要考虑多种因素的影响，同时就可能涉及多个税种。这种方法的优点是综合了经济活动中的多种因素，具有很强的针对性；其缺点是计算较为复杂，有的需要专业人士去运作和计算，甚至需要数学模型。

实际操作中，上述两种方法往往是混合使用的。

1.6.2 税收筹划实施的一般步骤

（1）认真研究纳税人经营管理和理财的有关基本情况，明确税收筹划的重点。需要了解下列问题：纳税人的经营环境、纳税人的经营管理特点、纳税人的发展战略目标和策略、纳税人的财务状况、领导对待税收筹划风险的态度、纳税人纳税的基本情况等。

（2）学习、掌握税法和有关税收政策。掌握国家税法和政策精神，是一项重要的税收筹划前期工作。不论是纳税人自己进行筹划还是聘请外部的税收顾问进行筹划，在着手进行税收筹划之前，首先都应学习和掌握国家有关的政策及精神，争取税务机关的帮助与合作，这一点尤为重要。

（3）制订税收筹划方案。

① 进行可行性分析。确定税收筹划思路并进行可行性分析。

② 草拟方案。根据纳税人的情况和要求以及税法及政策的情况，草拟筹划方案。

③ 税务计算。按照税收筹划设计的方案对纳税人的应纳税额进行具体的计算。

④ 各因素变动分析。对影响税收筹划效果的相互影响的内部因素将来可能会发生的变动进行分析。

⑤ 敏感分析。对影响税收筹划实施的内外部条件可能发生变化而引起税收筹划效果变化的敏感程度进行分析。

⑥ 综合评估方案对纳税人整体财务利益的影响，分析评估纳税人税收行为的变化对纳税人综合、整体的影响。

⑦ 设计几种可行的筹划方案。为达到筹划目标，往往会有几种行动方案，因此要考虑可能的路径，设计出相应的方案。

（4）筹划方案的抉择和优化。筛选时主要是考虑下面的一些因素。

① 选择节约税收更多的或可得到财务利益更大的方案。

② 选择执行成本更低的方案。

③ 选择执行更便利的方案。

纳税人未必对筛选出的筹划方案十分满意，还需要综合多方面意见对其进行修改和不断优化，直至满意为止。

（5）税收筹划方案的实施和控制。筹划方案实施后，要进行筹划的控制，通过信息反馈，针对可能出现的情况变化，调整筹划方案，以实现预期的筹划目的，控制筹划风险。指定税收筹划首席税务师，实行首席负责制，为筹划的开展和实施提供保障。

思考、练习与实训

一、简答题

1. 简述税收筹划的概念、特点与意义。
2. 简述税收筹划的风险与成本。
3. 简述税收筹划的动因与目标。
4. 简述税收筹划的基本原则。
5. 简述税收筹划的基本步骤。
6. 简述税收筹划的基本方法。
7. 简述税收筹划的基本技术及各种技术的概念、特点和技术要点。
8. 简述节税、避税与偷税、逃税的区别。
9. 在进行税收筹划时应注意哪些问题？
10. 谈谈你对税收筹划的认识和体会，并举例说明。

二、案例分析题

1. 注意观察生活中某一个企业的涉税经济活动情况，积累一个税收筹划案例并将其写下来，寻找解决问题的办法。

2. 阅读以下案例并回答所提问题。

IBM回购股票利用企业税漏洞狂省16亿美元

北京时间2007年6月8日，据国外媒体最新报道，《华尔街日报》(网络版)星期三报道称，国际商用机器公司(IBM)上个月通过利用一个企业税漏洞节省了16亿美元，但是目前这个漏洞已经被补上。

被《财富》杂志评为世界500强企业之一的IBM公司表示，公司已经筹集了125亿美元来进行股票回购，而这笔资金是利用IBM海外盈利所得，因此不必按美国企业税税率交纳企业税。《华尔街日报》援引熟悉此事的内部人士的话披露，IBM公司通过这个举动共节省了大约16亿美元。

IBM公司和美国国税局都没有立即对此事作出评论。

《华尔街日报》报道称，美国国税局5月31日宣布计划出台一项新规定。根据这项规定，当企业回购本公司股票时，这些公司需向美国交纳税款。就在两天之前，IBM宣布了自己的股票回购。美国国税局的新规定将把回购所用资金视为汇回国内的盈利。

问题：请结合案例说明税收筹划中避税措施的局限性与政府对此的态度和对策。

单元测试题（一）

一、单项选择题

1. 税收筹划的主体是（　　）。

A. 纳税人　　B. 征税对象　　C. 计税依据　　D. 税务机关

2.（　　）是指在不违反税法规定的前提下，利用税法的漏洞、特例和缺陷，规避或减轻其纳税义务的行为。

A. 税收筹划　　B. 节税　　C. 避税　　D. 偷税

3. 避税的特点不包括（　　）。

A. 违法性　　B. 不违法性

C. 不顺应法律意图性　　D. 受制约性

4. 以下哪一项是最符合政府政策导向的？（　　）

A. 税收筹划　　B. 节税　　C. 避税　　D. 偷税

5. 税收筹划产生和存在的主观条件最准确的是哪一个？（　　）

A. 税收筹划是纳税人的正当权利

B. 纳税人对经济利益的追求可以说是一种本能

C. 税法政策具有导向性和不完善性

D. 税收优惠是存在的

6. 下列哪项不属于纳税人的筹划权？（　　）

A. 避税筹划　　B. 节税筹划　　C. 转嫁筹划　　D. 欠税筹划

7. 税收筹划最重要的原则是（　　）。

A. 不违法原则　　B. 全面筹划原则　　C. 成本效益原则　　D. 保护性原则

8. 税负转嫁的筹划通常需要借助（ ）来实现。

A. 价格 B. 税率 C. 纳税人 D. 计税依据

9. 以下哪一项不属于税收筹划的会计政策选择方法？（ ）

A. 固定资产折旧方法的选择 B. 存货计价方法的选择

C. 长期股权投资核算方法的选择 D. 利用税收优惠政策

10. 以下哪一项不是扣除筹划技术的要点？（ ）

A. 扣除项目最多化 B. 扣除金额最大化

C. 扣除时间最早化 D. 主要针对税额进行筹划

二、多项选择题

1. 广义的税收筹划包括（ ）。

A. 节税 B. 避税 C. 偷税 D. 抗税

2. 税收筹划的非违法性要求是与（ ）的根本区别。

A. 逃税 B. 欠税 C. 骗税 D. 偷税

3. 税收筹划风险主要有以下几种形式：（ ）

A. 执法风险 B. 经营风险 C. 政策风险 D. 其他风险

4. 税收筹划的目标有（ ）。

A. 恰当履行纳税义务 B. 纳税成本最低化

C. 税后利润最大化 D. 税收负担最低化

5. 税收筹划的基本方法有（ ）。

A. 变更纳税主体 B. 转让定价

C. 税负转嫁 D. 涉税零风险

6. 税负转嫁筹划能否通过价格浮动来实现，关键取决于（ ）。

A. 商品供给弹性的大小 B. 税率高低

C. 商品需求弹性的大小 D. 计税依据形式

7. 税收筹划的基本原则包括（ ）。

A. 不违法原则 B. 全面筹划原则

C. 成本效益原则 D. 适时调整原则

8. 税收优惠的形式包括（ ），这些都对税收筹划具有诱导作用。

A. 税额减免 B. 税基扣除 C. 税率降低 D. 出口退税

9. 税收筹划的基本技术有（ ）。

A. 分割技术 B. 税率差异技术 C. 延期纳税技术 D. 减免税技术

10. 税收筹划的意义是（ ）。

A. 有助于抑制偷税、漏税行为的发生 B. 有助于强化企业法律意识

C. 有助于促进税收法制化建设 D. 有助于优化产业结构与投资方向

11. 税收筹划的成本主要有（ ）。

A. 显性成本 B. 隐性成本 C. 机会成本 D. 征税成本

12. 关联企业进行转让定价惯用的手段有（ ）。

A. 提高销售价格 B. 压低销售价格

C. 转移利润 D. 始终按正常价格销售

13．免税技术的特点是（　　）。

A．主要针对税额进行筹划　　B．技术简单

C．适用范围狭窄　　D．具有一定的风险性

14．税负转嫁的基本形式有（　　）。

A．税负前转　B．税负后转　C．税负消转　D．税收资本化

15．税收筹划的一般步骤有（　　）。

A．认真研究纳税人经营管理和理财的有关基本情况，明确税收筹划的重点

B．学习、掌握税法和有关税收政策

C．制定税收筹划方案

D．筹划方案的抉择、优化、实施和控制

三、判断题

1．纳税人达到少缴税款的手段只有合法地节税。（　　）

2．不顺应法律的意图性是避税的特征之一。（　　）

3．税收筹划会在一定程度上减少国家税收总量，最终缩小税基。（　　）

4．节税主要是利用税法政策的不完善性进行税收筹划。（　　）

5．税收筹划只对纳税人有利，对国家没有任何益处。（　　）

6．税收筹划与纳税人依法纳税是相矛盾的。（　　）

7．税收筹划有利于促进国家税收政策目标的实现。（　　）

8．税收筹划是不违法、非事后补救行为。（　　）

9．纳税人有依法进行税款缴纳的义务，但也有依据法律，经过合理甚至巧妙地安排，以实现尽量少负担税款的权利。（　　）

10．税收筹划是依法进行的，因此没有风险。（　　）

11．税收筹划的主要目标是寻求低税负点和延期纳税，通过税收筹划，有利于促进国家税收政策目标的实现。（　　）

12．纳税人有权对自己的税收事务作必要的安排，只要这种安排没有违反税法。（　　）

13．通货膨胀会使经过一段延迟之后的应付税金的真实价值有所提高。（　　）

14．税收筹划是对纳税人未来的纳税事项所作的规划和安排，所以不需要对其纳税历史进行了解。（　　）

15．节税越多的方案往往风险也是最大的。（　　）

16．税收的最初纳税人，一定是该税收的最后承担者。（　　）

17．将利润从税率高的企业转移到税率低的企业属于转让定价。（　　）

18．一般而言，当供给弹性大于需求弹性，即供求弹性系数大于1时，企业应优先考虑税负前转的可能性。（　　）

19．税收筹划的减税技术主要是合法合理地利用国家奖励性减税政策来节减税收的技术。（　　）

20．分割技术较为简单，适用范围比较广。（　　）

第 2 章

增值税税收筹划

【知识目标】

- 在了解增值税税法基本内容的基础上，重点把握增值税税收筹划的基本思路。
- 掌握增值税纳税人税收筹划的方法。
- 掌握增值税计税依据税收筹划的方法。
- 掌握增值税税收优惠税收筹划的方法。
- 掌握增值税出口退（免）税税收筹划的方法。

【技能目标】

- 能够熟练运用增值税税收筹划的基本技能。

案例引入

最近，某工业企业（增值税一般纳税人）的材料采购员小张遇到如下问题。他负责采购的甲材料一直由市内一家企业供货，该企业也属于增值税一般纳税人。因企业生产规模扩大，材料供应企业不能及时、足额供货，而另外一家企业（属于增值税小规模纳税人）能够供货，但不能提供增值税专用发票，因此愿意降价，小张想知道价格降到多少合适。几乎与此同时，另一个业务员小王遇到相反的问题。他采购的乙材料一直由市内一家企业供货，其属于增值税小规模纳税人，只能开具普通发票。同样因为生产规模扩大的原因，其也不能及时供货。另外一家增值税一般纳税人企业能够供货，但要求提高价格。小王想知道价格提高到什么价位企业不亏。他们把问题汇报到财务经理处，财务经理要求办税人员计算出一个简明的换算公式，供采购员把握。

问题：如果你作为企业办税人员，通过本章的学习是否能确定这样一个换算公式？

增值税是我国第一大税种，覆盖面广，税制较为复杂，国家对其管理比较规范。针对增值税的税收筹划，既有较大的税收筹划空间，又需要有很专业的税收筹划方法。增值税的税收筹划主要包括增值税纳税人的税收筹划、增值税计税依据（销项税额的筹划、进项税额的筹划）的税收筹划、增值税税率的税收筹划、增值税税收优惠政策的税收筹划、增值税出口退税的税收筹划等。

2.1 增值税纳税人与税率的税收筹划

1. 一般纳税人与小规模纳税人身份的选择与适用税率的筹划

增值税的有关法规将增值税纳税人按其经营规模大小及会计核算健全与否划分为一般纳税人和小规模纳税人。这两类纳税人的税收待遇是不同的，主要体现在一般纳税人可以使用增值税专用发票并实行税款抵扣制度。企业为了减轻增值税税负，可以事先利用无差异平衡点增值率判断法计算税负平衡点以决定身份的选择。

增值率=（不含税销售收入－购进项目价款）÷不含税销售收入×100%，

或：增值率＝（销项税额－进项税额）÷销项税额×100%。

一般纳税人应纳增值税额＝当期销项税额－当期进项税额

＝销售收入×17%（或13%）－销售收入×17%（或13%）×（1－增值率）

＝销售收入×17%（或13%）×增值率。

小规模纳税人应纳增值税额＝销售收入×3%。

当两类纳税人应纳增值税额相等时，则

销售收入×17%（或13%）×增值率＝销售收入×3%。

即可求得两类纳税人税负无差异平衡点的增值率，计算结果如表2-1所示。

表2-1　两类纳税人税负无差异平衡点的增值率

一般纳税人税率（%）	小规模纳税人征收率（%）	不含税平衡点增值率（%）	含税平衡点增值率（%）
17	3	17.65	20.05
13	3	23.08	25.32
11	3	27.27	29.39
6	3	50.00	51.46

说　明

当实际增值率等于税负平衡点的增值率时，小规模纳税人与一般纳税人的税负相同；当实际增值率小于税负平衡点的增值率时，小规模纳税人税负重于一般纳税人；当实际增值率大于税负平衡点的增值率时，一般纳税人税负重于小规模纳税人。所以，在增值率较低的情况下，一般纳税人比小规模纳税人有优势，主要原因是前者可以抵扣进项税额，而后者不能。但随着增值率的上升，一般纳税人的优势就越来越小，小规模纳税人更具有降低税负的优势。

【案例2-1】 某科研机构为非企业性单位，其研制的产品科技含量较高，2014年度预计不含税销售额为1 800万元，购进不含增值税的原材料价款为1 000万元，该科研机构如何进行增值税纳税人身份的税收筹划？

分析：该科研机构预计增值率为44.44%[（1 800−1 000）/1 800×100%]，大于两类纳税人平衡点的增值率17.65%，注册企业并申请为一般纳税人后的增值税税负将重于小规模纳税人，因此，该科研机构应将注册的企业选择小规模纳税人身份更为有利，具体情况如下。

若为一般纳税人，应纳增值税额＝1 800×17%－1 000×17%＝136（万元）。

若为小规模纳税人，应纳增值税额＝1 800×3%＝54（万元）。

选择小规模纳税人，增值税税负降低额＝136－54＝82（万元）。

说　明

税法规定，年应税销售额超过小规模纳税人标准的非企业性单位，可选择作为小规模纳税人，即该科研机构作为非企业性单位，可以选择作为小规模纳税人（适用征收率为3%）。但该科研机构可以将该产品制造环节独立出去，通过注册成立一个企业，即可申请为一般纳税人（适用税率为17%）。

需要注意的是，税法规定“对符合一般纳税人条件但不申请办理一般纳税人认定手续的纳税人，应按销售额依照增值税税率计算应纳税额，不得抵扣进项税额，也不得使用增值税专用发票”。因此，纳税人只要具备了一般纳税人条件就必须办理一般纳税人认定手续。另外，企业产品的性质及客户的要求也对纳税人的身份选择起决定性作用。例如，一般纳税人的客户要求企业必须开具17%的增值税专用发票，拒收小规模纳税人申请税务机关代开的3%的专用发票。

尽管纳税人在选择一般纳税人或小规模纳税人身份时会受到上述条件限制，但仍可以采取合并、分立等方式进行税收筹划。

除了按增值率计算两类纳税人的税负平衡点外，还可用抵扣率、成本利润率等方法进行计算。

2．增值税纳税人与营业税纳税人身份的选择与适用税率的筹划

增值税一般纳税人的应纳税额为销项税额减去进项税额，而营业税纳税人的应纳税额为全部营业额乘以税率。因此，在出现混合销售和兼营行为时，按增值税计算税负重，还是按营业税计算税负重，取决于增值率的高低。纳税人可以通过增值率的计算，来判断缴纳哪一种税对自己较为有利。

假定纳税人含税增值额增值率为R，含税销售额为S，含税购进金额为P，适用的增值税税率为17%，适用的营业税税率为5%，则增值率可表示为

$$R=(S-P)/S\times 100\%。$$

纳税人应缴纳的增值税和营业税可分别表示为

$$应纳增值税=S/(1+17\%)\times 17\%\times R。$$

$$应纳营业税=S\times 5\%。$$

增值税和营业税两税相等，即

$$S/(1+17\%)\times 17\%\times R=S\times 5\%。$$

解出纳税平衡点为：$R = 34.41\%$，即此时两种税税负相等。

如果增值率大于无差别平衡点增值率，则混合销售或兼营行为缴纳营业税有利于节税；如果增值率小于无差别平衡点增值率，则混合销售或兼营行为缴纳增值税有利于节税，如表2-2所示。

表2-2　（增值税一般纳税人与营业税纳税人）无差别平衡点增值率

增值税税率（%）	营业税适用税率（%）	含税无差别平衡点增值率（%）	不含税无差别平衡点增值率（%）
17	3	20.65	17.65
17	5	34.41	29.41
13	3	26.08	23.08
13	5	43.46	38.46
11	3	30.27	27.27
11	5	50.45	45.45
6	3	53.00	50.00
6	5	88.33	83.33

【案例2-2】 甲公司下设两个非独立核算的业务经营部门：供电器加工厂和工程安装施工队。供电器加工厂主要生产销售货物，工程安装施工队主要对外承接输电设备的安装等工程。某年，公司销售收入为2 800万元（不含税），安装收入为2 200万元，用2 000万元购买生产用原材料，可抵扣的进项税额为340万元。公司为一般纳税人，税务部门可对其发生的混合销售行为一并征收增值税。因为该公司属于生产性企业，而且兼营非应税劳务销售额未达到总销售额的50%。

增值税销项税额 = [2 800 + 2 200 ÷（1 + 17%）] × 17% = 795.66（万元）。

增值税进项税额 = 340（万元）。

增值税应纳税额 = 795.66 − 340 = 455.66（万元）。

分析：公司的实际增值率 =（2 800 − 2 000）÷ 2 800 × 100% = 28.57%，增值税负担较高。进一步分析可发现公司的安装收入比例较高，但没有相应的进项扣除额。如进行筹划，可将工程安装施工队单独组建成一个公司即乙公司，独立核算，自行缴纳税款。工程安装收入适用的税率为3%。筹划后的纳税情况如下。

甲公司应缴纳增值税 = 2 800 × 17% − 340 = 136（万元）。

乙公司应缴纳营业税 = 2 200 × 3% = 66（万元）。

合计应纳税额 = 136 + 66 = 202（万元）。

比较筹划前后，税收负担降低了253.66万元。

2.2　增值税计税依据的税收筹划

作为增值税一般纳税人，企业应纳增值税额等于当期销项税额与当期进项税额之差，企业在进行购销业务的税收筹划时，总体原则是尽可能地缩小销项税额，扩大进项税额。销项税额是纳税人销售货物或应税劳务就销售额依照规定的税率计算出的税额，其税收筹划应当从缩小销售额和降低税率两个方面进行。前者主要通过对不同的销售方式、结算方式和结算工具的选择来实现；后者，由于增值税税率的档次较少，企业筹划的余地不大。进项税额是购进货物或应税劳务已纳的增值税额，其税收筹划主要是通过对不同购进价格、不同抵扣时间的选择来实现。

2.2.1　销售方式的税收筹划

在目前竞争激烈的市场经济环境中，许多企业为了维持或扩大自己所生产或销售商品的市场份额，往往采取多种多样的销售方式，以达到促销的目的，而且随着经济的发展，其形式也将越来越多。根据税法，有几种不同的计缴增值税规定的销售方式，如图 2-1 所示。

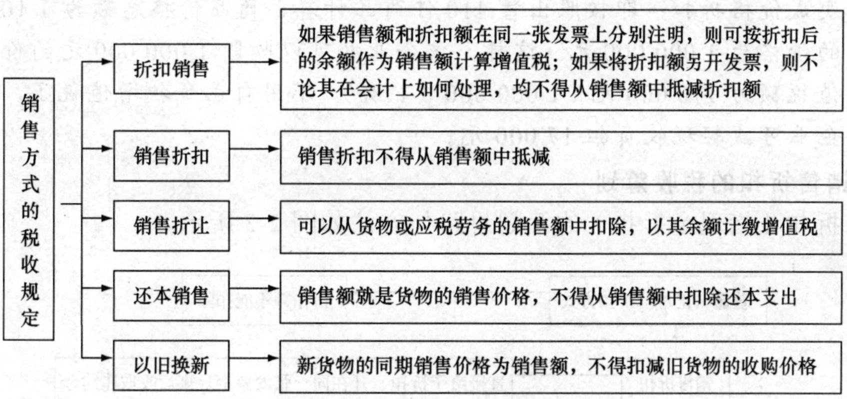

图 2-1　销售方式的税收规定

在商品或劳务的销售过程中，企业有必要对销售方式进行自主选择。因为，销售方式不同，往往适用不同的税收政策，也就存在税收待遇差别的问题。另外，销售方式依据是否收到货款或销售收入的实现时间不同，表现为现销和赊销两种方式，所以销售方式的筹划可以与销售收入实现时间的筹划结合起来。如果企业销售方式的划分以结算方式为标准，则销售方式决定了产品销售收入的实现时间，而产品销售收入的实现时间又在很大程度上决定了企业纳税义务发生的时间，纳税义务发生时间的早晚又为减轻税负提供了筹划机会。

1. 折扣销售的税收筹划

折扣销售的税收规定如图 2-1 所示，折扣销售的筹划思路与方法如图 2-2 所示。

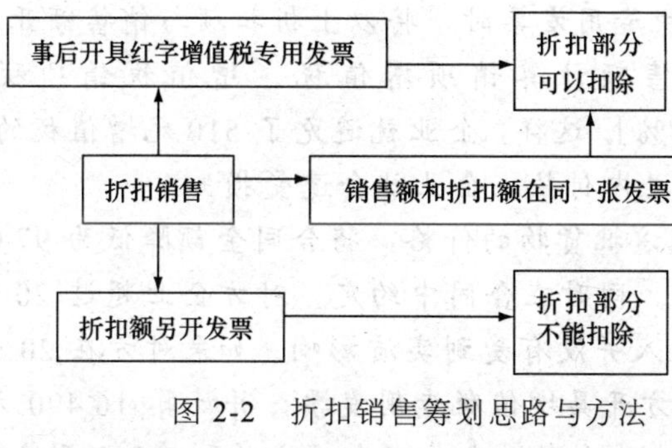

图 2-2　折扣销售筹划思路与方法

需要注意的是：折扣销售仅限于货物价格的折扣，如果销货者将自产、委托加工或购买的货物用于实物折扣的，则该实物款额不能从货物销售额中扣除，且该实物应按增值税条例“视同销售货物”中的“赠送他人”计算缴纳增值税。

【案例 2-3】 某企业销售一批商品，共 10 000 件，每件 100 元（不含增值税），根据需要采取实物折扣的方式，即在 100 件商品的基础上赠送 10 件商品。请计算该企业应当缴纳的增值税并提出税收筹划方案。

分析：按照实物折扣的方式销售后，企业收取价款为 1 000 000 元（10 000 × 100），收取销项税额为 170 000 元（10 000 × 100 × 17%），实物捐赠需要自己承担的销项税额为 17 000 元（1 000 × 100 × 17%）。如果该企业进行税收筹划，将这种实物折扣在开发票时变成价格折扣，即按照出售 110 件商品计算，商品价格总额为 1 100 000 元，打折以后的价格为 1 000 000 元。这样，该企业就可以收取 1 000 000 元的价款，同时收取的增值税额为 170 000 元（1 000 000 × 17%），不用自己负担增值税了。通过税收筹划，该企业可减轻税收负担 17 000 元。

2. 销售折扣的税收筹划

销售折扣（指现金折扣）的筹划思路与方法如图 2-3 所示。

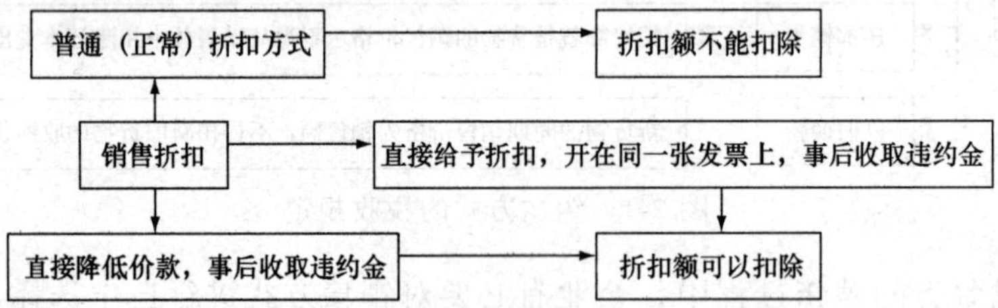

图 2-3 销售折扣税收筹划思路与方法

【案例 2-4】 某企业与客户签订购销合同金额为 100 000 元。合同中约定的付款期为 40 天。如果对方可以在 20 天内付款，将给予对方 3%的销售折扣，即 3 000 元。由于企业采取的是销售折扣方式，折扣额不能从销售额中扣除，所以企业应按照 100 000 元的销售额计算增值税销项税额。这样，增值税销项税额为 17 000 元（100 000 × 17%）。请提出该企业的税收筹划方案。

分析：该企业可以用两种方案来实现税收筹划。

方案 1：企业在承诺给予对方 3%的折扣的同时，将合同中约定的付款期缩短为 20 天，在给对方开具增值税专用发票时，将以上折扣额与销售额开在同一张发票上，使企业按照折扣后的销售额计算销项增值税。增值税销项税额为 16 490 元 [100 000 ×（1 − 3%）× 17%]。这样，企业就避免了 510 元增值税的额外负担。当然，如果对方企业没有在 20 天之内付款，企业就会遭受损失。

方案 2：企业主动压低该批货物的价格，将合同金额降低为 97 000 元，相当于给予对方 3%折扣之后的金额。同时在合同中约定，对方企业超过 20 天付款加收 3 000 元违约金。这样，企业的收入并没有受到实质影响。如果对方在 20 天之内付款，可以按照 97 000 元的价款给对方开具增值税专用发票，并计算 16 490 元的增值税销项税额。如果对方没有在 20 天之内付款，企业可向对方收取 3 000 元违约金，并以“全部价款+价外费用”，按照 100 000 元计算增值税销项税额，也符合税法的要求。

3. 赠送等促销行为的税收筹划

税法中，赠送行为视同销售行为征收增值税（或营业税）。当企业计划采用赠送这种促销行为时，应当考虑将赠送的商品放入销售的商品中，从而将赠送行为隐藏在销售行为中，避免了赠送行为所承担的税收。例如，市场上经常看到的“加量不加价”的促销方式就是运用这种税收筹划方法的典型例子，如图 2-4 所示。

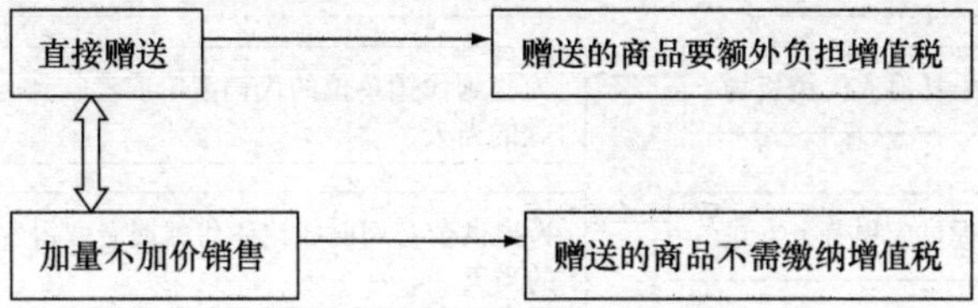

图 2-4　促销行为税收筹划

【案例 2-5】 某大型商场为增值税一般纳税人，决定在春节期间进行商品促销。商场经理拟订了 3 种促销方案：一是商品八折销售；二是购物满 100 元赠送价值 30 元的商品；三是购物满 100 元，返还 20 元的现金。假定该商场商品毛利率为 30%，销售额为 100 元的商品，其成本为 70 元，消费者同样购买 100 元的商品，商场选择哪一种方案对自己最有利。

分析：下面分别算出采用这 3 种方案时商场应纳的增值税额。

方案 1：商品八折销售时，价值 100 元的商品售价 80 元，成本 70 元。

应纳增值税额 = 80 ÷（1 + 17%）× 17% − 70 ÷（1 + 17%）× 17% = 1.45（元）。

方案 2：赠送商品时，商品售价 100 元，成本 70 元；赠送的商品视同销售，应计算其销项税额，进项税额可以抵扣。

销售商品应纳增值税额 = 100÷（1 + 17%）× 17%−70÷（1 + 17%）× 17% = 4.36（元）。

赠送商品应纳增值税额 = 30÷（1 + 17%）× 17% −21÷（1 + 17%）× 17% = 1.31（元）。

应纳增值税额 = 4.36 + 1.31 = 5.67（元）。

方案 3：返还现金时，价值 100 元的商品售价 100 元，成本 70 元。

应纳增值税额 = 100 ÷（1 + 17%）× 17% − 70 ÷（1 + 17%）× 17% = 4.36（元）。

可见，上述 3 种方案中，方案 1 最优，方案 3 次之，方案 2 效果最差。当然，企业在选择方案时，除了考虑增值税的税负外，还应考虑其他各税的负担情况。

2.2.2　结算方式的税收筹划

增值税条例规定：纳税人销售货物或者应税劳务的纳税义务发生时间（即产品销售实现的法定时间）按销售方式的不同而不同，如图 2-5 所示。

纳税人可以合理选择结算方式，采取没有收到货款不开发票的方式就能达到延期纳税的目的。例如，对发货后一时难以回笼的货款，作为委托代销商品处理，待收到货款时出具发票纳税；避免采用托收承付和委托收款结算方式销售货物，防止垫付税款；尽可能采用支票、银行本票和汇兑结算方式销售货物；在不能及时收到货款的情况下，采用赊销或分期收款结算方式，避免垫付税款。

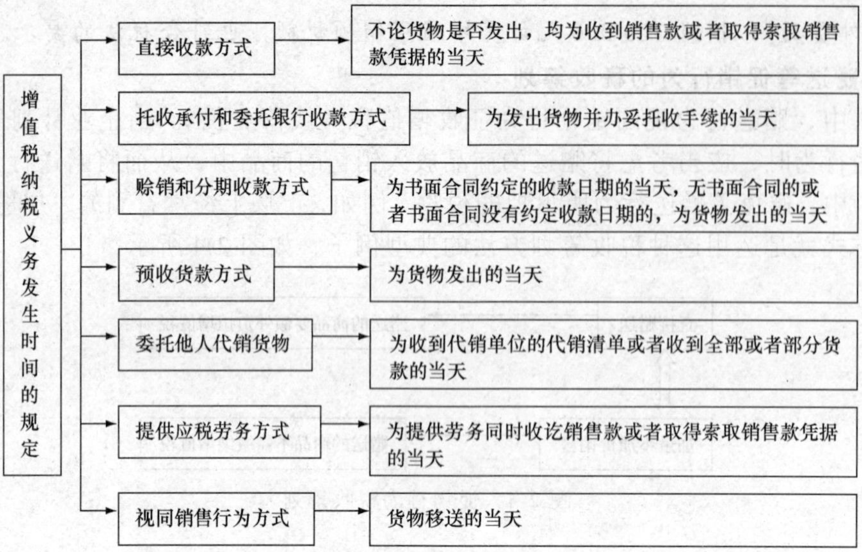

图 2-5　增值税纳税义务发生时间税收规定

【案例 2-6】 A 企业与 B 企业在 3 月 6 日签订了一份购销合同，A 企业向 B 企业销售某种型号的推土机，总价值为 2 000 万元，双方合同规定采取委托银行收款方式结算价税款。A 企业于当日向 B 企业发货，并到当地某银行办理了托收手续。4 月 15 日，B 企业收到 A 企业的全部推土机，对其进行技术检测后，认为不符合合同的要求，拒绝付款，并将全部推土机退回。

分析：依据税法规定，采取托收承付和委托银行收款方式销售货物，其销售额的确认时间为发出货物并办妥托收手续的当天。因此，A 企业 3 月 6 日在未收到货款的情况下，应当确认并垫付销项税额 340 万元（2 000 × 17%）。虽然这笔税款可以在退货发生的当期销项税额中抵扣，但这种抵扣与以前的垫付是有一定时间间隔的，相当于企业占用了一部分资金用于无回报的投资，而且还要承担资金成本 2.11 万元（340 × 5.58% ÷ 360 × 40，银行贷款利率为 5.58%），对于资金比较紧张的企业而言，无疑是一种损失。因此，在销售结算时应当慎重选择托收承付或委托收款结算方式。

2.2.3　购进价格的税收筹划

增值税纳税人分为一般纳税人和小规模纳税人，各自适用的增值税税率是不同的，对税款的抵扣额也不同。因此，如何选择供应商购进商品和劳务，将直接影响到增值税税负和企业收益。假设在价格和质量相同的情况下，从一般纳税人购进可以索取 17%（或 13%、11%、6%）增值税税率的专用发票，抵扣的进项税额最大，则应纳税额最小，这是最佳的选择；从小规模纳税人购进，通过其从主管税务局代开的增值税专用发票，可索取 3%增值税税率的专用发票进行税款抵扣；从个体工商户购进，则不能抵扣。但是这种假设不现实，因为价格相同，小规模纳税人和个体工商户将无法生存，要在市场中生存，就必然要降低销售价格，才能与一般纳税人同市场竞争。这样，无论是从一般纳税人处购进，还是小规模纳税人处销售，均要计算比较各自的税负和收益，从而确定各自的购进与销售价格，使本企业的利益最大化。

假定一般纳税人的含税销售额为 S，购货的含税购进额为 P，适用的增值税税率为 T_1，从小规模纳税人购进货物的含税额与从一般纳税人购进货物的含税额的比率为 R，小规模纳税人适用的征收率为 T_2。因生产加工费用与原材料的来源关系不大，所以收益为销售收入与购进成本、应纳增值税额之差。

从一般纳税人处索取专用发票后的收益为

$$S-P-[S\div(1+T_1)\times T_1-P\div(1+T_1)\times T_1]=(S-P)\div(1+T_1)。$$

从小规模纳税人处索取专用发票后的收益为

$$S-P\times R-[S\div(1+T_1)\times T_1-P\times R\div(1+T_2)\times T_2]$$
$$=S\div(1+T_1)-P\times R\div(1+T_2)。$$

当两者的收益相等时，

$$(S-P)\div(1+T_1)=S\div(1+T_1)-P\times R\div(1+T_2)。$$
$$R=(1+T_2)\div(1+T_1)\times 100\%。$$

说　明

当一般纳税人选择从小规模纳税人处购进货物还是从一般纳税人处购进货物时，若实际含税价格比小于 R，应当选择小规模纳税人的货物；若实际含税价格比大于 R，应当选择一般纳税人的货物；若实际的含税价格比等于 R，就税收上而言两者均可，这时应当从其他角度考虑选择。从销售定价而言，小规模纳税人在确定货物的价格时，应当依据一般纳税人货物的含税价格，使其货物含税价格略低于或等于一般纳税人货物含税价格的 R 倍。

依据上述公式，假设小规模纳税人在销售货物时，不愿或不能委托主管税务局代开增值税专用发票而出具普通发票，则一般纳税人在购进货物时，小规模纳税人销售货物的含税价格与一般纳税人销售货物的含税价格比为

$$R=1\div(1+T_1)\times 100\%。$$

在增值税一般纳税人适用税率为 17%、13%、11%或 6%，小规模纳税人征收率为 3%，以及不能出具增值税专用发票的情况下，R 比率计算如表 2-3 所示。

表 2-3　　价格优惠临界点（未考虑城建税和教育费附加）

一般纳税人适用的增值税税率（%）	小规模纳税人适用的增值税征收率（%）	索取专用发票后的含税价格比率（%）	未索取专用发票后的含税价格比率（%）
17	3	88.03	85.47
13	3	91.15	88.50
11	3	92.79	90.09
6	3	97.17	94.34

一般纳税人采购货物时除了考虑获得的收益外，还应考虑因增值税税负不同而导致的城市建设维护税、教育费附加和企业所得税的变化。采购货物涉及的增值税，在销项税额一定的情况下，能索取 17%增值税税率的专用发票时，应纳税额最低；能索取 3%征收率增值税专用发票时，应纳税额次之；不能索取专用发票时，应纳税额最高。同理，与增值税紧密相关的城建税、教育费附加随增值税的增加而增加。至于企

业所得税，则与企业税前利润的大小相关。不能索取17%基本税率的专用发票时，因多缴纳了增值税、城建税和教育费附加，企业税前可扣除的税费增加，企业所得税会相应减少。因此，能索取17%、3%专用发票和不能索取专用发票时的税费总额是依次递增的。如果城建税的税率为7%，教育费附加的计征率为3%，那么价格优惠临界点（推导过程略）如表2-4所示。

表2-4　价格优惠临界点（考虑城建税和教育费附加）

一般纳税人适用的增值税税率（%）	小规模纳税人适用的增值税征收率（%）	索取专用发票后的含税价格比率（%）	未索取专用发票后的含税价格比率（%）
17	3	86.80	84.02
13	3	90.24	87.35
11	3	92.05	89.10
6	3	96.88	93.77

【案例2-7】 宏伟家具生产厂（增值税一般纳税人）外购木材作为加工产品的原材料。现有两个供应商甲与乙。甲为增值税一般纳税人，可以开具税率为17%的增值税专用发票，该批木材报价50万元（含税价款）；乙为小规模纳税人，可以出具由其所在主管税务局代开的征收率为3%的增值税专用发票，木材报价46.5万元（已知城市维护建设税税率为7%，教育费附加征收率为3%。）请为宏伟厂材料采购作出税收筹划建议。

分析：由价格优惠临界点原理可知，增值税税率为17%，小规模纳税人征收率为3%时，价格优惠临界点为86.80%，或者说，价格优惠临界点的销售价格为434 000元（500 000 × 86.80%）。从题中乙的报价看，465 000元大于价格优惠临界点434 000元，因此，应从甲（一般纳税人）处采购。

从企业利润核算的角度看，从甲处购进该批木材的净成本为

500 000 ÷（1 + 17%）−［500 000 ÷（1 + 17%）× 17% ×（7% + 3%）］= 420 085.47（元）。

从乙处购进该批木材的净成本为

465 000 ÷（1 + 3%）−［465 000 ÷（1 + 3%）× 3% ×（7% + 3%）］

= 451 456.31 − 1 354.37 = 450 101.94（元）。

由此可以看出，从乙处购入该批木材的成本大于从甲处购进的成本，因此，应选择从甲处购进。

2.2.4　抵扣时间的税收筹划

税法中对取得增值税专用发票进项抵扣时间的规定为，增值税一般纳税人必须自该专用发票开具之日起180日内到税务机关认证，在通过认证的次月按照增值税有关规定核算当期进项税额并申报抵扣，否则不予抵扣进项税额。相应地，纳税人必须遵循这项规定进行必要的筹划，以便实现进项税额的完全抵扣，减轻税负。

1. 推迟索取用于进项税额抵扣的增值税专用发票

税法中虽然规定了增值税一般纳税人必须自专用发票开具之日起180日内到税务机关认证，认证后必须在次月抵扣，否则不得抵扣。由于税法并未强调索取专用发票的最迟时点，对于在当期和未来一段时期销售规模不大而购进又较大的企业，就可将

索取增值税专用发票的时点推迟到有足够销售规模及销项税额时，然后再到税务机关进行认证和抵扣，这样就可以充分利用进项抵扣减轻税负。

2. 提前索取用于进项税额抵扣的增值税专用发票

若企业在当期和近期销售规模较大而购进又较小时，可以采取的做法就是将可能在未来某时点才可取得的发票提前到现在时点取得，这样就可进行较多的进项税抵扣，减轻当期和近期的增值税负担。例如，在分期付款购进货物时，就可要求在支付每笔款项时即取得增值税专用发票，而不是待到付清最后一笔款项时才取得整个购进货物的增值税专用发票。

【案例 2-8】 某工业企业 1 月份购进商品 1 000 件，增值税专用发票上记载：购进价款 100 万元，进项税额 17 万元。该商品经生产加工后销售单价 1 200 元（不含增值税），实际月销售量 100 件（增值税税率为 17%），则各月销项税额均为 2.04 万元。但由于进项税额采用购进扣税法，1～8 月因销项税额 16.32 万元（2.04 × 8），不足以抵扣进项税额 17 万元，在此期间不纳增值税。

分析： 9、10 月分别缴纳 1.36 万元和 2.04 万元，共计 3.4 万元。这样，尽管纳税的账面金额是完全相同的，但如果月资金成本率为 2%，通货膨胀率为 3%，则 3.4 万元的税款折合为 1 月初的金额即为 2.18 万元。由上述计算可以看出，延缓纳税比各月均衡纳税的税负要轻。

2.2.5 几种经营行为的税收筹划

1. 兼营不同增值税税率和征收率项目

税法规定，对纳税人兼营不同税率的货物或者应税劳务，应当分别核算不同税率的货物或者应税劳务的销售额；未分别核算销售额的，从高适用税率。因此，纳税人兼营不同税率的货物或应税劳务分开核算有利于节税。

【案例 2-9】 某企业属于增值税一般纳税人，2015 年 3 月的经营收入有机电产品销售额 260 万元，其中农机销售额 80 万元。企业当月可抵扣的进项税额为 40 万元（销售额均为不含税销售额）。

分析： ① 未分别核算应纳增值税额 = 260 × 17% − 40 = 4.2（万元）。

② 分别核算应纳增值税额 =（260 − 80）× 17% + 80 × 13% − 40 = 1（万元）。

③ 分别核算可以为该企业降低增值税税负 3.2 万元（4.2 − 1）。

2. 兼营应税和免税项目

税法规定，纳税人兼营免税、减税项目的，应当分别核算免税、减税项目的销售额；未分别核算销售额的，不得免税、减税。因此，纳税人兼营免税、减税的货物或应税劳务必须分开核算以达到节税的目的。

【案例 2-10】 某工业企业为增值税一般纳税人，主要以聚氯乙烯为原材料加工生产塑料盆和农用塑料薄膜。该企业当月的塑料盆含税销售额为 100 万元，塑料薄膜的含税销售额为 60 万元。当月购进聚氯乙烯的增值税专用发票注明价款 50 万元，税款 8.5 万元，要求按税负不能通过提价转嫁进行税收筹划。

分析： ① 未分别核算应纳税额 = (100 + 60)/(1 + 17%) × 17% − 8.5 =23.25 − 8.5 =

14.75（万元）。

② 分别核算应纳增值税额 $= 100/(1 + 17\%) \times 17\% - 8.5/(100 + 60) \times 100 = 14.53 - 5.31 = 9.22$（万元）。

③ 分别核算可以为企业降低增值税税负 5.53 万元（14.75 − 9.22）。

3. 代销与委托代销的税收筹划

代销行为是销售行为中比较典型的特殊销售行为。代销通常有收取手续费和视同买断两种方式。收取手续费方式是受托方根据所代销的商品数量向委托方收取手续费，这对受托方来说是一种劳务收入；视同买断方式由委托方和受托方签订协议，委托方按协议价收取所代销的货款，实际售价可由双方在协议中明确规定，也可由受托方自定，实际售价与协议价之间的差额归受托方所有，这种销售仍是代销，委托方只是将商品交给受托方代销，并不是按协议价卖给受托方。因此，明确了企业的代销方式，有助于合理选择对企业有利的代销方式，达到税收筹划的目的。

【案例 2-11】 甲公司与乙公司签订一项代销协议，由甲公司代销乙公司的产品，不论采取何种代销方式，甲公司的产品在市场上均以 1 000 元/件的价格销售。城建税税率为 7%，教育费附加征收率为 3%。以下有两种方案。

方案 1：采取视同买断方式。假设在纳税期，乙公司代销甲公司的产品共 200 件，该产品甲公司和乙公司的协议价为 800 元/件，同时甲公司当期允许抵扣的进项税额为 20 000 元。

方案 2：采取收取手续费方式。假设在纳税期，乙公司代销甲公司的产品也是 200 件，同时根据代销数量，乙公司向甲公司收取 20%的代销手续费，甲公司当期允许抵扣的进项税额仍为 20 000 元。

请做出选择。

分析：下面分别对这两种方案进行计算。

方案 1：甲公司应缴增值税=160 000×17%−20 000=7 200（元）。

甲公司应缴城建税及教育费附加=7 200×（7%+3%）=720（元）。

甲公司应缴流转税合计=7 200+720=7 920（元）。

乙公司应缴增值税=200 000×17%−160 000×17%=6 800（元）。

乙公司应缴城建税及教育费附加=6 800×（7%+3%）=680（元）。

乙公司应缴流转税合计=6 800+680=7 480（元）。

甲公司与乙公司应缴流转税合计=7 920+7480=15 400（元）。

方案 2：甲公司应缴增值税=200 000×17%−20 000=14 000（元）。

甲公司应缴城建税及教育费附加=1 400×（7%+3%）=1 400（元）。

甲公司应缴流转税合计=14 000+1 400=15 400（元）。

乙公司的增值税销项税额与进项税额相等，相抵后，该项业务应缴增值税为 0。

但乙公司采取手续费代销方式，收入手续费 40 000 元（1 000×200×20%），属于营业税范围的服务业（代理业）。

乙公司应纳营业税=40 000×5%=2 000（元）。

乙公司应缴城建税及教育费附加=2 000×（7%+3%）=200（元）。

乙公司应缴流转税合计=2 000+200=2 200（元）。

甲公司与乙公司应缴流转税合计=15 400+2 200=17 600（元）。

两种代销方式的比较：从整体税负看，视同买断方式下的代销方式比收取手续费的方式节税 2 200 元（15 400−17 600）。但在现实销售中，在视同买断方式下，双方虽然共节约税款 2 200 元，但甲公司节约 7 480 元（7 920−15 400），乙公司要多交 5 280 元（7 480−2 200）。因此，甲公司可以考虑采取补偿的方式，以鼓励乙公司接受视同买断的代销方式。

4．加工方式选择的税收筹划

按照《增值税暂行条例》的规定，外购劳务如果取得增值税专用发票可以抵扣进项税额，因此适当采取委托加工方式可以达到节税的目的。

我们知道，增值税税基是企业在生产过程中获得的增值额。从理论上讲，增值额是企业在生产经营过程中新创造的那部分价值，包括劳动者在生产过程中获得的补偿 V 和新创造的剩余价值 M，即货物或服务价值中 V+M 部分。那么，在考虑增值税税收负担筹划时，V+M 部分的价值越大，负担的增值税就越多。但是，按照企业追求利润最大化的经营思想，M 部分自然是越大越好。因此，进行税收筹划只有减少 V 部分的比例。如果 V 部分能够充分运用外购劳务取得进项发票，必然可以扩大增值税进项税额抵扣的比例，从而达到节税的目的。

【案例 2-12】 A 企业是一家机械配件生产企业。企业规模不大，但是由于市场信誉良好，最近一段时间订单较多，企业现有的生产能力略显不足。该企业张厂长有心扩大生产规模，但是考虑到该行业市场总体上供大于求，产品销售市场并不稳定，周边地区又存在 10 余家同类产品生产企业，因此担心扩大投资规模带来经营上的风险。最近，该企业又接到了 10 000 件产品的生产订单，张厂长正为组织生产而发愁。请针对该种情况对企业进行税收筹划。

分析：具体有以下两种税收筹划方案。

方案 1：对于新接到的 10 000 件产品的订单，A 企业如果安排本企业自己生产，在不考虑固定成本的情况下，组成产品变动成本的主要是原材料成本和劳动工资支出。原材料成本每件 20 元，人工费每件 15 元，产品售价每件 50 元，则生产销售 10 000 件产品的销售收入是 50 万元。那么

销项税额 = 50×10 000×17％ = 85 000（元）。

可以抵扣的进项税额 = 20×10 000×17％ = 34 000（元）。

企业这批产品的应纳税额 = 85 000 − 34 000 = 51 000（元）。

销售收入增值税负担率 = 51 000 ÷ 500 000×100％ = 10.2％。

方案 2：如果 A 企业将这批 10 000 件产品的生产任务采取委托加工方式委托给临近的 B 企业，支付加工费 15 万元，那么可以从对方处取得增值税专用发票，发票上注明的增值税额为 25 500 元。则

企业的销项税额 = 50×10 000×17％ = 85 000（元）。

可以抵扣的进项税额 = 20×10 000×17％ + 25 500 = 59 500（元）。

企业这批产品的应纳税额 = 85 000 − 59 500 = 25 500（元）。

销售收入增值税负担 = 25 500 ÷ 500 000×100% = 5.1％。

可以比较得出，在采用方案 2 时，企业采取委托加工方式可以使企业节税 25 500

万元，税收负担率也由10.2%下降为5.1%，达到了节税的目的。

由此可见，在企业生产能力不足，或在某些技术方面存在困难时，企业可以采取委托加工方式将一些产品或半成品委托外单位进行加工，以减轻企业的增值税负担。当然，企业在采用外购劳务方式进行税收筹划时应考虑多方面的因素，如外购劳务是否能够达到产品要求的技术水平，委托加工产品在时间、价格、质量上是否符合要求等，然后进行综合权衡。

2.3　增值税税收优惠政策的税收筹划

增值税税收优惠政策起征点、减免税、优惠税率、税额计算、出口退（免）税等方面都有一些优惠政策。增值税优惠政策给企业进行税收筹划提供了很多机会。纳税人应认真掌握、熟练运用这些政策，并结合本企业的实际，利用各种手段，减轻自己的税负。

1. 充分利用减免税政策进行税收筹划

利用减免税政策进行节税筹划，完全符合税法的立法精神和政府的意图，特别是适应产业结构调整的需要。财税［2008］156号文发布之后，国家又在资源综合利用、环境保护等方面给予免征增值税、增值税即征即退、增值税先征后退等多方面的优惠政策。因此，企业在确定自己的投资、经营决策时要考虑有增值税优惠措施的产业和项目，必要时根据实际情况采取合并或分散经营、挂靠免税项目等方式，达到节税、降低税收负担、实现企业利润最大化的目标。另外，要利用减免税政策，企业就必须充分了解自己在增值税多环节纳税链条中所处的位置，并进行税收筹划。

例如，税法规定，农业生产者销售自己生产的农业产品免征增值税，一般纳税人购进免税农产品，准予按买价的13%的扣除率计算进项税额，从当期的销项税额中扣除。那么，如果纳税人有自属的农业生产基地，则可以将该农业生产基地独立出来成立一个企业，不仅该农业基地可以享受“农业生产者销售的自产农业产品免征增值税”的优惠，也可根据农业基地开具的普通发票计算抵扣进项税额，实现降低税负的目的。

【案例2-13】某果汁生产企业有一自属的柑橘种植园，将采摘的柑橘再送到本企业的果汁加工厂进行果汁生产。果汁的增值税税率是17%，而只有企业的水费、电费和购入包装物等按规定可以抵扣进项税额。全年允许抵扣的进项税额为10万元。全年果汁销售收入为500万元。则该企业应纳增值税税额为75万元（500 × 17% − 10）。

分析：若该企业将柑橘种植园和果汁加工厂分立为两个独立核算的企业，分立后，柑橘种植园为农业生产者，销售其自产的柑橘免征增值税，而果汁加工厂从柑橘种植园购入的柑橘可以抵扣13%的进项税额。若柑橘园销售给果汁加工厂的柑橘售价为300万元，则

（1）应纳增值税税额 = 500 × 17% − 10 − 300 × 13% = 36（万元）。

（2）分立后比分立前节减税额39万元。

2. 巧用起征点进行税收筹划

增值税条例对个人有起征点的规定：当期（次）销售额达不到起征点的，不征增值税；超过起征点的，全额征税。个体经营者可以充分利用这一规定进行税收筹划，当其销售额接近起征点时，可以通过降低销售额的方式来避免缴纳增值税，如图 2-6 所示。

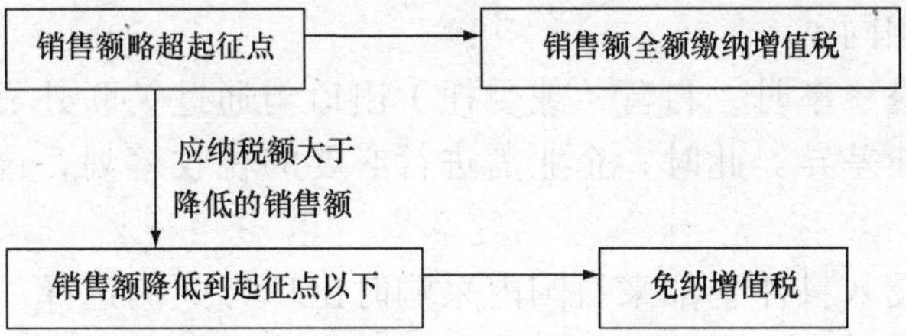

图 2-6　巧用起征点进行税收筹划

【案例 2-14】 王某经营一水果摊，预计 2015 年 1～3 月的每月销售额大体相同，分别为 5 050 元、5 100 元和 5 120 元（不含税），当地税务局规定增值税的起征点为 5 000 元。王某有两套方案可供选择：一是按照实际销售额继续销售；二是将每月销售额控制在 5 000 元以下。从节税的角度出发，王某应当选择哪套方案？

分析：（1）按照方案 1，王某 1～3 月纳税情况如下。

① 应税销售额 = 5 050 + 5 100 + 5 120 = 15 270（元）。

② 应纳增值税及附加 = 15 270 × 3% ×（1 + 7% + 3%）= 503.91（元）。

③ 增值税后收益 = 15 270 − 503.91 = 14 766.09（元）。

（2）按照方案 2，王某通过减价让利或歇业休息等方式将每月销售额控制在 5 000 元以下，纳税情况如下。

① 应纳增值税额 = 0（元）。

② 增值税后收益 = 5 000 × 3 = 15 000（元）。

③ 比方案 1 节税额 503.91 元，税后收益增加 233.91 元。

因此，王某最终还是选择了方案 2。

2.4　增值税出口退（免）税的税收筹划

出口退税是税务管理的重要环节，一般来讲，管理是非常严格的，但并不是说出口的产品就不存在筹划的空间。因为作为一个企业来讲，生产的产品是具体的，而出口产品征税、退税是按照产品结构、性能和用途来确定的。增值税出口退（免）税的税收筹划可从以下两个方面来考虑。

1. 货物出口方式选择的税收筹划

目前，我国企业出口商品主要有生产企业自营出口、委托代理出口和买断出口三种方式。自营出口由出口企业自己办理出口业务，出口商品定价和与出口业务有关的一切国内外费用以及佣金支出、索赔、理赔等，均由出口企业负担，出口企业直接办理退税，并享有出口退税收入；代理出口是指货物出口企业委托代理企业办理货物出口；买断出口是指生产企业把货物卖给出口企业，由出口企业办理货物出口和出口退税。

现行外贸企业出口货物应退的增值税执行“先征后退”办法，而生产企业自营（委托）出口应退的增值税是执行“免、抵、退”办法。自营（或委托）出口与通过外贸企业出口采取不同的退税方式，对企业的税负产生不同影响。

当征税率等于退税率时，自营（或委托）出口与通过关联外贸企业出口，企业所负担的增值税负担相同。

当征税率大于退税率时，自营（或委托）出口与通过关联外贸企业出口，企业所负担的增值税负存在差异。此时，企业需进行必要的税收筹划，选择尽量节税的出口措施。

（1）生产企业投入料件全部来自国内采购时出口方式的选择。如果生产企业投入料件全部来自国内采购，当产品的出口价格大于外贸企业的收购价格时，企业通过关联外贸企业出口并采取压低销售价格的方式进行筹划能够获得更多的税收利益。

【案例 2-15】某中外合资企业 A 生产的工业品全部用于出口，其所用原材料全部从国内采购。3 月自营出口产品价格为 1 053 万元，本月可抵扣进项税额为 100 万元，增值税税率为 17%，产品出口退税率为 13%，无上期留抵税金。

分析：① 若 A 企业自营出口，实行“免、抵、退”税政策，则 A 企业本月实际增值税税负 = 1 053 ×（17% − 13%）− 100 = − 57.88（万元），即 A 企业实际可从税务部门得到税收补贴收入 57.88 万元。

② 若 A 企业通过关联外贸企业 B 出口，A 企业将产品以同样的价格 1 053 万元（即 A 企业开具增值税专用发票价税合计 1 053 万元，此时不含税价为 900 万元）销售给 B 企业，B 企业再以价格 1 053 万元出口到境外，则 A、B 两企业本月实际增值税税负 = 900 ×（17% − 13%）− 100 = − 64（万元），即 A、B 两企业实际可从税务部门得到税收补贴 64 万元。

③ 若 A 企业以更低的价格 819 万元（此时不含税价为 700 万元）销售给 B 企业，B 企业再以 1 053 万元的价格出口，则 A、B 两企业本月实际增值税税负 = 700 ×（17% − 13%）− 100 = − 72（万元），即 A、B 两企业可从税务部门得到税收补贴 72 万元。

可见，生产企业当期投入料件全部来自国内采购时，通过外贸企业出口有利于减轻增值税税负，并利用转让定价进行税收筹划，以此获得更多的税收利益。

需要注意的是：在进料加工贸易方式下，生产企业在选择出口方式时，必须权衡来自国外的进口料件价格、生产企业将产品出售给关联外贸企业的不含税价格和出口产品离岸价（折合为人民币反映）三者之间的关系，从而选择最有利的出口方式。同时，生产企业选择自营或委托出口方式时，可通过调整国内料件与进口料件投入比例进行税收筹划，从而获得更多的税收利益。需要注意的是，税收筹划不只是财务部门的事，需从企业整体考虑，否则可能事与愿违。

（2）集团公司附属进出口公司是否独立核算的选择。集团公司附属进出口公司是否独立核算也会影响集团公司的整体税负。在此，我们可以做一个详细的计算和比较，并仍可运用转让定价的方式去筹划。

【案例 2-16】 黄河公司本月出口商品销售额为 8 000 万元，产品成本为 3 200 万元，进项税额为 544 万元，假设不考虑工资费用和固定资产折旧费用。公司增值税税率为 17%，退税率为 13%。黄河公司可以采取以下不同的方式办理出口及退税。A 公司是黄河公司的附属公司。分析黄河公司采用以下哪种方式出口退税最有利。

（1）A 公司非独立核算，黄河公司采取自营出口方式，出口退税实行“免、抵、退”政策。

（2）A 公司是黄河公司独立核算的进出口公司，集团所有商品均委托 A 公司出口，黄河公司出口退税实行“免、抵、退”政策。

（3）黄河公司按 8 000 万元的价格将出口商品卖给 A 公司，由 A 公司报关出口并申请退税，A 公司采用“先征后退”的办法办理退税。

（4）黄河公司按 6 000 万元的价格将出口商品卖给 A 公司，由 A 公司报关出口并申请退税，A 公司采用“先征后退”的办法办理退税。

分析：下面对以上 4 种方案进行具体分析。

方案 1：黄河公司本月应纳税额为 8 000 ×（17% - 13%）-3 200×17%=-224（万元）。

即应退税额为 224 万元。如果计算结果为正数，则为应纳税额。

方案 2：即委托出口方式，计算结果与方案 1 相同。

方案 3：即买断方式，黄河公司将商品卖给 A 公司，开具增值税专用发票并交纳增值税。

黄河公司应纳税额为 8 000×17%-3 200×17%=816（万元）。

A 公司应退税额为 8 000×13%=1 040（万元）。

黄河公司实际可得退税额为 A 公司退税额与集团已缴税额之差，即 1 040-816=224（万元）。

从计算结果看，方案 3 与前两种方案相同。但是，对于方案 3，黄河公司缴纳增值税的同时，还要缴纳增值税 7%和 3%的城建税和教育费附加，而这一部分并不退税，所以实际上增加了税负。

方案 4：也是买断方式，但利用了转让定价。黄河公司的应纳税额为 6 000×17% - 3 200 × 17%= 476（万元）。

A 公司应退税额为 6 000×13%= 780（万元）。

黄河公司实际可得退税额为 A 公司退税额与集团已缴税额之差，即 780-476=304（万元）。

2. 利用税收政策进行税收筹划

出口退税中要注意把握有关出口退税政策的规定，全面分析相关政策，作出最有利的选择，而不能一知半解。同时，要密切关注出口退税政策的变化情况，用足、用好优惠政策，绝不能以不变应万变。

【案例 2-17】 某公司是增值税一般纳税人，生产 A 产品，售价 34 元／件（不含税），成本构成大致为材料 20 元／件（其中主要原材料 18 元／件，辅助材料 2 元／件），工资等其他成本 12 元／件（进项税额忽略不计），当年预计生产 200 万件。现有一国外来料加工的订单，外方提供主要原材料，需由该公司提供辅助材料并加工成 A 产品，加工费 15 元／件，共计 10 万件。

该公司销售部门的人员作了测算，由于来料加工货物出口时免征增值税，其耗用的辅助材料的进项税不能抵扣，应增加材料的成本。该加工成本是：辅助材料 2.34 元／件，工资等其他成本 12 元／件，合计成本 14.34 元／件。加工利润是（15－14.34）×10 万件＝6.6（万元）。签订了加工合同。

分析：该业务在财务部门的计算大不一样。由于来料加工产品与该公司的产品完全一样，所以来料加工业务不得抵扣的进项税额无法准确进行划分（如无法确定机床修理费的进项税额是为哪批产品而发生的或某件辅助材料是为自产产品购进还是为来料加工业务购进的）。因此，按照税法的规定，增值税纳税人兼营免税项目而无法准确划分不得抵扣的进项税额，按下列公式计算不得抵扣的进项税额。

不得抵扣的进项税额＝全部进项税额×免税项目销售额÷全部销售额合计

按照上面提供的数据，有

全部进项税额＝20 × 17% × 200＋2 × 17% × 10＝683.4（万元）。

免税项目销售额＝15 × 10＝150（万元）。

全部销售额合计＝34 × 200＋15 × 10＝6 950（万元）。

不得抵扣的进项税额＝683.4×150÷6 950＝14.75（万元）。

该来料加工业务的成本总额＝2 × 10 ＋ 14.75 ＋ 12 × 10＝154.75（万元）。

来料加工业务利润＝150 万元－154.75 万元＝－4.75（万元）。

该订单不但不盈利，反而亏损了 4.75 万元。原因就在于，销售人员只知道来料加工业务免税，其耗用的进项税额不得抵扣，而不知道该进项税额应按上面的公式来计算，造成加工合同签订后，实际不得抵扣的进项税额大于该业务实际耗用的进项税额，一方面多转出的进项税额加大了来料加工的成本，造成亏损，另一方面也造成了实际抵扣的进项税额减少，多纳增值税，得不偿失。

思考、练习与实训

一、简答题

1. 简述增值税税收筹划的基本内容。
2. 简述增值税纳税人税收筹划的方法。
3. 简述增值税计税依据税收筹划的方法。
4. 简述增值税税收优惠税收筹划的方法。
5. 如何进行出口退税业务的税收筹划？
6. 简述一般纳税人选择购货方的筹划原理。
7. 简述增值税一般纳税人和小规模纳税人的划分标准。
8. 简述混合销售与兼营收入的计税规定。

二、案例分析题

1. 甲公司是一个年销售额在 80 万元左右（不含税）的生产企业，公司每年购进的可按 17%的税率进行抵扣的物品价值在 45 万元左右（不含税）。如果是一般纳税人，公司产品的增值税适用税率为 17%；如果是小规模纳税人，则为 3%的征收率。该公司有条件认定为一般纳税人，试判别企业适合于做何种纳税人。

2. 某生产性企业年含税销售额为 85 万元，其每年购进的按 17%税率进行抵扣的货物价值大约为 65 万元（不含税）。该企业财务会计核算制度健全规范，请判断该企业适合做何种纳税人。

3. 某生产企业为增值税一般纳税人，适用增值税税率为 17%，主要耗用甲材料加工产品。现有 A、B、C 三个企业提供甲材料，其中 A 为生产甲材料的一般纳税人，能够出具增值税专用发票，适用税率为 17%；B 为生产甲材料的小规模纳税人，能够委托主管税务机关代开增值税征收率为 3%的专用发票；C 为个体工商户，只能出具普通发票。A、B、C 三个企业所提供的材料质量相同，但是含税价格却不同，分别为 133 元、103 元、100 元。那么，该企业应当与 A、B、C 这三家企业中的哪一家企业签订购货合同？

4. 如果企业作为一般纳税人，其购进货物的含税价格为 117 元，增值税税率为 17%，完工产品的含税价格为 234 元，增值税税率也为 17%。如果作为小规模纳税人，征收率为 3%。另外，假定城建税和教育费附加征收率之和为 10%，所得税税率为 25%。请问当作为一般纳税人和作为小规模纳税人税后利润相同时，产品折扣率 R 为多少？

5. 某商场分别于元旦和春节推出大减价活动，商场的所有商品在活动期间一律七折销售，分别实现了 287 万元和 308 万元的含税销售收入，该商场的增值税适用税率为 17%，企业所得税适用税率为 25%。分析该商场折扣销售所降低的税负对让利损失的补偿效应。

6. 某市华源棉麻公司内部设有农场和纺纱织布分厂（均为非独立法人）。纺纱织布分厂的原料棉花主要由本公司农场提供，不足部分向当地供销社采购。公司 2014 年实现坯布销售 2 100 万元，自产棉花的生产成本为 350 万元，外购棉花金额 450 万元，取得增值税进项税额 58.5 万元，其他辅助材料可抵扣进项税额 45 万元。该公司产品的适用税率为 17%，当年缴纳增值税 253.5 万元，缴纳城建税及教育费附加合计 25.35 万元，加之新产品开发和销售费用比较大，企业年终几乎没有利润。增值税的税收负担高达 12.07%。假如农场自产的五彩棉花生产成本 350 万元，按现行市价可卖 1 300 万元。请帮助该公司进行税收筹划，以降低增值税税负。

7. 某建筑材料企业，在主营建筑材料批发和零售的同时，还对外承接安装工程作业。假定该企业某年度混合销售行为较多，当年建筑材料的销售额为 200 万元，购进项目金额为 180 万元，销项税率与进项税率均为 17%，取得施工作业收入 180 万元，营业税税率为 3%。从税务筹划的角度，分析该企业缴纳增值税和营业税中的哪一种税比较有利？

8. 服装生产企业 A 委托棉线生产企业 B 加工棉线 4 吨，双方商定，如果采用经销加工生产，每吨棉线 12 000 元，供应棉纱 5 吨，每吨作价 8 000 元，不能提供增值税专用发票；如果采用加工生产方式，每吨棉线支付加工费 1 800 元，供应的棉纱不作价，B 企业电费等可抵扣的增值税税额为 500 元。A、B 企业应当如何选择加工方式？

9. 东源服装有限公司是增值税一般纳税人。该公司最近接到一笔服装业务，对方企业东方时装厂是小规模纳税人企业，需要某款式服装 10 000 件。该厂的负责人对这笔业务的方式没有特别要求，既可以采取经销方式，也可以采取来料加工方式。双方协商约定：如果采取经销方式，东源公司生产这批服装的布料可以由东方时装厂提供，也可以向其他单位购买，该布料目前市场价格为125 000元，服装的单价为21元/件（不含税）；如果采取来料加工方式，则由东方时装厂提供原料，服装的加工费为8.5元/件。

经测算：东源公司在生产这批服装时，可取得电费、燃料等可抵扣的增值税进项税额为3 200元。由于东方时装厂是增值税小规模纳税人，因此，只能提供由税务机关按 3%征收率代开的增值税专用发票，东源公司从东方时装厂购进布料取得进项税额3 750元。请分析东源公司采用哪种方式更为划算。

10. 某生产性集团公司本月出口销售额为500万元，产品成本（不考虑工资费用和固定资产折旧）为200万元，进项税额为34万元，征税率为17%，退税率为15%。该集团公司可以采用以下方案办理出口及退税。

方案1：该公司所属的生产出口产品的工厂采取非独立核算形式，集团公司自营出口产品，出口退税采用“免、抵、退”税办法。

方案2：该集团公司设有独立的进出口公司，所有商品由集团公司委托其进出口公司出口，集团公司采用“免、抵、退”税办法。

方案3：该集团公司设有独立的进出口公司，按出口销售价格卖给进出口公司，由进出口公司报关并申请退税。

方案4：该集团公司设有独立的进出口公司，所有出口商品由集团公司按成本价卖给进出口公司，由进出口公司报关并申请退税。

分析比较上述4种方案哪种税负最轻？

第 3 章

消费税税收筹划

【知识目标】

- 在了解消费税税法基本内容的基础上，重点把握消费税税收筹划的基本思路。
- 掌握消费税纳税人税收筹划的方法。
- 掌握消费税计税依据税收筹划的方法。
- 掌握消费税税率税收筹划的方法。
- 掌握消费税出口退（免）税税收筹划的方法。
- 掌握应税消费品加工方式与消费税已纳税额扣除的税收筹划方法。

【技能目标】

- 能够熟练运用消费税税收筹划的基本技能。

案例引入

销售包装有讲究，成套销售要慎重

美丽娜日用化妆品厂将生产的化妆品、护肤护发品、小工艺品组成成套消费品对外销售，因其品种丰富、物美价廉，颇受市场欢迎。2014 年，该成套消费品生产和销售的数量为 100 万套，每套消费品由下列产品组成：化妆品包括香水一瓶 30 元，指甲油一瓶 10 元，口红一支 15 元；护肤护发品包括沐浴露两瓶 25 元，摩丝一瓶 8 元，香皂一块 2 元；化妆工具及小工艺品 10 元，塑料包装盒 5 元。为达到最好的广告效应，该化妆品厂将以上消费品成套包装后对外销售。

问题：通过本章学习，你认为以上销售方式是否合理？有何调整措施？

3.1 消费税纳税人的税收筹划

消费税纳税人的税收筹划可从以下两个方面筹划应对。

1. 消费税纳税人身份与非消费税纳税人身份的选择

如果企业想从源头上节税，不妨在投资决策的时候就避开应当缴纳消费税的消费品，而选择其他符合国家产业政策、在流转税及所得税等方面有优惠措施的产品进行投资，如高档摄像机、高档组合音响、移动电话等。在市场前景看好的情况下，企业选择这类项目投资，也可以达到减轻消费税税收负担的目的。

【案例 3-1】 某公司准备投产粮食白酒或者果汁饮料，两种投资方案的基本情况如下。

方案 1：投产粮食白酒，总投资额 1 000 万元，年销售额 200 万元，增值税税负约 6%。

方案 2：投产果汁饮料，总投资额 1 000 万元，年销售额 200 万元，增值税税负约 6%。

从节税的角度出发，该公司应当选择哪套方案？（假设该公司为增值税一般纳税人，以上销售额为不含增值税销售额，不考虑白酒的从量消费税。）

分析：（1）如果选择方案 1，根据现行消费税政策，粮食白酒的消费税为销售额的 20%。在该方案下，该公司的纳税情况如下。

① 年销售额 = 200（万元）。

② 应纳增值税额 = 200 × 17% = 34（万元）。

③ 应纳消费税额 = 200 × 20% = 40（万元）。

④ 应纳增值税、消费税、城建税及教育费附加总额 =（34 + 40）×（1 + 7% + 3%）= 81.4（万元）。

（2）如果选择方案 2，根据现行消费税政策，果汁饮料不需要缴纳消费税。在该方案下，该公司的纳税情况如下。

① 年销售额 = 200（万元）。

② 应纳增值税额 = 200 × 17% = 34（万元）。

③ 应纳增值税、城建税及教育费附加总额 = 34 ×（1 + 7% + 3%）= 37.4（万元）。

④ 比方案 1 节税额 = 81.4 − 37.4 = 44（万元）。

因此，该公司应当选择方案 2。方案 2 由于生产不需要缴纳消费税的产品，从而达到了节税的效果。

2. 通过企业合并或兼并方式递延纳税

由于消费税是针对特定的纳税人和特定的环节征税，所以可以通过企业的合并，递延纳税。

（1）合并会使原来企业间的购销环节转变为企业内部的原材料继续加工环节，从而递延部分消费税税款。如果两个合并企业之间存在着原材料供应的关系，则在合并前，这笔原材料的转让关系为购销关系，应该按照正常的购销价格缴纳消费税款。而在合并后，企业之间的原材料供应关系转变为企业内部的原材料继续加工关系，因此这一环节不用缴纳消费税，而是递延到销售环节再征收。

（2）如果后一环节的消费税税率较前一环节的低，则可直接减轻企业的消费税税负。这是因为前一环节应该征收的税款延迟到后面环节再征收，如果后面环节税率较低，则合并前企业间的销售额，在合并后适用了较低的税率而减轻税负。

【案例 3-2】 某地区有两家大型酒厂甲和乙，它们都是独立核算的法人企业。甲企业主要经营粮食类白酒，以当地生产的玉米为原料进行酿造，粮食白酒的税率为20%，定额税率为 0.5 元/斤。乙企业以甲企业生产的粮食酒为原料生产系列药酒，假定药酒的销售额为 2.5 亿元，适用 10%的税率。甲企业每年要向乙企业提供价值1.5 亿元、计 5 000 万公斤的粮食白酒。经营过程中，乙企业由于缺乏资金和技术，无法经营下去，准备破产。此时，乙企业欠甲企业货款 5 000 万元。经评估，乙企业的资产恰好为 5 000 万元。请问甲乙企业合并能否减轻税收负担，可以少缴纳的税款是多少？

分析：（1）合并前甲、乙企业应纳消费税款如下。

① 甲企业应纳消费税 = 15 000 × 20% + 5 000 × 2 × 0.5 = 8 000（万元）。

② 乙企业应纳消费税 = 25 000 × 10% = 2 500（万元）。

③ 合计应纳税款 = 8 000 + 2 500 = 10 500（万元）。

（2）甲企业领导人经过研究，决定对乙企业进行并购，其决策的主要依据如下。

① 两家企业之间的行为属于产权交易行为，按税法规定，不用缴纳营业税。

② 并购可以递延部分税款。并购前，甲企业向乙企业提供的粮食酒，每年应缴纳消费税和增值税情况如下。

每年应该缴纳消费税 = 15 000 × 20% + 5 000 × 2 × 0.5 = 8 000（万元）。

增值税销项税额 = 15 000 × 17% = 2 550（万元）。

而这笔税款可以递延到药酒销售环节缴纳，获得递延纳税好处。

③ 乙企业生产的药酒市场前景很好，企业合并后可以将经营的主要方向转向药酒生产，这样做就能减少粮食白酒这一中间纳税环节，并且药酒的消费税税率低于粮食白酒，企业应缴纳的消费税税款将减少。假定药酒的销售额为 2.5 亿元，销售数量为 5 000 万公斤。

合并后应缴纳消费税款 = 25 000 × 10% = 2 500（万元）。

合并后少缴纳消费税款 = 10 500 − 2 500 = 8 000（万元）。

实际上，甲、乙企业合并后少缴纳的消费税款，即为甲企业所生产的粮食白酒应缴纳的消费税款。

3.2 消费税计税依据的税收筹划

进行消费税的税收筹划时，计税依据的筹划是一个要考虑的主要内容，可以从以下 7 个方面筹划应对。

3.2.1 充分把握增值税价外税的属性

在现实经济生活中，应该深刻理解增值税价外税的属性，如果直接将含增值税的销售额作为消费税的计税依据，显然增大了消费税的计税依据，增加了纳税人的税收负担。按照税法规定合理计算，不多缴纳税款也是一种税收筹划的方法。

【案例 3-3】 某化妆品公司 2015 年 1 月销售化妆品 200 件，每件 100 元，该公司提出了两套缴纳消费税的方案。

方案 1：以实际销售额作为计税基础。

方案 2：以扣除增值税以后的销售额作为计税基础。

从节税的角度出发，该公司应当选择哪套方案？（假设该公司为增值税一般纳税人，则以上销售额为含增值税销售额。）

分析：（1）如果选择方案 1，该公司的纳税情况如下。

① 实际销售额 = 200 × 100 = 20 000（元）。

② 应纳消费税及其附加 = 20 000 × 30% × （1 + 7% + 3%） = 6 600（元）。

（2）如果选择方案 2，该公司的纳税情况如下。

① 实际销售额 = 200 × 100 ÷ （1 + 17%） = 17 094.02（元）。

② 应纳消费税及其附加 = 17 094.02 × 30% × （1 + 7% + 3%） = 5 641.03（元）。

③ 比方案 1 节税额 = 6 600 − 5 641.03 = 958.97（元）。

因此，该公司应当选择方案 2。

3.2.2 兼营销售的税收筹划

兼营销售的税收筹划主要包括兼营非应征消费税货物的税收筹划和兼营多种不同税率应税消费品的税收筹划。

（1）兼营非应征消费税货物的税收筹划。纳税人兼营非应征消费税货物，应当分别核算不同货物的销售额和销售数量。未分别核算的，非应征消费税货物一并计缴消费税。例如，企业可以将“先包装后销售”的传统销售方式改为“先销售后包装”，并要求财务上分别核算，这样可以大大降低消费税税负，而且增值税税负可保持不变。

【案例 3-4】 某高尔夫球具生产企业属增值税一般纳税人，某月销售高尔夫球及球具 500 套，售价为 5 000 元/套（不含税），耗用包装盒 500 只，每只包装盒售价 20 元（不含税），高尔夫球及球具的消费税税率为 10%。那么，该高尔夫球具生产企业对包装盒如何处理，才能最大限度地节税？

分析：① 如果企业将包装盒作价连同高尔夫球及球具一同销售，包装盒应并入应税消费品售价当中一起缴纳消费税。

应纳消费税税额 = （5 000 × 500 + 20 × 500） × 10% = 251 000（元）。

② 如果企业将包装盒不作价销售而是收取押金，每只包装盒收取 20 元的押金，则此项押金不应并入应税消费品的销售额计缴消费税。

企业应纳消费税 = 5 000 × 500 × 10% = 250 000（元）。

若包装盒的售价为 23.4 元/只（含税），押金也收取 23.4 元，那么这时主要是考虑货币的时间价值，二者的纳税总额是一样的。

（2）兼营多种不同税率应税消费品的税收筹划。兼营多种不同税率应税消费品的企业，应当分别核算不同应税消费品的销售额和销售数量。未分别核算的，或者将不同税率的应税消费品组成成套消费品销售的，一律从高适用税率。企业从降低税收负担的角度考虑，应严格将不同税负产品的销售额和销售数量分别核算，否则将面临对全部产品统一使用高税率的可能。

企业应从两方面加强管理：一是加强对销售人员的业务培训，使其了解分别核算对企业的意义；二是设计出标准的合同范本，分别列示所销售的不同产品的数量和金额，要求销售人员遵照执行。

【案例 3-5】 某酒厂本月生产并销售粮食白酒 150 吨，实现销售收入 75 万元，同时销售糠麸白酒 50 吨，实现销售收入 10 万元。按照规定，粮食白酒应在缴纳 20%从价税的基础上再缴纳每斤 0.5 元的从量税，糠麸白酒则按照销售价格的 10%缴纳消费税。

分析： ① 如果该企业没有将两种产品分别核算，那么其应从高适用税率，即将全部产品按照粮食白酒纳税，则

该月应缴纳消费税 =（750 000 + 100 000）× 20% +（150 + 50）× 1 000 × 2 ×0.5 = 370 000（元）。

② 如果该企业将所销售的白酒和糠麸白酒的销售数量和销售额分别核算，则

该月应缴纳消费税 = 750 000 × 20% + 150 × 1 000 × 2 × 0.5 + 100 000 × 10% =310 000（元）。

③ 可见，分别核算比原来减少了 6（37 − 31）万元的税收负担。

（3）应税消费品的“成套”销售应慎重。“成套”销售对企业开拓市场有一定的好处，但是税法规定，纳税人将不同税率的应税消费品组成成套消费品销售的，从高适用税率。企业对策是，出厂之后再将不同税率的产品组成成套消费品，就不必再按较高税率缴纳消费税，如向购货方单独提供礼品包装盒等。

【案例 3-6】 假设某化妆品公司生产并销售系列化妆品和护肤护发品，其中销路较好的几种产品的出厂价分别为口红 40 元、眼影 60 元、粉饼 50 元、洗面奶 30 元。另外，该企业新开发的润肤霜出厂价为 70 元。

分析： ① 以上产品中前三种属于化妆品，适用 30%的消费税率，后两种为护肤护发品，不属于消费税征收范围。如果以上产品各销售一件，则企业应缴纳消费税 45 元。

② 现在该公司为推销其新产品润肤霜，计划将前述几种产品与润肤霜组成礼品套装销售，出厂价仍为各个品种出厂价之和，即 250 元。但此时，企业每销售一套产品，需缴纳消费税 75 元（250 × 30%），税负增加了近 67% [（75−45）/45 × 100%]。

3.2.3　通过设立独立核算销售公司降低计税依据的税收筹划

由于消费税的课征只选择单一环节，而消费品的流通还存在着批发、零售等若干个流转环节，这在客观上为企业选择一定的方式进行税收筹划提供了可能。企业可以采用分设独立核算的经销部、销售公司的办法，降低生产环节的销售价格向它们供货，经销部、销售公司再以正常价格对外销售。由于消费税主要在产制环节缴纳，企业的税收负担会因此减轻许多。

需要注意国家在此种情况下的反避税措施。例如，国家税务总局在 1996 年至 1998

年对中国第一汽车集团公司及上海大众汽车有限公司等大型汽车生产企业的消费税征收环节进行了调整，由在生产环节对厂商课税，改为推延至经销环节，并对其分设的经销公司课税，后来又恢复在生产环节征税。

【案例 3-7】 常州市美丽娜化妆品厂本月对外销售化妆品不含税销售额为 400 万元，化妆品消费税税率为 30%，则本月该化妆品厂应纳消费税为 120 万元（400 × 30%），企业税收负担比较重。请问该化妆品厂应如何进行税收筹划才能减轻企业税收负担？

分析：如果该厂设立独立核算的销售公司，化妆品厂将生产的化妆品先以 300 万元的不含税价格销售给销售公司，然后销售公司再以 400 万元的正常售价对外销售，则销售公司的销售不属于生产环节，不需缴纳消费税。该批化妆品由化妆品厂缴纳消费税。

应纳消费税 = 300 × 30% = 90（万元）。

消费税节税额 = 120 − 90 = 30（万元）。

城建税和教育费附加节税额 = 30 ×（7% + 3%）= 3（万元）。

通过筹划设立独立核算的销售公司，使该厂消费税负担减少 30 万元，同时相应减少 3 万元的城市维护建设税和教育费附加税。由于降低价格减少的收入和利润转移到销售公司实现，美丽娜化妆品厂从总体上看收入并没有降低，但减少了消费税支出，利润增加了，对所得税的缴纳也有一定的影响。

3.2.4 自产自用应税消费品计税依据的税收筹划

（1）连续生产应税消费品不纳税的筹划。纳税人自产自用的应税消费品用于连续生产应税消费品的，不缴纳消费税。那么，当两个或两个以上纳税人生产某项最终消费品的不同环节产品时，可以考虑组成一个企业，减轻自己的消费税负担；一个企业内部可以将自用产品负担的间接费用少留一部分，更多地分配给其他产品，从而降低组成计税价格，使自用产品负担的消费税相应地减少（参见本章【案例 3-2】）。

（2）用于其他方面纳税时不同计价方式的筹划。纳税人自产自用的应税消费品用于其他方面的，征收消费税，但有不同的计价方式。虽然税法对不同计价方式的选择有着严格的界定，但企业可以灵活应对，选择税负最轻的纳税方式。

【案例 3-8】 某企业自产自用甲产品成本为 100 000 元，成本利润率为 10%，消费税税率为 20%。假设企业能够降低产品成本，请计算企业通过降低成本能少缴纳多少消费税？（假设将成本降低为 80 000 元。）

分析：① 成本不变时，组成计税价格和应纳消费税额计算如下。

组成计税价格 =（100 000 + 100 000 × 10%）÷（1 − 20%）= 137 500（元）。

应纳消费税税额 = 137 500 × 20% = 27 500（元）。

② 假设将成本降低为 80 000 元，其组成计税价格和应纳消费税额计算如下。

组成计税价格 =（80 000 + 80 000 × 10%）÷（1 − 20%）= 110 000（元）。

应纳消费税税额 = 110 000 × 20% = 22 000（元）。

企业少纳消费税税额 = 27 500 − 22 000 = 5 500（元）。

同样，企业也降低了增值税、城建税和教育费附加的税收负担，对所得税也有影响。

3.2.5　非货币性交换中几种特殊行为计税依据的税收筹划

税法规定，纳税人自产的应税消费品用于换取生产资料和消费资料、投资入股或抵偿债务等方面，应当把纳税人同类应税消费品的最高销售价格作为计税依据。在实际操作中，当纳税人用应税消费品换取货物或者投资入股时，一般是按照双方的协议价或评估价确定的，而协议价往往是市场的平均价。如果把同类应税消费品的最高销售价作为计税依据，显然会加重纳税人的负担。由此，企业可以采取先销售后入股（换货、抵债）的方式，从而达到减轻税负的目的。

【案例 3-9】 某摩托车生产企业，当月对外销售同型号的摩托车时共有三种价格：以 4 000 元的单价销售 80 辆，以 4 500 元的单价销售 16 辆，以 4 800 元的单价销售 8 辆。该企业当月以 32 辆同型号的摩托车与甲企业换取原材料。双方按当月的加权平均销售价格确定摩托车的价格，摩托车消费税税率为 10%。

分析：① 该企业应纳消费税税额=4 800 × 32 × 10% = 15 360（元）。

② 纳税人经过筹划，将这 32 辆摩托车按照当月的加权平均价销售后，再购买原材料，则应纳消费税税额=(4 000 × 80 + 4 500 × 16 + 4 800 × 8) ÷ (80 + 16 + 8) × 32 × 10% = 13 243.08（元）。

③ 这样，企业可减轻税负 2 116.92（15 360 − 13 243.08）元。

3.2.6　以外汇结算应税消费品计税依据的税收筹划

纳税人以外汇结算应税消费品时，应按外汇市场牌价折合成人民币销售额以后，再按公式计算应纳税额。人民币折合率既可以采用结算当天的国家外汇牌价，也可以采用当月 1 日的外汇牌价。一般来说，外汇市场波动越大，选择折合率进行节税的必要性越大。如果能以较低的人民币汇率计算应纳税额，对于企业显然是非常有利的。需要注意的是，税法中规定，汇率的折算方法一经确定，一年内不得随意变动。因此，在选择汇率折算方法的时候，需要纳税人对未来的经济形势及汇率走势作出恰当的判断。

【案例 3-10】 某企业某年 12 月 15 日取得化妆品销售收入 40 万美元，12 月 1 日国家外汇牌价为 1 美元：7.2 元人民币，12 月 15 日的外汇牌价为 1 美元：7.3 元人民币。

分析：如果采用当月 1 日的汇率，折合人民币 288 万元，应缴消费税人民币 86.4 万元；如果采用结算当日的汇率，折合人民币 292 万元，则应缴消费税 87.6 万元。两种方法相比，采用结算当日汇率计算比采用当月 1 日汇率计算多缴消费税人民币 1.2 万元。

3.2.7　包装物计税依据的税收筹划

企业要想在包装物上节省消费税，关键是包装物不能作价随同产品出售，而应当采取“押金”的形式，这样“押金”就不并入销售额计算消费税。即使经过 1 年以后，需要将押金并入应税销售额，按照应税消费品的适用税率征收消费税，也是企业获得了该笔消费税款 1 年的免费使用权。需要注意酒类产品的包装物押金问题。税法规定，啤酒、黄酒以外的酒类产品的包装物押金，无论以后是否归还，也无论会计上如何核算，均应并入销售额征收消费税（参见本章【案例 3-4】)。

3.3 消费税税率的税收筹划

1. 兼营和成套销售适用税率的税收筹划

参见消费税计税依据税收筹划的相关内容。

2. 消费税差别税率的税收筹划

消费税的一些税目设置了子目，不同的子目适用的税率不同，而同一税目的不同子目具有很多共性，企业可以创造条件，利用子目的转换，在不同税率之间进行选择，做到税收负担最低。而企业的财务目标是追求企业税后利润最大化，因此应根据税收政策的变化，筹划新产品的价格定位。在临界点，税收负担变化较大，会出现税收负担的增加大于计税依据增加的情况。企业如果巧妙利用临界点的规定适当降低产品价格，反而能够增加税后利润。下面以卷烟平衡点分析为例进行说明。

【案例 3-11】 卷烟适用差别税并采取了复合计税的办法计缴消费税，即先从量对每大箱香烟征收 150 元，再从价对单条香烟调拨价为 70 元（含 70 元，不含税）以上的按 56%的税率缴纳、对单条香烟调拨价为 70 元以下的按 36%的税率缴纳。从价定率缴纳消费税有个临界点，即单条香烟调拨价在 70 元时税率发生变化，消费税税率由 36%跃升到 56%，税负必然突然加重。我们可以通过平衡点分析法对卷烟定价作出筹划。

（1）找寻税后收入的平衡价格点，设低于 70 元而与 70 元价格点上的税后收入相等的价格为 X，则有

$70\times(1-56\%)=X\times(1-36\%)$，

解得：$X\approx48.13$（元）。

由此得出，价格为 70 元与价格为 48.13 元两个点上，税后收入相等，均为 30.8 元。

$70\times(1-56\%)=30.8$（元），

$48.13\times(1-36\%)=30.8$ 元（元）。

（2）分析在平衡价格点上下的税后收入。

① 当价格大于 48.13 元时，若价格为 59 元，税后收入 $=59\times(1-36\%)=37.76$（元）。若价格为 69 元，税后收入 $=69\times(1-36\%)=44.16$（元）。

② 当价格小于 48.13 元时，若价格为 48 元，税后收入 $=48\times(1-36\%)=30.72$（元）。若价格为 38 元，税后收入 $=38\times(1-36\%)=24.32$（元）。

（3）筹划方法。通过上述计算、分析，我们可以得出以下结论：当每标准条香烟对外调拨价欲确定在 70 元时，也可选择将其定在 48.13 元，二者税后收入相同；当每标准条香烟对外调拨价处在 48.13～70 元这段区间时，价格越接近 70 元，税后收入越高，可选择价格尽可能接近 70 元，如 69.99 元；当每标准条香烟对外调拨价处在 48.13 元以下时，价格越接近 48.13 元，税后收入越高，可选择价格尽可能接近 48.13 元，如 48.12 元。

同样，我们也可以计算出啤酒的无差异价格临界点，并进行税收筹划。

3.4 利用出口应税消费品退（免）税政策进行税收筹划

1. 出口货物退关或退货的税收筹划

出口的应税消费品，免征消费税；如果已经征收了消费税，就要办理出口退税。在发生货物退关或退货时，企业应适当调节办理补税的时间，可以在一定时期内占用消费税税款，相当于获得了一笔无息贷款。这里，需要解决好两个问题：一是要获取所在地主管税务机关的批准，可以暂不办理补税；二是尽量延长转为国内销售时缴纳税款的时间。

【案例 3-12】 2015 年 1 月，某公司一批出口应税消费品办理免税手续后发生退货，该批货物的总价值为 500 万元，消费税税率为 20%。两个月的市场利率为 3%。该企业有两种方案可供选择。

方案 1：2015 年 1 月退货时申报补缴消费税。

方案 2：2015 年 3 月转为国内销售时补缴消费税。

从节税的角度出发，该企业应当选择哪套方案？

分析：（1）如果选择方案 1，该公司的纳税情况如下。

应纳消费税及其附加 = 500 × 20% ×（1 + 7% + 3%）= 110（万元）。

（2）如果选择方案 2，该公司的纳税情况如下。

应纳消费税及其附加 = 500 × 20% ×（1 + 7% + 3%）= 110（万元）。

相比方案 1，该公司选择方案 2 将获得 3.3 万元（110 × 3%）延期纳税的利息收益。因此，该公司应当选择方案 2。

2. 提高消费税征税范围内货物的经营比重

一般来说，作为外贸出口企业，提高属消费税征税范围的货物出口比重，其收益比非消费税缴纳范围内的货物要大得多。

出口退（免）消费税筹划中应注意依法纳税，合法退免税；避免不必要的损失；避开出口货物退（免）税“税收陷阱”；避免不必要的法律诉讼。

3.5 消费税其他情况的税收筹划

1. 委托加工与自行加工的税收筹划

（1）委托加工与自行加工的税负比较。委托加工的应税消费品与自行加工的应税消费品的税基不同，委托加工时，受托方（个体工商户除外）代收代缴税款，税基为组成计税价格或同类产品销售价格；自行加工时，计税的税基为产品销售价格。在一般情况下，委托方收回委托加工的应税消费品后，要以高于成本的价格售出以求盈利。不论委托加工费大于或小于自行加工成本，委托方将收回的应税消费品，以不高于受托方的计税价格出售的，为直接出售，不再缴纳消费税；以高于受托方的计税价格出售的，不属于直接出售，需按照规定申报缴纳消费税，在计税时准予扣除受托方已代收代缴的消费税。

（2）思路。应税消费品委托加工与自行加工的税负有较大差异，在进行消费税筹划时，纳税人应当测试哪一种方式税负最轻。

（3）企业对策。由于应税消费品加工方式不同会导致纳税人税负不同，因此，纳税人进行消费税税收筹划时，可以利用关联方关系，压低委托加工成本，达到节税目的。即使不是关联方关系，纳税人也可以在估算委托加工成本上限、下限的基础上，事先测算企业税负，确定委托加工费的上限，以使税负最低、利润最多。

（4）影响。作为价内税的消费税，企业在计算应税所得时，消费税可以作为扣除项目。因此，消费税的多少会进一步影响所得税，进而影响企业的税后利润和所有者权益。而作为价外税的增值税，则不会因增值税税负差异而造成企业税后利润差异。

【案例 3-13】 甲公司委托乙公司将一批价值 200 万元的原料加工成半成品 A，协议规定加工费 150 万元；半成品 A 被运回甲公司后，甲公司将其继续加工成产成品 B，加工成本、分摊费用共计 200 万元，该批产成品售价 1 500 万元。假设半成品 A 消费税税率为 30%，产成品消费税税率为 50%。请针对甲公司的情况进行税收筹划，使其税负最低。

分析：（1）委托加工的消费品收回后继续加工，然后对外销售。

在计算消费税的同时，还应计算增值税（作为价外税，它与加工方式无关，这里不予涉及）。

① 甲公司向乙公司支付加工费的同时，向受托方（乙公司）支付其代收代缴的消费税。

消费税组成计税价格 =（200 + 150）÷ (1 − 30%) = 500（万元），

应缴消费税 = 500 × 30% = 150（万元）。

② 甲公司销售产品后，应缴消费税为

1 500 × 50% − 150 = 600（万元）。

甲公司的税后利润为（设所得税税率为 25%）

1 500 − 200 − 150 − 200 − 150 − 600）×（1 − 25%）= 150（万元）。

（2）委托加工的消费品收回后，直接对外销售。

如果委托加工收回的应税消费品运回后，委托方不再继续加工，而是直接对外销售，则仍按上例进行说明。甲公司委托乙公司将原料加工成产成品 B，原料成本不变，加工费用为 320 万元，加工完毕，运回甲公司后，甲公司对外售价仍为 1 500 万元。

① 甲公司向乙公司支付加工费的同时，向其支付代收代缴的消费税为

（200 + 320）÷（1 − 50%）× 50% =1 040× 50%= 520（万元）。

② 由于委托加工应税消费品直接对外销售，甲公司在销售时，因销售价格高于乙公司计税价格，不属于直接出售，需按照规定申报缴纳消费税，准予扣除受托方已代收代缴的消费税为

1 500 × 50% − 520 = 230（万元）。

其税后利润计算如下。

（1 500 − 200 − 320 − 520− 230）×（1 − 25%）= 172.5（万元）。

两种方案相比较，在被加工原料成本相同、最终售价相同的情况下，后者显然比前者对企业更有利，税后利润多22.5万元（172.5 − 150）。即使是后种情况，甲公司向乙公司支付的加工费等于前者之和350万元（150+200），后者也比前者税后利润多。

（3）仍按上例，甲公司将购入的价值200万元的原料自行加工成产成品B，加工成本与分摊费用共计450万元，售价1 500万元。有关计算如下。

应缴消费税 = 1 500 × 50% = 750（万元），

税后利润 =（1 500 − 200 − 450 − 750）×（1 − 25%）= 100 × 75% = 75（万元）。

从上述分析可以看出，在各相关因素相同的情况下，自行加工方式的税后利润最低，其税负最重；而彻底的委托加工方式（收回后不再加工直接销售）又比委托加工后再自行加工后销售税负要低。

2. 已纳税额扣除的税收筹划

税法规定，用外购已纳消费税的消费品继续加工生产应税消费品的，在计算征收消费税时，准予按当期生产领用数量扣除外购应税消费品已缴纳的消费税税款。相对应地，委托加工应税消费品收回后，用于连续生产应税消费品的，其已纳税款准予从生产的应税消费品应纳消费税额中扣除。此种情况下，还需注意国家对扣除范围的具体界定，如外购或委托加工收回卷烟、白酒、小汽车等的已纳税额不在扣除范围之内。

纳税人决定外购应税消费品用于连续生产时，应选择生产厂家，而不应是商家。因为允许扣除已纳消费税的外购消费品仅限于直接从生产企业购进的，一般不包括从商品流通企业购进的应税消费品。另一方面，同品种的消费品在同时期，商家的价格往往高于生产厂家。由此可见，生产厂家是纳税人外购应税消费品的首选渠道，除非厂家的价格扣除已纳消费税款后的余额比商家的价格还高。

【案例3-14】 某化妆品厂A计划购进一批化妆品继续生产化妆品后再对外销售。可以选择的供货途径是：从化妆品厂C或化妆品厂C所设独立核算的销售公司B处购进，价格都是200 000元，该厂加工成另外一种化妆品后以400 000元的价格出售。另外我们还知道，C厂生产该批化妆品所需原材料价格为100 000元，所需加工成本30 000元。请针对该情况提出税收筹划方案（假设以上金额均不含增值税）。

分析：对以下3种方案进行比较，并择优选择1种。

（1）方案1：从销售公司B处购进，化妆品厂A应纳消费税税额为120 000元（400 000 × 30%）。假设不考虑其他因素，A厂的利润为80 000元（400 000 − 120 000 − 200 000），C厂和其销售公司B的利润为10 000元（200 000 − 100 000 − 30 000 − 200 000 × 30%）。

（2）方案2：从化妆品厂C处购进，化妆品厂A应纳消费税税额为60 000元（400 000 × 30% − 200 000 × 30%）。假设不考虑其他因素，A厂的利润为140 000元（400 000 − 60 000 − 200 000），C厂的利润为10 000元（200 000 − 100 000 − 30 000 − 200 000 × 30%）。

（3）方案3：A厂与C厂签订委托加工合同，由A厂花费100 000元购进原材料并委托C厂加工，支付其加工费20 000元，消费税60 000元，然后自己加工成最终产品对外出售。则化妆品厂A应纳消费税税额为60 000元（400 000 × 30% − 60 000）。

假设不考虑其他因素，A厂的利润为220 000元（400 000－60 000－100 000－20 000），C厂的利润为20 000元。

由此可见，采用方案3，A厂与C厂的利润均有所提高，对于双方都有好处。其实质在于将A厂已缴纳的60 000元的消费税予以抵扣，从而使得A厂与C厂的联合利润增加了60 000元。至于这些利润如何在两个企业之间进行分配，则是两个企业内部讨价还价的问题，一般来讲，抵扣消费税的利益主要由最终生产厂家获得。

思考、练习与实训

一、简答题

1. 简述消费税纳税人税收筹划的方法。
2. 简述消费税计税依据税收筹划的方法。
3. 简述消费税税率税收筹划的方法。
4. 简述消费税出口退（免）税税收筹划的方法。
5. 如何利用消费税纳税环节的特点进行税收筹划？
6. 如何利用包装物的计税规定进行税收筹划？
7. 消费税委托加工的计税依据是什么？如何利用委托加工方式进行税收筹划？

二、案例分析题

1. 某烟厂主要生产雪茄烟，每月生产出的雪茄烟总有一部分自产自用。在确定自产自用产品的成本时采用统一的材料、费用分配标准进行计算。某月，其自产自用产成品成本为150万元，假设利润率为10%，消费税率为36%，其组成计税价格和应纳消费税计算如下。

组成计税价格＝（150＋150×10%）÷（1－36%）＝257.812 5（万元），

应纳消费税＝257.812 5×25%＝92.812 5（万元）。

如果企业降低同期同类雪茄烟的成本，该批雪茄烟成本为130万元，则可使企业节减消费税多少元？

2. 某日用化妆品厂，将生产的化妆品、护肤护发品、小工艺品等组成成套消费品销售。每套消费品由下列产品组成：化妆品包括一瓶香水120元、一瓶指甲油40元、一支口红60元；护肤护发品包括两瓶浴液100元、一瓶摩丝32元；化妆工具及小工艺品10元、塑料包装盒5元。化妆品消费税税率为30%，上述价格均不含税。从税收筹划的角度，分析企业采用成套销售是否有利？

3. 长江公司委托黄河公司将一批价值160万元的原料加工成甲半成品，加工费120万元。长江公司将甲半成品收回后继续加工成乙产成品，发生加工成本152万元。该批产品售价1 120万元。甲半成品消费税税率为30%，乙产成品消费税率为40%。如果长江公司将购入的原料自行加工成乙产成品，加工成本共计280万元。企业选择哪种加工方式更有利？

4. 某化妆品有限公司系增值税一般纳税人，12月9日从本市日峰日化厂购进初级化妆品一批，增值税专用发票上注明价款48 000元，增值税税额8 160元；12月

15日从临县纳爱斯日化公司（增值税小规模纳税人）购进初级化妆品一批，取得普通发票，价税合计86 520元；12月20日从本市彩虹贸易公司（小规模纳税人）购进初级化妆品一批，取得由税务机关代开的增值税专用发票，注明价款36 000元，增值税1 080元。假定当月购进的初级化妆品在当月领用完毕。本月销售化妆品取得不含增值税销售额360 000元。

要求：（1）分析该公司如何选择购货渠道与发票种类来减少消费税的税负？

（2）比较税收筹划前后的消费税税负。

5. 某摩托车集团公司属于增值税一般纳税人，2014年10月对外销售气缸容量为250毫升的摩托车200辆，其中以4 000元的单价销售150辆，以4 400元的单价销售50辆；销售气缸容量为300毫升的摩托车250辆，其中以5 800元的单价销售了150辆，以6 300元的单价销售了70辆，以6 500元的单价销售了30辆。以上单价均为不含增值税价。上月欠供货方货款144 000元（含增值税），按照供货方的提议拟用25辆气缸容量为300毫升的摩托车抵顶货款，另外，还准备用20辆气缸容量为250毫升的摩托车换取本企业所需原料（气缸容量为250毫升的摩托车消费税税率为3%，气缸容量为300毫升的摩托车消费税税率为10%）。

要求：（1）计算该公司销售摩托车应缴纳的消费税。

（2）对该公司以货抵债、以货换货进行税收筹划。

6. 华润啤酒酿造有限公司（增值税一般纳税人）生产的雪花牌啤酒出厂价为2 600元/吨（不含增值税）。包装物采取两种处理方式：一是随同产品出售，含增值税售价409.5元/吨；二是出租，收取租金35.1元/吨，押金409.5元/吨。时逢夏季，各啤酒厂竞争激烈，为在市场占有一席之地，华润啤酒公司拟推出“买十吨送一吨”的促销活动。已知每吨啤酒成本1 700元，每吨啤酒包装物成本300元，假定未来押金不退。

要求：（1）分析该公司在两种包装物处理方式下的消费税纳税情况及获利情况，比较其消费税税负。

（2）为该啤酒公司的促销活动进行税收筹划。

7. 圣象地板制造有限公司是一家专业生产实木地板的厂家，生产的实木地板以每平方米出厂价为180元的价格销售给外地专卖店，专卖店再以240元左右的价格对外销售。本地的许多消费者是直接来厂部购买的。为了保证该品牌地板的市场零售价，该公司一般以每平方米220元的价格销售给本地消费者。为满足当地消费者的需求，该公司经研究决定，在当地成立一个该品牌实木地板专卖门市部，由门市部专营销售（以上价格均为不含增值税价）。

要求：（1）分析该公司应设独立核算的门市部还是非独立核算的门市部，阐述理由。

（2）该公司发往门市部的实木地板应如何定价？

（3）经过税收筹划，该公司每平方米的实木地板可以少缴纳多少消费税？

8. 育才酒厂于2014年8月承接了一笔粮食白酒订单，合同约定购销白酒数量100万公斤，不含增值税售价840万元，要求装瓶，每瓶一斤装。该厂为生产该批白酒购进粮食等原料210万元。就如何组织该批白酒的生产，该厂制订了以下三套加工方案。

方案1：将价值210万元的原料交付乙公司加工成散装白酒100万公斤，支付加工费56万元，加工完成运回本厂后，由本厂装瓶，需支付人工费及其他费用44.8万元。

方案2：将价值210万元的原料交付兴盛酿酒厂，由兴盛酿酒厂直接加工成100万公斤的瓶装白酒，收回后直接销售，需支付加工费100.8万元。

方案3：自行加工生产，即育才酒厂将210万元的原料交付生产车间进行生产，发生的加工费用及辅料成本与委托加工方式相同，为100.8万元。

要求：（1）分析比较三套方案下的消费税、城建税、教育费附加及税后利润（城建税税率为7%，教育费附加为3%，企业所得税税率为25%，增值税及由此计算的城建税、教育费附加不考虑）。

（2）选择最优方案。

第 4 章

营业税税收筹划

【知识目标】

- 在了解营业税税法基本内容的基础上，重点把握营业税税收筹划的基本思路。
- 掌握营业税纳税人税收筹划的方法。
- 掌握营业税税率税收筹划的方法。
- 掌握营业税计税依据税收筹划的方法。
- 掌握营业税税收优惠税收筹划的方法。

【技能目标】

- 能够熟练运用营业税税收筹划的基本技能。

案例引入

筹划运作"烂尾楼"，资产激活绩效优

某市黄河实业公司（以下简称 A 公司）2012 年 3 月在该市繁华地段投资 4 500 万元新建一座商业楼。当土建和外装饰工程进行完毕，进入内部设施安装的时候，企业的资金供应出现了重大问题。如果要将工程全部完工，还需追加投资额 1 000 万元，由于资金一时无法落实到位，造成工程停工，一拖就是两年多。由于 A 公司的投资款中 2 500 万元是从当地建设银行借来的，在此期间，建行不断地向公司追索贷款。2014 年年底，A 公司申请改制，首先要对在建工程——"烂尾楼"进行处理。截至 2014 年年末，账面已发生的土地开发成本和建筑安装工程成本共计 2 600 万元。公司请当地

评估机构对该“烂尾楼”进行了评估后，确认其公允价值为 2 500 万元。当时，B 公司愿与 A 公司按 49∶51 的比例共同投资一个大型商场，A 公司以“烂尾楼”出资，作价 3 000 万元；同时，当地有富商也看好该楼所处的地段，愿意以 3 000 万元的价格购买该楼盘。

问题：近年来，“烂尾楼”事件颇为让人烦恼，但问题也并非不能解决。结合本章学习，你有何妙计来筹划运作“烂尾楼”，从而实现资产激活绩效优？

营业税的税收筹划主要包括营业税纳税人的税收筹划、营业税税率的税收筹划、营业税计税依据的税收筹划、营业税税收优惠政策的税收筹划等。

4.1 营业税纳税人的税收筹划

将企业业务结合税法规定在实践中作合理安排，避免成为营业税纳税人，该筹划可以从源头上减轻企业的税收负担。

1. 将劳务提供地转移至境外

可以利用特定劳务提供地的可移动性，将劳务提供地转移至境外，从而避免成为营业税的应税劳务。

2. 规避独立核算

营业税在设计原理上不像增值税可以抵扣上一环节的进项税额，而是以营业收入全额征税，因此，存在大量的重复征税的可能性。当企业在经营产业链条上或主营业务方面同上下游其他企业具有较强的关联性时，可采取合并经营方式（变独立核算为非独立核算）的企业内部行为，消除独立纳税可能带来的重复征税问题，也就是变独立的营业税纳税人身份为企业内部的交易与核算行为，从而规避纳税义务人的纳税义务。

【案例 4-1】 江北省某市有一家在省内非常著名的总裁训练营。这家机构主要为省内的一些企业提供各类学科前沿知识的培训。学员在总裁训练营学习期结束并通过考核后可拿到江中科技大学的结业证书。每个学员一年的收费标准为 28 000 元。每年这家机构招生规模约为 100 人。但是，江中科技大学要从每个学员的学费中收取 30% 的管理费，即 8 400 元。

分析：在这种模式下，这家培训机构应缴纳的营业税及附加 = 28 000 × 100 × 3% ×（1 + 7% + 3%）= 92 400（元）。

实际上，这种纳税结果多缴纳了属于江中科技大学的那部分收入应纳的营业税 27 720 元［8 400 × 100 ×3% ×（1 + 7% + 3%）］。由于江中科技大学自身的招生能力没有这家专业的培训机构强，而这家培训机构又不具备江中科技大学的社会声誉，经专家指导，并与江中科技大学协商，最后这家培训机构与江中科技大学的培训中心进行合并，这样一来就消除了营业税业已存在的重复征税的因素，每年可节约不少营业税。

3. 增值税纳税人与营业税纳税人身份的选择

参见本书第 2 章增值税税收筹划的相关内容。

4．充分利用营业税的税收优惠，避免成为营业税纳税人

例如，根据税法规定，"销售不动产"税目的营业税，应在不动产所有者有偿转让不动产所有权行为，或单位将不动产无偿赠与他人的行为发生时，才进行征收；对以不动产投资和入股行为是否征收营业税，应注意其投资行为是否共担风险。

（1）不动产所有者以不动产投资入股，参加投资方利润分配，共担投资风险。对于这种情况，税法规定，凡以不动产投资入股，参与接受投资方利润分配，共同承担投资风险的行为，不征营业税。

（2）不动产所有者以不动产投资入股，收取固定收入，不承担投资风险。这种固定收入既可能以投资方利润形式出现，也可能以租金等其他形式出现，在现实中名目是多种多样的。这实质上是一定时期转让不动产使用权行为。尽管投资者取得的固定收入往往以"利润"名目出现，但由于投资者的收入并不随所投资项目利润的增减而增减，因而性质上属于租金收入，应按服务业税目中租赁项目征收营业税。

在不动产投资入股中，根据企业自身情况，在以上两种投资方式之间进行合理选择，可以实现节税筹划的目的。

【案例 4-2】 冠华公司欲提供其拥有的一块土地的使用权，高斯公司提供资金，二者计划合作修建一幢房屋。假设高斯公司共出资 1 800 万元，建筑业成本利润率为 10%。

分析：可通过以下两种方案进行筹划，比较优劣。

方案 1："以物易物"。双方约定，房屋建成后，双方各分 50%，完工后经评估，该房屋价值 4 000 万元，各分得 2 000 万元的房屋。可见，这种行为对于冠华公司来说是通过转让土地使用权而拥有了部分新建房屋的所有权，应以转让无形资产项目计算营业税，其转让土地使用权的营业额为 2 000 万元，冠华公司应纳的营业税 = 2 000 × 5% = 100（万元）。而高斯公司是以部分新建房屋的所有权换取土地使用权，相当于自建房屋出售，按建筑业缴纳营业税［1 800 × 50% ×（1 + 10%）÷（1 − 3%）］× 3% = 30.62（万元），按销售不动产缴纳营业税 2 000 × 5% = 100（万元）。双方合计缴纳营业税 230.62 万元。

方案 2："合作经营"。冠华公司以土地使用权，高斯公司以货币资金入股成立合营企业，合作建房，房屋建成后双方采取风险共担、利润共享的方式。根据营业税税法规定：以无形资产投资入股，参与各投资方的利润分配，共同承担投资风险的行为，不征收营业税。所以，在投资入股的时候双方都不缴纳营业税。

由此可见，选用合作经营的方式，就可避免成为营业税的纳税人，双方都可以节约营业税，实现节税的目的，所以双方应选择方案 2。

4.2 营业税税率的税收筹划

营业税的税目按照行业和类别的不同分别设置，不同税目适用的税率不同。营业税税率税收筹划主要从两个方面考虑。

1．混合和兼营销售中营业税和增值税税率差异的税收筹划

参见本书第 2 章增值税税收筹划的相关内容。

2. 兼营营业税不同税率经营行为的税收筹划

税法规定：纳税人兼营不同税目的应当缴纳营业税的劳务、转让无形资产或者销售不动产，应当分别核算不同税目的营业额、转让额或销售额；未分别核算营业额的，从高适用税率。因此，纳税人在兼营营业税不同税目经营行为时，一定要将不同税目、不同税率以及减免税项目的营业额分开核算，以避免负担额外的税款，达到节税的目的。

【案例 4-3】 某酒店为了吸引更多客户，除为客户提供住宿外，附设了KTV，每月营业额将近2 000万元，实际属于住宿的收入仅有500万元左右，大部分收入都属于KTV的收入。而该酒店给客户开具的发票都是酒店住宿业发票。最后，该酒店被税务机关查处，一律按照娱乐业20%的税率进行补税并受到处罚。

分析：纳税人兼营不同税率的应税项目，应分别核算各自的营业额，避免从高适用税率的情况。例如，这家酒店既经营酒店业又经营娱乐业，就应该将其营业额分别核算，对未分别核算的营业额，应按娱乐业适用税率20%征税。

4.3 营业税计税依据的税收筹划

营业税应纳税额为计税依据与税率的乘积，则应纳税额取决于计税依据和适用税率两个因素。但在税率一定的情况下，计税依据就成为影响应纳税额的关键因素。基于此，根据税法，对各行业的计税依据进行筹划是节税的有效途径。在进行计税依据筹划时需要注意以下3个问题。

（1）缴纳营业税的行业，在定价上是与缴纳其他流转税的行业有所不同的，营业税应税行业定价的弹性更大。交易双方如互有交易往来，则可充分利用商业贸易中的互惠原则，都降低各自的定价，以降低应税营业额；而且，还可以向购买方提出延期付款、签订长期合同等优惠条件，从而使纳税人得到总体的、长远的利益。

（2）营业税在很多情况下会涉及由税务机关确定营业额，如当税务机关认为纳税人的应税行为发生价格明显偏低而无正当理由的，或纳税人自己新建建筑物出售和无偿赠与他人不动产行为的等都需要由税务机关确定营业额。所以，与税务机关建立合法、良好的关系对企业来说是很重要的。合理地利用税务机关对营业额的确定机会进行节税，对营业税的筹划常常有意想不到的效果。

（3）正确利用税法中关于营业额中差额征税的规定，合理利用有关税项扣除节税。例如，旅游企业在组团旅游时，替旅游者支付的房费、餐费、交通费、门票和其他费用可以从所收取的全部旅游费中扣除。所以，在计算纳税时需对企业当期实现的营业收入进行分析调整，从而确定作为营业税计税依据的营业额。若能合法、合理地增大扣除项目金额，就能降低计税依据，实现节税。

4.3.1 建筑业计税依据的税收筹划

1. 工程用原材料的税收筹划

从事建筑、修缮工程作业的纳税人，无论与对方如何结算，其计税依据均应包括工程所用原材料及其他物资和动力的价款。按照这一规定，纳税人在确定营业额时，一方面应注意建筑、修缮工程所用材料物资和动力应包括在营业额内，另一方面可以通过严格控制工程原料的预算开支，降低价款；一物多用，提高原材料及其他物资的使用效率。运用合法手段减少应计税营业额，从而达到减轻税负的目的。

【案例 4-4】 某单位建造一座楼房，将工程承包给兴业公司，工程承包价 600 万元。如果采取包工不包料方式，工程所需材料由建设单位购买，材料价款为 400 万元。如果工程所需原材料由施工方购买，即采取包工包料方式，施工方可以利用自己熟悉建材市场的优势，在保证质量的前提下，以较低价格购买所需原材料，材料价款 300 万元。

分析：① 在包工不包料方式下，工程承包金额与原材料费合计为 1 000 万元，兴业公司应纳营业税额为（600 + 400）× 3% = 30（万元）。

② 在包工包料方式下，工程承包金额（承包价和材料费合计）为 900 万元，则施工企业应纳营业税为 900 × 3% = 27（万元）。

③ 可见，采取包工包料方式兴业公司可少交营业税 3 万元。

2. 合作建房的税收筹划

合作建房就是指一方提供土地使用权，另一方提供资金，双方建房。合作建房有两种方式：一种是“以物易物”方式，即双方以各自拥有的土地使用权和房屋所有权相互交换；另一种是成立“合营企业”方式，即双方分别以土地使用权和货币资金入股，成立合营企业，合作建房。两种方式产生了不同的纳税义务，纳税人便有了筹划的机会（参见本章【案例 4-2】）。

3. 安装工程的税收筹划

从事安装工程作业，凡所安装的设备价值作为安装工程产值的，营业额包括设备价款。这就要求建筑安装企业在从事安装工程作业时，应尽量不将设备价值作为安装工程产值，可由建设单位提供机器设备，建筑安装企业只负责安装，取得的只是安装费收入，使得营业额中不包括所安装设备价款，从而达到减轻税负的目的。

【案例 4-5】 某建筑公司中标黄河宾馆一项建筑安装工程，含电梯、中央空调、土建及内外装修在内，总造价共 2 600 万元。其中，电梯价款 80 万元，中央空调价款 180 万元，土建及内外装修价款 2 340 万元。对该项业务进行税收筹划。

分析：① 如果该公司同黄河宾馆签订的合同把电梯和中央空调的价款作为建筑安装工程产值，则按营业税政策规定缴纳的“建筑业”营业税为 2 600 × 3% = 78（万元）。

② 如果该公司只与黄河宾馆签订土建及内外装修的 2 340 万元建筑工程合同，则应交的营业税为 2 340 × 3% = 70.2（万元）。

③ 后一种方式，公司少缴营业税 7.8 万元，该公司只应与黄河宾馆签订土建及内外装修的 2 340 万元的建筑工程合同，而不应签订含电梯和中央空调在内的 2 600 万元的建筑安装合同。

4. 工程承包公司的税收筹划

税法规定，工程承包公司为工程总承包人，与建设单位签订工程承包合同，无论其是否具备施工能力，是否参与施工业务，对其取得的全部收入，按“建筑业”税目征税；工程承包公司不作为工程总承包人，不与建设单位签订工程承包合同，而仅作为建设单位与施工企业的中介人，无论工程承包公司是否具备施工能力，按“服务业”税目征税。由于建筑业适用的税率是3%，服务业适用的税率是5%，这就给工程承包公司提供了税收筹划的可能。

转包（也可称“违法转包”）是指承包人在承包工程后，又将其承包的工程建设任务转让给第三人，转让人退出现场承包关系，受让人成为承包合同的另一方当事人的行为。

由于转包容易使不具有相应资质的承包者进行工程建设，以致造成工程质量低下、建设市场混乱，所以中国法律、行政法规均作了禁止转包的规定。

实践中，常见的转包行为有两种形式：一种是承包单位将其承包的全部建设工程转包给别人；另一种是承包单位将其承包的全部建设工程肢解以后以分包的名义分别转包给他人即变相的转包。但不论何种形式，都是法律所不允许的。因此也可称为“违法转包”。

在2009年新的营业税暂行条例颁布之前，转包能够享受营业税差额纳税的待遇，故许多纳税人通过层层转包去进行税收筹划以获得节税利益。但新的暂行条例颁布之后，这种筹划方法将不再可行。

【案例4-6】 A单位发包一建筑工程，具备一定资质的B工程承包公司协助C单位最终中标，A、C签订了工程承包合同，合同标的3 000万元，B公司未与A单位签订建筑安装承包合同，仅负责工程的组织协调业务，B公司单独收取C单位服务费100万元。

分析：该案例中，B公司不是作为建筑单位身份出现，而是以一个服务性公司的角色出现，其收取的100万元应按照“服务业”税目计算纳税。

B公司应纳营业税 = 100 × 5% = 5（万元）。

C单位按照“建筑业”税目应纳营业税=3 000 × 3% = 90（万元）。

B、C合计应纳营业税 = 5 + 90 = 95（万元）。

以下对两种筹划方法进行分析。

方案1：B公司直接和A单位签订合同，合同金额为3 000万元，B公司再转包该工程给C单位，转包款为2 900万元。按照原营业税暂行条例纳税情况应是

B公司应纳营业税=（3 000 − 2 900）× 3% = 3（万元）。

C单位应纳营业税 = 2 900 × 3% = 87（万元）。

B、C合计应纳营业税 = 3 + 87 = 90（万元），节税5万元。

这是在原营业税政策下工程承包公司比较满意的纳税筹划方案。但目前的相关法律是禁止转包的。既然转包本身是违法的，也就不再存在通过转包这种形式去筹划的问题了，即这种筹划方法不再可行。

方案2：B公司直接和A单位签订合同，合同金额为3 000万元，C单位不以独立的法人实体出现，作为从属于B公司的挂靠单位仅在B公司内部发生法律义务关系。

《中华人民共和国营业税暂行条例实施细则》第十一条规定：“单位以承包、承租、挂靠方式经营的，承包人、承租人、挂靠人（以下统称承包人）发生应税行为，承包人以发包人、出租人、被挂靠人（以下统称发包人）名义对外经营并由发包人承担相关法律责任的，以发包人为纳税人；否则以承包人为纳税人。”

B公司应纳营业税=3 000×3%=90（万元）。

C单位作为B公司的内部承包人，不具有法人身份和纳税主体资格。

B公司尽管不直接参与施工，但需要承担全部的民事责任和纳税义务。

营业税政策对这种形式的经营行为做了原则规定，从法律上来讲不存在非法转包问题。但是对B公司而言，一方面要承担C单位的全部民事责任，C单位在不具备相应的施工技术和管理能力的情况下出现的工程质量或者其他问题的责任都要由B公司来承担；另一方面，这种实质挂靠的经营行为对B公司会提出更高的财务管理上的要求。B公司要具备准确核算C单位发生的成本费用以及外部结算和内部利益再分配的能力，管理成本相对较高，最后可能只是徒赚了吆喝。

综上所述，享有广泛市场资源的工程公司作为第三方参与甲方、乙方的工程承包，只居间负责协调和组织，不直接参与工程承包，一次性向承包施工单位收取一定比例的服务费不失为有效的运营方式。如果施工力量雄厚，直接参与中标，组织施工，对具体的专业工程、劳务作业进行规范的专业分包或劳务分包，既可以满足合法经营的条件，也能够享有新的营业税政策税收抵扣的好处。

5. 价外费用的税收筹划

例如，房地产公司在销售房产的过程中，往往同时要代天然气公司、有线电视网络公司等单位收取天然气初装费、有线电视初装费等费用。根据营业税税法的有关规定，营业税的应纳税营业额为纳税人提供应税劳务、转让无形资产或者销售不动产向对方收取的全部价款和价外费用。价外费用包括向对方收取的手续费、基金、集资费、代收款项、代垫款项及其他各种性质的价外收费。因此，房地产公司在销售房产的过程中的上述各项代收款项，均应并入房产销售收入，计算缴纳营业税，这就加大了房地产公司的税收负担。

【案例4-7】 某房地产公司开发居民住宅楼一幢，预计房款收入为40 000万元，同时，需要代收天然气、有线电视初装费以及公共设施维修基金共计8 000万元。如果其代收，那么营业税及附加 =（40 000 + 8 000）× 5% ×（1 + 7% + 3%）= 2 640（万元）。

分析： 如果该房地产公司将其代收款项改由其子公司，即一家独立核算的物业公司收取，纳税情况将会发生变化。假设代收天然气、有线电视初装费以及公共设施维修基金的手续费为2%，房地产公司的营业税及附加 = 40 000 × 5% ×（1 + 7% + 3%）=2 200（万元），物业公司的营业税及附加 = 8 000 × 2% × 5% ×（1 + 7% + 3%）= 8.8（万元），合计为2 208.8万元（2 200 + 8.8）。减轻税负431.2万元（2 640 − 2 208.8）。

4.3.2 代理业税收筹划

代理业的税收筹划关键是要避免重复纳税加重自己的税收负担。因为营业税一般是对营业额全额征税，不管成本费用的大小。在具体筹划时，可以采取分解营业额的办法，达到合理节约税款的目的。

4.3.3 租赁业税收筹划

1. 通过降低定价进行税收筹划

在实际经济活动中，租赁业从事营业税规定的应税项目多是经营双方面议价格，为纳税人以较低的价格申报营业税而少缴营业税提供了可能。同时，降低定价还可以利用价格上的优势，向购买方提出一系列条件，如交纳保证金，提前预付部分款项，签订长期业务合同等，通过成本—收益分析，制订最佳筹划方案。因此，纳税人应理性地在应税项目低定价与降低税负或其他长远利益之间做出权衡，达到经济效应上的最佳收益。

2. 出租厂房所得收入的税收筹划

根据 2003 年财政部、国家税务总局发布的《关于营业税若干政策问题的通知》规定，双方签订承包、租赁合同，将企业或企业部分资产出包、租赁，出包、租赁者向承包、承租方收取的承包费、租赁费按“服务业”税目缴纳营业税。如果出包方收取的承包费同时符合以下 3 个条件的，属于企业内部分配行为，不缴纳营业税：①承包方以出包方名义对外经营，由出包方承担相应法律责任；②承包方的经营收入全部纳入出包方的财务会计核算；③出包方与承包方的利益分配以出包方的利润为基础。

4.3.4 金融保险业税收筹划

1. 中间业务的税收筹划

银行中间业务是指通过中间服务获取手续费收入的业务。银行可以通过降低手续费收入，来降低计税依据，从而降低税收负担，然后再通过其他途径求得交换补偿。

2. 保险业的税收筹划

保险业的税收筹划主要是降低保险营业额。例如，提供服务方可以加大折扣率，减少营业税计税收入，降低计税营业额，同时减少理赔支出。这样，既能少交流转税，同时还可以因此稳定或提升利润水平。

【案例 4-8】 某保险公司经营火灾险，全年保费收入 500 万元，理赔支出 300 万元。则该公司毛利 = 500 − 300 − 500 × 5% = 175（万元）。

分析：该保险公司可以通过降低客户的保险费用标准，但相应规定每位客户应到某指定公司购买防火设备并按照规定安装使用。

节税效果分析：假设该项规定出台后，该公司全年营业额变为 300 万元，但是年火灾损失减少，相应保险理赔支出降为 100 万元，经此筹划后该公司毛利 = 300 − 100 − 300 × 5% = 185（万元）。而且，由于购买了防火设备，该保险公司可以和防火器材公司建立良好的业务关系，并可能获得部分佣金收入。

4.3.5 娱乐业税收筹划

娱乐业税率比增值税、营业税的其他行业都高。这就决定了娱乐业进行纳税筹划的必要性与重要性。为了降低税收负担，娱乐业可以考虑采用以下办法进行纳税筹划：一是将兼营不同税率的应税行为分别核算，按各自适用的税率分别纳税；二是尽量将烟酒、饮料等货物的销售行为独立出来，设立门市部核算，另外办理营业执照，最好在营业场所旁边为顾客提供销售服务，规模以小规模纳税人为限，这样就可以按照 3% 的征收率计算缴纳增值税，不缴营业税。

【案例 4-9】 某歌舞厅月营业额为 30 万元，其中向顾客收取烟酒饮料费用占总收入的 20%，即每月收入 6 万元，应缴纳营业税税额 = 30 × 20%=6（万元）。请给出税收筹划的方法。

分析：如果该歌舞厅进行纳税筹划，单独设立小卖部销售烟酒饮料，并单独办理营业执照，小卖部每月的销售收入为6万元，一年是72万元，达不到80万元的标准，属于小规模纳税人。则该歌舞厅的纳税情况是

应缴营业税 = 24 × 20% = 4.8（万元），

应缴增值税 = 6/（1+3%）× 3% = 0.18（万元），

两税合计为4.98万元。

纳税筹划后，少纳税1.02万元。

4.3.6 特殊经营行为计税依据的税收筹划

1. 混合销售行为的税收筹划

可以通过控制应税货物和应税劳务的所占比例进行税收筹划（参见本书第二章相关内容），也可以考虑通过签订合同进行税收筹划。

【案例4-10】 兴达公司为增值税一般纳税人，公司将1 000 m^2的办公楼出租给甲单位，负责供水、供电，兴达公司应如何进行税收筹划？

分析：房屋出租属于营业税应税行为，同时又涉及水电等费用的处理问题，因此在合同的签署上有如下两种方案。

① 方案1：双方签署一个房屋租赁合同，租金为每月每平方米160元，含水电费，每月租金共计160 000元，每月供电7 000度，水1 500吨，电的购进价为0.45元/度，水的购进价为1.28元/吨，均取得增值税专用发票。

该公司房屋租赁行为应缴纳营业税为 = 160 000 × 5% − 8 000（元）（不考虑其他各税）。

该公司提供给甲单位的水电，是用于非应税项目的购进货物，其进项税额不得从销项税额中抵扣。因此，对该企业购进的水电进项税额应作相应的转出，即相当于负担增值税 = 7 000 × 0.45 × 17% + 1 500 × 1.28 × 13% = 785.1（元）。

该企业最终应负担营业税和增值税合计 = 8 000 + 785.1 = 8 785.1（元）。

② 方案2：兴达公司与甲单位分别签订转售水电合同、房屋租赁合同，分别核算水电收入、房屋租金收入，并分别作单独的账务处理。转售水电的价格参照同期市场上转售价格确定为水1.78元/吨，电0.68元/度。房屋租赁价格折算为每月每平方米152.57元，当月取得租金收入152 570元，水费收入2 670元，电费收入4 760元。

则该企业的房屋租赁与转售水电是相互独立且能分别准确核算的两项经营行为，应分别缴纳营业税 = 152 570 × 5% = 7 628.5（元）。

应纳增值税 =（2 670 × 13% + 4 760 × 17%）− 785.1 = 371.2（元）。

该企业最终应负担营业税和增值税合计 = 7 628.5 + 371.2 = 7 999.7（元）。

两种方案税负相差 = 8 785.1 − 7 999.7 = 785.4（元）。

从以上分析可以看出，两个方案的差异在于对转售水电这一经营行为的处理方式不同。方案1，双方只签订一个房屋租赁合同，把销售水、电业务视同营业税的混合销售，一并缴纳营业税，而相应的水电费进项税额又不得扣除；而方案2，双方分别签订房屋租赁合同、转售水电合同，并分别核算租赁收入、水电费收入，这样水电费

收入就应缴纳增值税，进项税额可以抵扣，从而减轻了企业税收负担，获得了正当的税收利益。

2. 兼营行为的税收筹划

兼营行为的产生有两种可能：一是增值税的纳税人为加强售后服务或扩大自己的经营范围，涉足营业税的征税范围，提供营业税的应税劳务；二是营业税的纳税人为增强获利能力转而也销售增值税的应税商品或提供增值税的应税劳务。（提示：还要注意营业税不同税率兼营的筹划。）

【案例4-11】 昌盛职业介绍所对外办理职业介绍服务，同时对外办理电脑培训业务，本月两项业务共取得收入50 000元。

分析：该项业务中，对外办理职业介绍服务属于营业税“服务业”税目的征税范围，适用税率为5%；对外办理电脑培训业务属于营业税“文化体育业”税目的征税范围，适用税率为3%。如果该单位未分别核算不同税目的营业额，并且全部按“电脑培训业务收入”申报纳税，主管税务机关审核后，对该单位补征营业税并进行相应的处罚。该单位实际缴纳营业税税额为2 500元。

该单位补缴营业税后进行了自查，核实电脑培训收入为20 000元。如果分别核算职业介绍收入和电脑培训收入，并按规定分别申报纳税，该单位只需缴纳营业税税额＝20 000×3%＋（50 000－20 000）×5%＝2 100（元），采取分别核算，纳税人可以少纳税400元。

可见，正确核算适用不同税目、税率的收入和办理纳税申报，可以降低企业的税负。

3. 将不动产、无形资产的销售和转让行为进行转化

利用不动产、无形资产的销售和转让的节税思路就是将销售行为转化为投资后再转让股权。

【案例4-12】 甲将自己拥有的一块土地以市价5 000万元转让给乙。

分析：筹划前，甲应纳营业税＝5 000×5%＝250（万元）。

筹划方法：甲投入土地作价5 000万元，乙投入资金5 000万元，成立联营房地产开发公司丙，各占50%的股权。开发完毕后，全部对外销售总收入为16 000万元，相关税费3 000万元，甲分回6 500万元，然后将丙公司清算注销。

节税效果分析：甲免除了转让无形资产的营业税，并且甲的投资收益大于之前转让无形资产的收益。

4. 投资时若允许选择，宜选房产、无形资产用于投资

【案例4-13】 H公司有市价1 000万元的设备和市价1 000万元的房产，均处于未使用状态，拟选取一类资产用于销售，另一类资产用于对外投资。该批设备原值980万元，上市能按1 000万元成交。

分析：有以下两个处置方案。

方案1：以设备投资、以房产上市销售，则

应纳增值税＝1 000÷1.04×0.02≈19.230 8（万元）。

应纳营业税＝1 000×5%＝50（万元）。

方案2：以房产投资、以设备上市销售，则

应纳增值税 = 1 000 ÷ 1.04 × 0.02 ≈ 19.230 8（万元）。

应纳营业税 = 0 万元。

方案 2 利用以不动产投资的优惠政策，较方案 1 节税 50 万元。

4.4　税收优惠政策的税收筹划

企业如果能够利用好营业税的税收优惠政策，当然会取得合法的税收收益。对于企业来讲，如何全面地掌握政策内容及其调整方向，是税收筹划的关键。纳税人可以充分利用营业税在起征点、税率、行业等多方面的税收优惠政策进行税收筹划，创造条件享受税收优惠政策，其内容如图 4-1 所示。

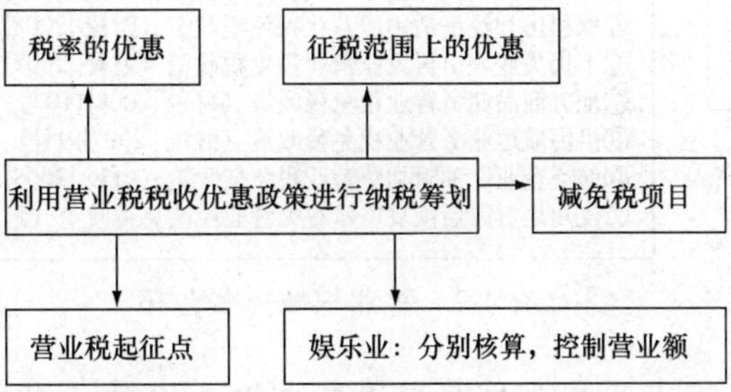

图 4-1　利用营业税税收优惠政策进行税收筹划

1. 营业税起征点的税收筹划

营业税起征点的适用范围限于个人。营业税起征点的幅度规定如下：①按期纳税的，为月营业额 5 000～20 000 元；②按次纳税的，为每次（日）营业额 300～500 元。

在纳税人的营业额接近起征点时，可以通过降价或者少收费避免缴纳营业税，从而达到税收筹划的目的。

【案例 4-14】 某省下岗失业人员再就业的营业税起征点为月营业额 5 000 元，该下岗失业人员开设的理发店某月营业额为 5 100 元，应当缴纳营业税。假设“服务业”营业税税率为 5%，请计算该理发店应当缴纳的营业税和税后利润，并提出税收筹划方案。

分析：（1）该理发店应当缴纳营业税 = 5 100 × 5% = 255（元）。同时，应当缴纳城建税和教育费附加 = 255 ×（7% + 3%）= 25.5（元）。合计纳税 = 255 + 25.5 = 280.5（元）。不考虑其他因素，税后利润为 5 100 − 280.5 = 4 819.5（元）。

（2）如果该理发店预先估计本月营业额将略微超过 5 000 元的起征点，则该理发店就可以在月末实行老年人（或者其他人）理发优惠制度，将本月营业额控制在 5 000 元以内，如为顾客减免理发费 101 元。此后，该理发店可以免缴营业税，利润为 4 999 元。这样，该理发店既赢得了顾客的口碑，树立了良好的形象，实际上又提高了税后利润。

2. 充分利用营业税减免税政策进行税收筹划

营业税减免税政策如图 4-2 所示。纳税人可以充分利用减免税优惠政策进行税收筹划，创造条件享受税收优惠，下面举例作出说明。

- 营业税减免税政策
  - 免税项目
    - ①托儿所、幼儿园、养老院、残疾人福利机构提供的育养服务，婚姻介绍，殡葬服务；
    - ②残疾人员个人提供的劳务；
    - ③医院、诊所和其他医疗机构提供的医疗服务；
    - ④学校和其他教育机构提供的教育劳务，学生勤工俭学提供的劳务；
    - ⑤农业机耕、排灌、病虫害防治、植物保护、农牧保险以及相关技术培训业务，家禽、牲畜、水生动物的配种和疾病防治；
    - ⑥纪念馆、博物馆、文化馆、文物保护单位管理机构、美术馆、展览馆、书画院、图书馆举办文化活动的门票收入，宗教场所举办文化、宗教活动的门票收入；
    - ⑦境内保险机构为出口货物提供的保险产品等。
  - 其他减免税项目
    - ①国家大学科技园营业税减免税政策（财税 [2007]120 号）；
    - ②邮政普通服务和特殊服务营业税免税政策（财税 [2006]47号）；
    - ③中小企业信用担保机构营业税免税政策（发改企业 [2006]563号）；
    - ④军转干部、城镇退役士兵、随军家属营业税优惠政策（财税 [2005]18号）；
    - ⑤廉租房和经济适用房营业税免税政策（财税 [2008]24号）；
    - ⑥下岗失业人员再就业营业税免税政策（财税 [2005]186号）；
    - ⑦地方商品储备营业税免税政策（财税 [2008]110号）；
    - ⑧沿海航运业务营业税免税政策（财税 [2007]91号）；
    - ⑨航空企业燃油附加费营业税免征政策（财税 [2008]178号）；
    - ⑩汶川地震灾后恢复重建有关营业税减免税政策（财税 [2008]104号）等。

图 4-2　营业税减免税政策

【案例 4-15】 北京市某企业原是街道自办的小旅店，由于经营有方，随着市政建设与旅游业的发展，现在已颇具规格。为了提供更加完善的服务，扩大经营范围，开展多元化业务，该企业又新建了一个快餐店和一个国内旅行社。由于该企业在最初经营时，为解决街道残疾居民的就业困难，招收了不少聋哑人员从事后勤工作，属于民政福利企业，因此企业在员工福利与劳保等方面的负担较重。现在，新业务刚开展，还没有步入正轨，各方面负担较重。该企业深切感受到应进行税收筹划，尽量平衡企业的税收负担，达到节税的效果。

分析： 该企业通过向税务专家进行咨询，敏锐地意识到自己现在员工 78 人，其中包括聋哑员工 18 人，已占员工总数的 23.08%，因此，只需再招收 2 名聋哑员工，就可使残疾员工占企业员工比例达到 25%，符合税法关于营业税减免税项目的规定，可免征营业税，大大降低了企业的税收负担。一方面该企业通过税收筹划，使自己符合安置“四残”人员占企业生产人员 25%的标准，另一方面该企业经营的旅店、快餐店和旅行社分别属于服务业营业税税目中的旅店业、饮食业和旅游业，完全符合税收减免政策的规定，从而成功地降低了企业的税收负担。

思考、练习与实训

一、简答题

1. 简述营业税税收筹划的基本内容。
2. 简述营业税纳税人税收筹划的方法。
3. 简述营业税税率税收筹划的方法。

4. 简述营业税计税依据税收筹划的方法。

5. 简述营业税税收优惠税收筹划的方法。

6. 如何利用工程承包缴纳营业税的法律界定进行税收筹划？

二、案例分析题

1. A、B 双方拟合作建房，A 提供土地使用权，B 提供资金。两企业在合同中约定，房屋建好后双方均分，该房屋的价值共计 2 000 万元。该项业务合作双方应如何进行税收筹划？

2. 某建筑公司欲承接一项建筑安装工程，总造价 6 500 万元，其中所安装设备的价款为 700 万元。在承接该业务之前，企业应如何进行税收筹划？

3. 中原公司主营建筑工程施工业务，兼营建筑材料批发。2015 年，该公司承接某单位建造楼房工程。双方议定采用包工包料方式，工程施工费为 3 000 万元。建造楼房使用的建筑材料实际进价为 2 250 万元，市场价为 2 500 万元。中原公司应如何进行税收筹划？

4. 新光歌舞厅 2015 年 2 月取得门票收入为 50 000 元，出售饮料、烟、酒收入为 100 000 元，收取鲜花费为 10 000 元，收取卡拉 OK 点歌费为 150 000 元。则该月新光歌舞厅应纳营业税 = (50 000 + 100 000 + 10 000 + 150 000) × 10% = 31 000（元）。该歌舞厅应如何进行税收筹划？

5. 甲公司销售一幢房产给乙公司，该房产经权威评估机构认定市场公允价值为 4 100 万元。则甲公司应纳营业税 = 4 100 × 5% = 205（万元），毛所得=4 100 − 205 = 3 895（万元），乙付出额为 4 100 万元。请给出税收筹划方案。

6. 2014 年 6 月，山东省一家水泥厂以每吨 200 元（含税价）的价格销售给一家建筑公司 5 000 吨水泥，价款共计 100 万元。因该家建筑公司资金紧张，无力支付货款，建筑公司表示愿用其闲置的一幢办公楼（市场价格为 100 万元）抵顶所欠水泥厂的货款。水泥厂为不受损失，初步同意接受该抵顶方案，并欲将该办公楼以市场价对外销售，以此收回建筑公司所欠的货款。该水泥厂应如何进行税收筹划？

单元测试题（二）

一、单项选择题

1. 选择一般纳税人还是小规模纳税人，主要看（　　）。

A. 实际增值率大小　　B. 税率大小

C. 征收率大小　　D. 税负无差异平衡点大小

2. 若实际增值率大于无差别平衡点增值率，一般应选择缴纳（　　）。

A. 营业税　　B. 增值税

C. 增值税和营业税　　D. 增值税或营业税

3. 是选择从一般纳税人处购进还是选择从小规模纳税人处购进货物，关键要看（　　）。

A. 增值税税率　　B. 征收率

C. 实际含税价格比率的大小　　D. 含税价格比率平衡点

4. 当一般纳税人税率为 17%，小规模纳税人征收率为 3%时，两类纳税人不含税税负平衡点增值率为（　　）。

A. 25.32%　　B. 17.65%　　C. 20.05%　　D. 23.08%

5. 判断增值税一般纳税人与小规模纳税人税负高低时，（　　）是关键因素。

A. 无差异平衡点　　B. 纳税人身份

C. 适用税率　　D. 可抵扣的进项税额

6. 一个商业企业主营日用品销售，年销售额为 320 万元（不含税），进货金额为 180 万元（不含税），现作为一般纳税人，每年应缴增值税 23.8 万元。如将企业分设为若干个小规模纳税人，可使企业每年节减增值税（　　）万元。

A. 4.6　　B. 14.2　　C. 5.4　　D. 12.8

7. 华润时装经销公司以零售世界名牌服装为主，商品进销差率为30%（含税），其他费用为6%。某年春节开展促销活动，预计该项活动可实现含税销售收入100万元，计划让利20%。具体有3种方案：①八折销售；②赠送20%的等价实物；③返还20%的现金。在不考虑城建税及教育费附加的情况下，其税后利润（　　）。

A. 方案①比其他方案大　　B. 方案②比其他方案大
C. 方案③比其他方案大　　D. 方案①比方案②大且比方案③小

8. 某果汁生产企业有一自属的柑橘种植园，采摘的柑橘再送到本企业的果汁加工厂进行果汁生产。按规定，只有企业的水费、电费和购入包装物等可以抵扣进项税额。全年允许抵扣的进项税额为10万元。全年果汁销售收入为500万元。则该企业应纳增值税税额=500×17%－10=75（万元）。若该企业将柑橘种植园和果汁加工厂分立为两个独立核算的企业，分立后，柑橘种植园为农业生产者，销售其自产的柑橘免征增值税，而果汁加工厂从柑橘种植园购入的柑橘可以抵扣13%的进项税额。若柑橘园销售给果汁加工厂的柑橘售价为300万元，则应纳增值税税额＝500×17%－10－300×13%＝36（万元），分立后比分立前节减税额39万元。请问该题没有运用以下哪种筹划方法？（　　）

A. 利用税收优惠政策　　B. 业务流程的安排
C. 企业分立　　D. 会计政策选择

9. 下列哪一项是属于消费税中按纳税人进行税收筹划的方法？（　　）

A. 选择非应税消费品项目投资
B. 充分把握增值税价外税的属性
C. 设立独立核算的销售公司降低税负
D. 先销售后换货

10. 兼营销售的税收筹划方法一般是（　　）。

A. 降低成本　　B. 转让定价　　C. 税负转嫁　　D. 分开核算

11. 通过设立独立核算的销售公司能够降低消费税的计税依据，主要是因为（　　）。

A. 消费税纳税环节的单一性　　B. 消费税征税对象的选择性
C. 消费税计税方法的多样性　　D. 消费税税收调节的特殊性

12. 消费税税率的筹划，主要是巧妙运用（　　）。

A. 比例税率　　B. 定额税率　　C. 复合税率　　D. 临界点税率

13. 一般来说，由于社会分工的发展，哪种加工方式税收负担最重？（　　）

A. 自行加工　　B. 委托加工收回后再自行加工
C. 彻底的委托加工　　D. 来料加工

14. 某化妆品厂下设一非独立核算门市部，每年该厂向门市部移送化妆品1万套，每套单价500元，门市部销售单价550元（以上均为不含税价）。如化妆品厂将该门市部分立，使其具备独立纳税人身份，则每年可节约消费税（　　）万元。（化妆品消费税税率为30%）。

A. 21.42　　B. 15　　C. 11.54　　D. 12.72

15. 以不动产投资入股行为是否征收营业税，主要看（　　）。

A. 是否共担风险　　B. 是否共享利润
C. 是否收取固定收入　　D. 是否转让股权

16．建筑业工程用原材料的税收筹划方法一般是（　　）。

A．包工不包料　　B．包工包料

C．建设方购买材料　　D．包清工

17．不具备工程施工资质的纳税人对工程承包比较可行的纳税筹划方法是（　　）。

A．将工程分包给个人

B．转包工程

C．只负责工程的组织协调，从中收取服务费

D．将承包的全部工程分解以后以分包的名义转包给第三人

18．通过控制应征增值税的货物销售额和应征营业税的应税劳务的营业额所占比例进行税收筹划主要是针对（　　）。

A．混合销售行为　　B．兼营行为

C．视同销售行为　　D．销售不动产和提供应税劳务行为

19．在纳税人的营业额接近起征点时，可以通过（　　）避免缴纳营业税，从而达到少交税款的目的。

A．提高服务价格　　B．多收费

C．降低价格，少收费　　D．将营业额稍微超过起征点

20．纳税人采取（　　）方式，不能使税基递延，获得时间价值

A．赊销商品　　B．代销商品

C．依税法规定加速折旧　　D．加速摊销

二、多项选择题

1．以下哪些会影响增值率的大小？（　　）

A．销项税额　　B．进项税额　　C．销售收入　　D．购买价格

2．以下哪些属于增值税销售方式的税收筹划？（　　）

A．“实物折扣”变“价格折扣”　　B．“销售折扣”变“折扣销售”

C．主动压低货物的定价　　D．以实际含税价格比选择购货对象

3．消费税税收筹划的基本途径包括（　　）。

A．合理确定销售额

B．合理选择税率

C．外购应税消费品已纳税款的扣除

D．委托加工的选择

4．一般情况下，应该尽量采用（　　）方式销售货物，以达到递延增值税税款的目的，减少不必要的损失。

A．托收承付和委托银行收款　　B．支票、银行本票和汇兑结算

C．委托代销商品　　D．赊销或分期收款

5．以下属于增值税纳税筹划方法的有（　　）。

A．通过企业分立减轻增值税税负

B．通过企业合并减轻增值税税负

C．通过分期收款递延纳税

D．推迟索取增值税专用发票，推迟抵扣进项税

6. 下列关于购进价格的税收筹划正确的有（　　）。

A. 若实际含税价格比小于R，应当选择小规模纳税人的货物

B. 若实际含税价格比小于R，应当选择一般纳税人的货物

C. 若实际含税价格比大于R，应当选择一般纳税人的货物

D. 若实际的含税价格比等于R，就税收上而言两者均可，这时应当从其他角度考虑选择

7. 关于货物出口方式选择的税收筹划，叙述不正确的是（　　）。

A. 采用“先征后退”办法税负较轻

B. 采用“免、抵、退”办法税负较轻

C. 当征税率=退税率时，自营（或委托）出口与通过关联外贸企业出口，企业所负担的增值税税负相同

D. 当征税率>退税率时，自营（或委托）出口与通过关联外贸企业出口，企业所负担的增值税税负存在差异

8. 以下主要针对消费税兼营销售进行税收筹划的有（　　）。

A. 先销售后包装

B. 分别核算应税消费品和非应税消费品的销售额和销售数量

C. 成套销售应慎重

D. 降低生产成本

9. 纳税人采取的如下方式中，按现行消费税政策规定，可以减轻纳税人消费税负担的是（　　）。

A. 分设独立核算的销售公司，适当降低销售给销售公司的价格

B. 将原成套销售消费品，改为生产销售环节化整为零，零售环节成套销售

C. 将随同黄酒销售的包装物（不单独作价）改为不作价而收取押金

D. 将啤酒的销售价格从3 000元/吨降至2 990元/吨

10. 通过应纳税额的计算规避税收负担的策略有（　　）。

A. 缩小税基策略　　B. 适用低税率策略

C. 延缓纳税期限策略　　D. 合理归属所得年度策略

11. 充分利用消费税已纳税额扣除能够降低企业的消费税负担，这些标准有（　　）。

A. 必须属于扣除的范围　　B. 一般要从生产性企业购进

C. 必须取得增值税专用发票　　D. 所购消费品必须实际投入生产使用

12. 以下主要是通过缩小消费税计税依据进行税收筹划的有（　　）。

A. 先销售后包装

B. 先销售后换货

C. 设立独立核算的销售公司，降低出厂价格

D. 通过汇率选择降低计税销售额

13. 关于以外汇结算应税消费品计税依据的税收筹划的说法不正确的是（　　）。

A. 应当选择当月1日的外汇牌价

B. 应当选择销售发生当天的外汇牌价

C. 汇率折算方法可随意变动

D. 外汇市场波动越大，越有必要对汇率选择进行筹划

14. 下列关于加工方式的表述正确的是（　　）。

A. 如果委托加工收回后直接出售，且消费品的出售价格大于委托加工环节消费税的计税价格，则应按出售价格纳税，并可扣除委托加工环节已纳消费税税款

B. 自行加工的税负往往是比较重的

C. 如果委托加工的消费品收回后直接出售，则该消费品的消费税税负就一定比较轻

D. 委托加工收回后再自行加工税后利润是最大的

15. 以下关于消费税已纳税额扣除的税收筹划的表述正确的有（　　）。

A. 一般来讲，从生产厂家直接购进要比从商家购进成本低、税负轻

B. 为进行税额扣除，购买者应正确选择购货渠道和发票种类

C. 作为小规模纳税人，应尽量从对方获得普通发票，以获得更多消费税抵扣

D. 在进行消费税抵扣时，应提供增值税专用发票

16. 以下哪些方法可以达到少交营业税的目的？（　　）

A. 可以利用特定劳务提供地的可移动性，将劳务提供地转移至境外

B. 规避独立核算

C. 以不动产投资和入股采取“以物易物”方式

D. 将不同税目的应税劳务混合入账

17. 以下属于营业税计税依据的税收筹划方法有（　　）。

A. 降低交易价格

B. 与税务机关建立良好的关系，尽量降低核定价格

C. 增加税前扣除额

D. 销售有形动产不交营业税

18. 租赁业的税收筹划方法有（　　）。

A. 通过降低定价进行筹划

B. 通过租赁方式选择进行筹划

C. 采取融资租赁方式要转让货物所有权

D. 采取融资租赁方式不能转让货物所有权

19. 关于资产销售或投资的说法正确的有（　　）。

A. 不动产、无形资产的销售和转让的节税思路就是将销售行为转化为投资后再转让股权

B. 将不动产、无形资产直接销售

C. 投资时若允许选择，宜选房产、无形资产用于投资

D. 投资时若允许选择，宜选有形动产用于投资

20. 利用营业税的税收优惠政策进行筹划的有（　　）。

A. 运用起征点进行筹划　　B. 运用免税项目进行筹划

C. 利用安置残疾人进行筹划　　D. 将技术收入单独列示

三、判断题

1. 当实际增值率大于无差异平衡点增值率时，应当选择按小规模纳税人纳税。（ ）

2. 一般来说，采用返还现金的促销方式，税收负担比较轻。（ ）

3. 若实际含税价格比大于价格优惠临界点的价格比，则应选择从小规模纳税人处购进货物。（ ）

4. 一般纳税人和小规模纳税人身份可以视经营情况随时申请变更。（ ）

5. 采用折扣销售等方式，是否在同一张增值税专用发票上注明销售额和折扣额，不仅会影响流转环节的税负，而且会影响企业所得税税负。（ ）

6. 对于当期和未来一段时期销售规模不大而购进又较大的企业，可以推迟索取增值税专用发票的时间来减轻税负。（ ）

7. 是选择推迟还是提前索取增值税专用发票主要考虑货币的时间价值。（ ）

8. 兼营行为的税收筹划方法一般是分开核算，否则会从高适用税率。（ ）

9. 通过企业合并或兼并方式之所以能实现消费税的递延纳税，主要是因为不同消费品的税率不同。（ ）

10. 出厂之后再将不同税率的消费品组成成套消费品销售，就不必再按较高税率缴纳消费税。（ ）

11. 非货币性交换的消费税筹划方法一般是按最高销售价格销售后再入股（换货、抵债）。（ ）

12. 酒类产品的包装物押金没有筹划的余地。（ ）

13. 一般来说，抵扣消费税的利益主要由最终生产厂家获得。（ ）

14. 以无形资产投资入股，参与接受投资方利润分配，共同承担投资风险的行为，不征收营业税。（ ）

15. 由施工方购买工程用材料，会增加施工方的营业税负担。（ ）

16. 由建设单位提供设备，建筑企业只负责安装，能达到减轻税负的目的。（ ）

17. 房地产公司在售房的过程中，代收天然气初装费等价外费用不会增加其税收负担。（ ）

18. 分签合同有时可以增加进项税额的抵扣，达到减轻税负的目的。（ ）

19. 在纳税人的营业额接近起征点时，可以通过降价或者少收费用避免缴纳营业税，从而达到税收筹划的目的。（ ）

20. 可以利用特定劳务提供地的可移动性，将劳务提供地转移至境外，从而避免该劳务成为营业税的应税劳务。（ ）

四、案例分析题

1. 北方时装经销公司以几项世界名牌服装的零售为主，商品销售的平均利润为30%。他们准备在2015年春节期间开展一次促销活动，以扩大该企业在当地的影响。经测算，如果将商品打八折让利销售，企业可以维持在计划利润的水平上。在促销活动的酝酿阶段，由于企业的决策层对促销活动的涉税问题了解不深，销售部与财务部在具体方案上存在分歧。销售部主管认为，如果采用返还现金方式能够吸引更多的顾客；而财务部主管则认为，以现金返还的形式，企业不仅没有利润，还会出现较大的亏损。双方互不相让，谁也说服不了谁。于是，董事长决定向诚信税务咨询公司的注册税务师进行咨询。为了帮助该企业了解销售环节的涉税问题，并就促销活动的具体方案作出决策，诚信税务咨询公司的专家以10 000元销售额为一个单元做基数，提出了以下3个操作方案。

方案1：让利（折扣）20%销售，即企业将10 000元的货物以8 000元的价格销售。

方案2：赠送20%的购物券，即企业在销售10 000元货物的同时，另外再赠送2 000元的购物券，持券人仍可以凭券购买商品。

方案3：返还20%的现金，即企业销售10 000元货物的同时，向购货人赠送2 000元现金。

这3个方案是目前企业通常采用的促销方法。那么从税收的角度讲，各种促销方法的税收待遇如何？哪一种方法对企业更有利？请进行具体的计算分析。

2. 2015年1月4日，普利安达税务事务所的注册税务师李刚接受江淮卷烟厂委托，对其上年度的纳税情况进行风险评估。

李刚对该企业的生产经营的涉税情况进行了比较全面的检查。发现上年1月1日企业库存外购烟丝的进价成本为486万元，先后从黄河烟叶加工厂购入烟丝10批，价款为200万元，增值税专用发票注明增值税税额为34万元；从东源实业供销公司购进烟丝8批，价款为300万元，增值税专用发票上注明的税款为51万元。上年12月31日企业账面库存外购烟丝的进价成本为492万元。

上年度销售卷烟取得销售收入1 780万元，销售数量712标准箱。公司上年度申报并实际缴纳消费税859.28万元（适用税率为56%）。请问：江淮卷烟厂的税务处理方法存在什么问题？

3. 四川南充一家房地产开发企业A以5 000万元竞拍到位本市商业区一块面积为21亩的土地使用权。如果按照规划书要求（商住），这块土地上将开发出4幢商业楼100 000m^2，市场能接受的销售价格为4 000元/m^2。但A公司由于资金不足，银行借贷也十分困难，于是想努力从外界寻找资金进行合作开发。北京一家合伙制的律师事务所由于近几年业务开展得很好，积累了大量闲置资金，经过中间人的介绍，拟斥资5 000万元与这家房地产公司进行合作开发。请问：对于这项合作开发房地产项目应如何筹划（暂不考虑营业税以外的其他税种）？

第5章

企业所得税税收筹划

【知识目标】

- 在了解企业所得税税法基本内容的基础上，把握该税种税收筹划的基本思路。
- 掌握企业所得税纳税人与税率税收筹划的方法。
- 掌握企业所得税应纳税所得额税收筹划的方法。
- 掌握企业所得税税收缴纳税收筹划的方法。
- 掌握企业所得税税收优惠税收筹划的方法。

【技能目标】

- 能够熟练运用企业所得税税收筹划的基本技能。

案例引入

投资之初巧安排，税负轻重大不同

山东省某县级市一林姓家族承接了海外本家族一笔500万美元的财产。为避免财产平均分配后“吃老本”、不能“钱生钱”，家族全体成员开会决定，集中使用全部资产投资兴办一家企业。投资的初步意向为家禽饲养，投资方案有二：一是利用处于烟台、威海和青岛三个地级市中间位置的有利条件，建立现代化肉食鸡和鸡蛋生产线，因临近市场需求大，销路和效益有保证；二是海外亲属介绍的项目，该投资项目为美国引进项目，产品为活鸡或鸡蛋，并以活鸡和鸡蛋为载体向药厂提供青霉素等细菌，技术有保证，市场前景和效益看好。家族人员因税务知识有限，在设立之初，请来专业税务会计师对投资方案作出设计、评估和选择。

问题：如果你作为税务会计师，将如何对该企业的投资项目、组织形式和地区作出选择，如何结合企业经营确立整体税收筹划方案？

"两税"合并后的新企业所得税法在纳税人确认、所得税税率、税前扣除项目与标准、资产税务处理、税收优惠政策、征收管理、反避税等方面都有很大的变化。企业应把握其所体现的差异及其对企业的影响，采取恰当的税收筹划策略，调整企业的财务政策乃至经营策略，从而降低企业的税负。企业所得税的税收筹划主要包括纳税人与税率的税收筹划、计税依据（应纳税所得额）的税收筹划、征收管理的税收筹划、税收优惠的税收筹划等几方面内容，其中针对应纳税所得额进行筹划，是企业所得税税收筹划的核心。

5.1 企业所得税纳税人与适用税率的税收筹划

5.1.1 企业所得税纳税人身份的税收筹划

内资企业在所得税纳税人身份方面的筹划一是企业成立之时要结合行业和企业经营等情况确定组织形式，即个人独资企业、合伙企业、公司制企业以及个体工商户等身份的选择，因为不同的组织身份会面对不同的税收政策，从企业整体利益最大化以及税负最小化出发，考虑新设企业的组织形式或核算形式；二是通过纳税人之间的合并、分立、集团公司内部设立子公司或者分公司的选择，以达到规避高税负、综合收益最大化的目的。

1. 个人独资企业、合伙企业与公司制企业的选择

一般来说，企业设立时应合理选择纳税主体的身份，选择的一般思路如下。

（1）从总体税负角度考虑，独资企业、合伙企业一般要低于公司制企业，因为前者不存在重复征税问题，而后者一般涉及双重征税问题。

（2）在独资企业、合伙企业与公司制企业的决策中，要充分考虑税基、税率和税收优惠政策等多种因素，最终税负的高低是多种因素起作用的结果，不能只考虑一种因素。

（3）在独资企业、合伙企业与公司制企业的决策中，还要充分考虑可能出现的各种风险。

【案例 5-1】 王先生自办企业，2014 年应税所得额为 300 000 元。该企业如按个人独资企业或合伙企业缴纳个人所得税，依据现行税制，税收负担实际为

300 000 × 35% − 14 750 = 90 250（元）。

若该企业为公司制企业，其适用的企业所得税税率为 25%，假设企业实现的税后利润全部作为股利分配给投资者，则该投资者的税收负担为

300 000 × 25% + 300 000 ×（1 − 25%）× 20% = 120 000（元）。

投资于公司制企业比投资于独资或合伙企业多承担所得税 29 750 元(120 000 − 90 250)。在进行公司组织形式的选择时，应在综合权衡企业的经营风险、经营规模、管理模式及筹资额等因素的基础上，选择税负较小的组织形式。

2. 企业的从属机构形式的选择

企业的从属机构主要包括子公司、分公司和办事处。这三种形式的从属机构在设立手续、核算、纳税形式以及税收优惠等方面是不同的。子公司虽是独立法人，设立手续复杂，独立核算和缴纳所得税等，但可以享受当地的税收优惠政策；而分公司和办事处则设立手续简单，可以不独立核算，不独立缴纳所得税，由总公司汇总缴税，税负较轻，但不享受税收优惠政策。

在进行税收筹划时，应该根据具体情况进行分析，选择促使企业获得最大利益、税负较轻的实施方案。企业采取何种组织形式需要考虑的因素主要包括分支机构盈亏、分支机构是否享受优惠税率等。

（1）预计适用优惠税率的分支机构盈利，选择子公司形式，单独纳税。

（2）预计适用非优惠税率的分支机构盈利，选择分公司形式，汇总到总公司纳税，以弥补总公司或其他分公司的亏损；即使下属公司均盈利，此时汇总纳税虽无节税效应，但可降低企业的办税成本，提高管理效率。

（3）预计适用非优惠税率的分支机构亏损，选择分公司形式，汇总纳税可以用其他分公司或总公司利润弥补亏损。

（4）预计适用优惠税率的分支机构亏损，这种情况就要考虑分支机构扭亏的能力。若短期内可以扭亏宜采用子公司形式，否则宜采用分公司形式，这与企业经营策划有紧密关联。不过总体来说，如果下属公司所在地税率较低，则宜设立子公司，享受当地的低税率。

如果在境外设立分支机构，子公司是独立的法人实体，在设立所在国被视为居民纳税人，通常要承担与该国其他居民公司一样的全面纳税义务。但子公司在所在国比分公司享受更多的税务优惠，一般可以享有东道国给予其居民公司同等的税务优惠待遇。如果东道国适用税率低于居住国，子公司的积累利润还可以得到递延纳税的好处。而分公司不是独立的法人实体，在设立所在国被视为非居民纳税人，所发生的利润与总公司合并纳税。但我国企业所得税法不允许境内外机构的盈亏相互弥补，因此，在经营期间若发生分公司经营亏损，分公司的亏损也无法冲减总公司利润。

【案例 5-2】 某一总公司在国内拥有两家分公司甲和乙，某一纳税年度总公司本部实现利润 1 000 万元，其分公司甲实现利润 100 万元，分公司乙亏损 150 万元，企业所得税税率为 25%，则该公司该纳税年度应纳税额为

（1 000 + 100 − 150）× 25% = 237.5（万元）。

分析：如果把上述甲、乙分公司换成子公司，总体税负就不一样。

公司本部应纳所得税 = 1 000 × 25% = 250（万元）。

甲公司应纳所得税 = 100 × 25% = 25（万元）。

乙公司由于当年度亏损无须缴纳所得税。公司整体税负 = 250 + 25 = 275（万元），高出总分公司的整体税负 37.5 万元。因此，在这种情况下，选择设立分公司更有利。

3. 企业类型的选择

新税法实施后，企业所得税率统一为 25%，国家需要重点扶持的高新技术企业，减按 15%的税率征收企业所得税，符合条件的小型微利企业，减按 20%的税率征收企业所得税。对企业来说，应尽量向高新技术企业的方向发展，享受优惠税率，降低税

负。小型企业应对盈利水平进行预测，如果降低部分利润可以获得较多的所得税降低额，则应将企业的盈利水平控制在国家规定的微利企业标准之内，争取适用 20%的低税率。

【案例 5-3】 某工业企业从业人数 96 人，资产总额 2 500 万元，1～11 月的销售收入为 250 万元。如果该企业 12 月按正常销售方式，确认销售收入实现 60 万元，年终汇算时收入总额为 310 万元，假设它的应税所得率是 10%，那么，这家企业该年度的应纳税所得额为 31 万元（310 × 10%），就只能适用于 25%的税率。则该公司的应纳税额为 7.75 万元（31 × 25%）。

分析：如果企业把 12 月 60 万元的产品，采取分期收款结算方式销售，按合同中的约定分两次收回价款，第一期在 12 月 31 日收回价款的 1/2，第二期在下个纳税年度收回价款的 1/2，那么，该企业 12 月确认的应税收入就是 30 万元，全年收入就是 280 万元，按 10%应税所得率计算，应纳税所得额为 28 万元（280 × 10%），符合小型微利企业的标准，适用优惠税率 20%，需缴纳企业所得税 5.6 万元（28 × 20%）。

因为利用小型微利企业以及高新技术企业的低税率优惠政策都有严格的条件限制，企业可以通过设立子公司或者将部分分支机构转变为子公司来享受小型微利企业的低税率优惠。如果企业自身难以改造成高技术企业，可以考虑重新设立一个属于高科技企业的子公司或者将某一分支机构改造成高科技企业。

【案例 5-4】 某生产企业拥有员工 120 人，资产总额为 5 000 万元，适用所得税税率为 25%，2015 年企业应纳税所得额为 50 万元。该企业内有两个车间，一个生产半成品，另一个生产产成品，其中半成品除供应本企业生产产成品之外，还有少量外销。该企业的产成品和半产品的价格及市场稳定。

分析：应纳企业所得税税额 = 50 × 25% = 12.5（万元）。如果将企业的两个车间分立为两个独立核算的生产企业，符合微利企业的认定条件，可享受 20%优惠税率，减少所得税支出 2.5 万元（50 × 5%）。

4．外资企业纳税人身份的税收筹划

我们知道，无论是外商投资企业还是外国企业，都有两种可能：一是作为居民纳税人；二是作为非居民纳税人。居民纳税人与非居民纳税人最大的差别在于居民纳税人负有无限纳税义务，不仅要将来源于中国境内的所得申报纳税，而且要将来源于国外的收入和所得申报纳税；而作为非居民纳税人，只负有有限纳税义务，仅对来源于中国境内的收入纳税。所以，外资企业应当进行必要的税收筹划，尽可能作为非居民纳税人负有有限纳税义务，从而达到合法节约税款支出的目的。

【案例 5-5】 M 国一家跨国公司（以下简称 M 公司）欲在我国投资兴建一家芦笋种植加工企业，该公司于 2013 年 11 月 4 日派遣了一名经济顾问来我国进行投资政策考察。这位顾问在选择中外合作还是中外合资形式投资时，向我国有关部门进行了投资与涉外税收政策方面的咨询。根据市场调查分析预测，M 国总公司 2014 年应纳税所得额为 1 000 万美元，按 M 国公司所得税的规定应缴纳 34%的公司所得税；2014 年其在中国投资的企业发生亏损额为 200 万美元；M 公司在 H 国有一子公司（以下简称 H 公司），2014 年该子公司的应纳税所得额为 500 万美元，H 国的公司所得税税率为 40%。

从投资项目和税收筹划的角度分析，该经济顾问应当作出何种选择？是设立中外合作企业好还是中外合资企业好？由谁来投资更好？

分析：结合考查情况，可拟订如下方案。

方案 1：由 M 公司投资设立中外合资企业。由 M 公司投资并采用中外合资企业的投资形式，在 M 国和中国都将视为股份有限公司，其亏损只能在中外合资企业内部弥补。

M 公司 2014 年实际应该缴纳 M 国公司所得税 = 1 000 × 34% = 340（万美元）。

H 公司 2014 年实际应该缴纳 H 国公司所得税 = 500 × 40% = 200（万美元）。

两公司纳税总额 = 340 + 200 = 540（万美元）。

方案 2：由 H 公司投资设立中外合资企业。由 H 公司投资并采用中外合资企业的投资形式，在 H 国和中国也都将视为股份有限公司，其亏损只能在该中外合资企业内部弥补。其效果同方案 1。

方案 3：由 M 公司投资设立中外合作企业。由 M 公司投资并采用中外合作企业的投资形式，在 M 国和中国则被视为负有无限责任的合伙公司，其亏损可以在 M 公司内弥补。通过 M 公司弥补亏损的办法，不仅可以减轻企业开办初期的压力，同时还可以使总公司通过转让定价的办法，减轻总公司的税收负担。

M 公司 2014 年实际应该缴纳 M 国公司所得税 =（1 000 − 200）× 34% = 272（万美元）。

H 公司 2014 年实际应该缴纳 H 国公司所得税 = 500 × 40% = 200（万美元）。

两公司纳税总额 = 272 + 200 = 472（万美元）。

方案 4：由 H 公司投资设立中外合作企业。由 H 公司投资并采用中外合作企业的投资形式，在 H 国和中国都被视为负有无限责任的合伙公司，其亏损可以在 H 公司内弥补。通过 H 公司弥补亏损的办法，也可以减轻企业开办初期的压力，同时还可以使总公司通过转让定价的办法，减轻总公司的税收负担。

M 公司 2014 年实际应该缴纳 M 国公司所得税 = 1 000 × 34% = 340（万美元）。

H 公司 2014 年实际应该缴纳 H 国公司所得税 =（500 − 200）× 40% = 120（万美元）。

两公司纳税总额 = 340 + 120 = 460（万美元）。

经过以上分析，方案 4 的应纳税额明显低于其他方案。通过筹划，M 公司可以获得 80 万美元（540 − 460）的收益。所以，最后这位经济顾问认为这个项目应采用中外合作企业的形式，并认为不应由该公司投资，而应改由该公司设在 H 国的子公司投资。

5.1.2　利用利润转移进行税收筹划

对于同一个企业来讲，不同纳税年度之间可能存在税率差异，如在新企业所得税法实施之前的 2007 年，企业所得税率为 33%，实施之后的 2008 年，企业所得税率为 25%；又如，企业从事税法规定的国家重点扶持公共基础设施项目的投资经营所得，从项目取得第一笔生产经营收入所属年度起，第一年至第三年免征企业所得税，第四年至第六年减半征收企业所得税。这样，企业可以在一定程度上调整收入与支出，使利润从高税率年度向低税率年度转移，从而适当降低企业总体的所得税负担。

同样，对于既适用 25%税率也适用 20%税率以及适用 15%税率的企业集团而言，可以适当地将适用 25%税率的企业的收入转移到适用 20%税率或者适用 15%税率的企业中，从而适当降低企业集团的所得税负担，如图 5-1 所示。

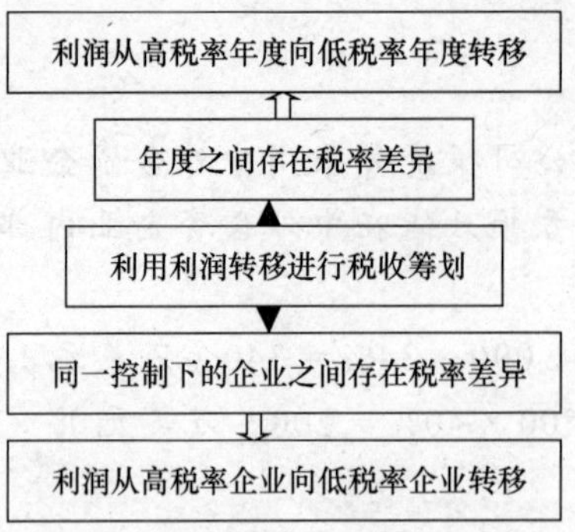

图 5-1 利用利润转移进行税收筹划

【案例 5-6】 某企业 2007 纳税年度的应纳税所得额为 8 000 万元，适用的企业所得税税率为 33%，该企业在 2008 纳税年度的应纳税所得额为 9 000 万元，适用的企业所得税税率为 25%。请计算该企业在 2007 纳税年度和 2008 纳税年度所应当缴纳的企业所得税税款，并提出税收筹划方案。

分析：该企业 2007 纳税年度应当缴纳企业所得税为 8 000 × 33% = 2 640（万元），2008 纳税年度应当缴纳企业所得税为 9 000 × 25% = 2 250（万元），两个纳税年度合计缴纳企业所得税为 2 640 + 2 250 = 4 890（万元）。

由于 2007 纳税年度的企业所得税税率高于 2008 纳税年度的税率，因此，可以考虑将 2007 纳税年度的部分收入转移到 2008 纳税年度来取得，而将 2008 纳税年度的某些开支提前到 2007 纳税年度予以进行。假设该企业通过税收筹划而将 2007 纳税年度的应纳税所得额降低为 7 000 万元，2008 纳税年度的应纳税所得额相应增加为 1 亿元，则该企业 2007 纳税年度应当缴纳企业所得税为 7 000 × 33% = 2 310（万元），2008 纳税年度应当缴纳企业所得税为 10 000 × 25% = 2 500（万元），两个纳税年度合计缴纳企业所得税为 2 310 + 2 500 = 4 810（万元）。通过税收筹划，少缴企业所得税为 4 890 − 4 810 = 80（万元）。

5.2 应纳税所得额的税收筹划

5.2.1 收入总额最小化筹划的一般方法

1. 营业收入的筹划

营业收入的筹划主要涉及收入确认时点和收入计算方法选择两个方面。这两个方面均会影响所得税税负。

（1）销货收入。销货收入的税收筹划应重点在于销货时点的认定。一般而言，销售收入确认在于“是否交货”这个时点上，交货取得销售额或取得索取销售额凭证的，销售成立确认收入；否则收入未实现。因此，销售收入的筹划关键是对交货时点的把握和调整。每种销售结算方式都有其收入确认的标准条件，企业通过对收入确认条件的控制即可以控制收入确认的时间。特别要注意临近年终所发生的销售收入确认时点的筹划，若将 12 月收入调整到 1 月就是把收入确认时点延至次年，可获得延迟纳税的税收利益。有关销货退回及折让，均应取得凭证以免虚增收入。

【案例 5-7】 甲企业属于增值税一般纳税人，当月发生销售业务 5 笔，共计应收货款 2 000 万元，其中，有 3 笔共计 1 200 万元，10 日内货款两清，一笔 300 万元，两年后一次付清，另一笔 500 万元，1 年后付 250 万元，1 年半后付 150 万元，余款 100 万元两年后结清。该企业增值税进项税额为 150 万元，毛利率为 15%，所得税税率为 25%，企业对上述销售业务采用了分期收款方式。

分析：可用以下两种方案进行税收筹划。

① 方案 1：企业采取直接收款销售方式。

计提销项税额 = 2 000 ÷（1+17%）× 17% = 290.60（万元）。

实际缴纳增值税 = 290.60 − 150 = 140.60（万元）。

依据企业毛利计算的所得税 = 2 000 ÷（1 + 17%）× 15% × 25% = 64.10（万元）。

② 方案 2：企业对未收到的应收账款分别在货款结算中采取赊销和分期收款的结算方式。

当期销项税额 = 1 200 ÷（1 + 17%）× 17% = 174.36（万元）。

实际缴纳增值税 = 174.36 − 150 = 24.36（万元）。

依据毛利率计算的所得税 = 1 200 ÷（1 + 17%）× 15% × 25% = 38.46（万元）。

由于收入确认的方法不同，方案2较方案1少垫付增值税116.24万元（140.60 − 24.36），少垫付所得税 25.64 万元（64.10 − 38.46）。由此，企业在不能及时收到货款的情况下，采用赊销或分期收款结算方式，可以避免垫付税款。

（2）长期工程收入。长期工程收入的计算方法有完工百分比法和全部完工法（工程完工期不满 12 个月者方可适用）两种。就税收筹划而言，采用全部完工法较为有利，原因如下。

① 全部完工法于工程完工年度申报所得税，故可延缓纳税；而完工百分比法则无此优点。

② 全部完工法可反映实际毛利，尤其在物价全年上涨时，其成本及费用均大幅增加；若采用完工百分比法则易造成前盈后亏的现象。

③ 企业每年均不发生亏损时，采用全部完工法较有利，因采用此法可享受延缓纳税及合并计算费用限额的利益；但企业若符合前 5 年盈亏互抵的条件，且开工前已有亏损，则采用完工百分比法较为有利。

2. 非营业收入的筹划

非营业收入筹划的重点在于企业资金的运用问题，也即设法增加免税收入及避免调整增加收入。在增加免税收入方面，主要应考虑：①资金应投资于国内其他企业，享受减免税优惠；②剩余资金购买政府公债等。

3. 投资收益的核算方法的筹划

当企业对外进行长期股权投资时，在会计核算上有成本法与权益法两种方法供采用。会计制度规定：企业在取得股份以后，采用成本法还是权益法要取决于资本在被投资企业中所占的比例和所能产生的影响程度。

两种核算方法对企业收入总额的影响是不同的。采用成本法，在其投资收益已实现但未收回投资之前，投资企业的相应账户“投资收益”并不反映其实现的投资收益的使用情况，也没有反映在当年的收入总额中，这无形中就减少了当年的收入总额，推延了纳税时间。而采用权益法进行核算时，无论投资是否收回，均反映在“投资收益”账户上，计入当年年度收入总额。

【案例 5-8】A 公司 2014 年 1 月 1 日购买 B 公司股票 500 万元，取得该公司具有表决权股份的 20%。2014 年度 B 公司报告净收益 240 万元，B 公司所在地区的企业所得税税率为 15%。

分析：（1）A 公司若采取成本法核算长期股权投资，则会计分录如下。

① 长期投资入账。

借：长期股权投资　　5 000 000

　　贷：银行存款　　5 000 000

② B 公司将 A 公司应得股利 48 万元于 2011 年年底分给 A 公司。

借：银行存款　　480 000

　　贷：投资收益　　480 000

③ 若 B 公司将 A 公司应得股利 48 万元保留在 B 公司，即 A 公司于 2011 年年末未实际收到应得股利，则 A 公司不做任何账务处理。

（2）A 公司若采取权益法核算长期股权投资，则会计分录如下。

① 长期投资入账。

借：长期股权投资　　5 000 000

　　贷：银行存款　　5 000 000

② B 公司 2014 年年底实现 240 万元净收益，A 公司应得股利 48 万元，则相应调整长期股权投资账户。

借：长期股权投资　　480 000

　　贷：投资收益　　480 000

③ A 公司收到股利 48 万元。

借：银行存款　　480 000

　　贷：长期股权投资　　480 000

这样，A 公司采用成本法核算其长期股权投资，如果其应得股利在 2014 年年底未收回，而是留在 B 公司作为追加投资，那么 A 公司已实现的投资收益 48 万元在其账面上就反映不出来，从而规避了企业的这部分所得税。

5.2.2 税前扣除项目的税收筹划

企业所得税法规定，在计算应税所得额时准予从收入中扣除的项目，是指纳税人每一纳税年度发生的与取得应税收入有关的所有必要和正常的成本、费用、税金和损失。

企业加强成本费用支出的筹划管理和控制，不仅可以降低成本费用、减少资金支出、提高经济效益，而且可以合理合法地减少企业的纳税支出，取得节税利益。

1. 企业捐赠的税收筹划

企业为了提高其产品在市场上的竞争力，树立良好的社会形象，往往会发生捐赠的行为。捐赠采取的方式不同，抵税的金额也会不同。

纳税人进行捐赠是应当符合税法规定的要件，即应当通过特定的机构进行捐赠，而不能自行捐赠；应当用于公益性目的，而不能用于其他目的。通过符合税法要求的捐赠可以最大限度地降低企业的税收负担。如果企业当年的捐赠达到了限额，则可以考虑在下一个纳税年度再进行捐赠，或者将一次捐赠分成两次或多次进行，如图 5-2 所示。

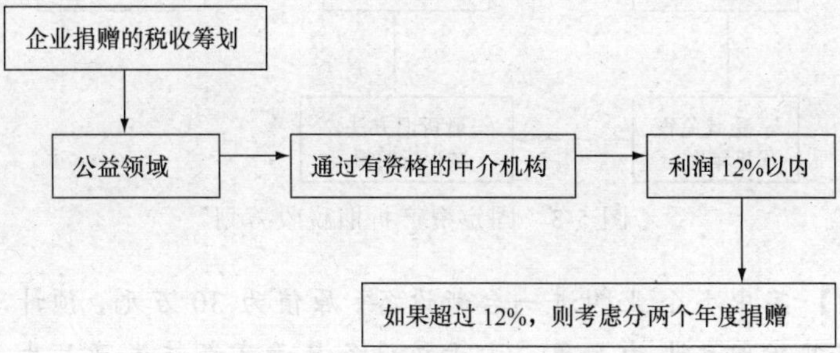

图 5-2　企业捐赠的税收筹划

另外，捐赠时还要考虑捐赠的方式。例如，如采用实物捐赠，还需要缴纳增值税，而现金捐赠则不需要缴纳增值税。

【案例 5-9】某中小企业 2013 年和 2014 年预计未调整捐赠前的会计利润均为 100 万元，企业所得税税率为 25%，该企业为提高其产品知名度及竞争力，树立良好的社会形象，决定向贫困地区捐赠 20 万元。现提出 3 套方案：方案 1 是 2013 年年底直接捐给某贫困地区；方案 2 是 2013 年年底通过省级民政部门捐赠给贫困地区；方案 3 是 2013 年年底通过省级民政部门捐赠 10 万元，2014 年年初通过省级民政部门捐赠 10 万元。

分析：从税收筹划的角度来看，其区别如下。

方案 1：该企业 2013 年直接向贫困地区捐赠 20 万元不得在税前扣除，当年应纳企业所得税为 25 万元（100 × 25%）。

方案 2：该企业 2013 年通过省级民政部门向贫困地区捐赠 20 万元，只能在税前扣除 12 万元（100 × 12%），超过 12 万元的部分不得在税前扣除，当年应纳企业所得税为 22 万元 [（100 − 100 × 12%）× 25%]。

方案 3：该企业分两年进行捐赠，由于 2013 年和 2014 年的会计利润均为 100 万元，因此每年捐赠的 10 万元均没有超过扣除限额 12 万元，均可在税前扣除。2013 年和 2014 年每年应纳企业所得税均为 22.5 万元 [（100 − 10）× 25%]。

通过比较，该企业采取方案 3 最好。尽管都是对外捐赠 20 万元，但方案 3 与方案 2 相比可以节税 2 万元（8 × 25%），与方案 1 相比可节税 5 万元（20 × 25%）。

2. 固定资产折旧方法选择的税收筹划

一般来说，在税率不变的情况下，选择加速折旧法可以使企业获得延期纳税的好处，初期较大的折旧额会使企业初期缴纳所得税降低，相当于获得了一笔无息贷款。采用加速折旧法计提折旧的节税效果较采用直线法明显，尤其是采用双倍余额递减法节税在通货膨胀的环境下更为有效。但需要注意的是，合法性是税收筹划区别于其他节税方法的显著特点之一，企业要在国家有关折旧规定范围内选择合适的折旧方法，合法地减少税款，增加税后利润。此外，在企业创办初期享有减免税优惠待遇时，企业可通过延长资产折旧年限，将计提的折旧递延到减免期后计入成本，从而获得节税收益，如图 5-3 所示。

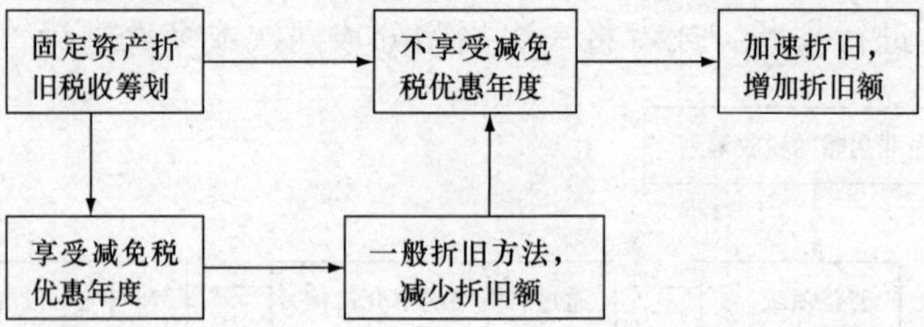

图 5-3　固定资产折旧税收筹划

【案例 5-10】 某中小企业购进一台新设备，原值为 30 万元，预计净残值率为 5%，经税务机关核定其折旧年限为 5 年。由于该设备属于高新技术产品生产设备，更新换代快，税务机关批准可以采用双倍余额递减法计提折旧，则企业按年限平均法折旧与按双倍余额递减法折旧对照如表 5-1 所示（假定每年未扣除折旧的税前会计利润均为 25.7 万元，企业所得税税率均为 20%）。

表 5-1　采用年限平均法折旧与按双倍余额递减法计算折旧和所得税税额　单位：元

年　份	年限平均法			双倍余额递减法		
	折旧额	税前利润	所得税额	折旧额	税前利润	所得税额
第一年	57 000	200 000	40 000	120 000	137 000	27 400
第二年	57 000	200 000	40 000	72 000	185 000	37 000
第三年	57 000	200 000	40 000	43 200	213 800	42 760
第四年	57 000	200 000	40 000	24 900	232 100	46 420
第五年	57 000	200 000	40 000	24 900	232 100	46 420
合计	285 000	1 000 000	200 000	285 000	1 000 000	200 000

分析：从表中可知，该企业如采用双倍余额递减法提取折旧，五年的纳税总额还是 20 万元，但第一年只需要纳税 27 400 元，第二年只需要纳税 37 000 元，与年限平均法相比第一年要少纳税 12 600 元，第二年要少纳税 3 000 元，相当于企业取得了相应的融资款，而且是免费的资金，这对于中小企业来说是相当宝贵的。

3. 存货计价的税收筹划

存货计价方法的选择应该考虑以下几个因素。

（1）价格变动因素。在预测购进货物价格下降的情况下，应当采用先进先出法；在预测价格较稳定或者难以预测的情况下，应当采用加权平均法；在价格变化不定且单位价格较大的情况下，应当采用个别计价法。

（2）税率变动的因素。如果物价上涨，在预测未来适用税率上升的情况下，应当采用先进先出法。这里所说的税率变动，既包括国家调整所得税税率，也包括企业适用的实际所得税税率的变化。例如，企业适用的所得税税率为 25%，但是现在处于免税期间，则其适用的实际所得税税率为 0，免税期后适用的实际所得税税率为 25%，在免税期内选择存货计价方法时要考虑到免税期过后所得税税率上升的因素。

【案例 5-11】 某企业 2012 年 3 月和 10 月先后购进数量和品种相同的两批货物，进货价格分别为 600 万元和 900 万元。该企业在 2013 年和 2014 年各出售购进的 1/2，出售价格分别为 1 000 万元和 1 300 万元，设企业所得税的税率为 25%，不考虑其他因素，分析不同的存货成本计价方法对所得税的影响。不同计价方法对所得税的影响如表 5-2 所示。

表 5-2　　不同计价方法对所得税的影响　　单位：万元

项　目	加权平均法			先进先出法		
	2013 年	2014 年	合　计	2013 年	2014 年	合　计
销售收入	1 000	1 300	2 300	1 000	1 300	2 300
销售成本	750	750	1 500	600	900	1 500
销售利润	250	550	800	400	400	800
所得税	62.5	137.5	200	100	100	200
税后利润	187.5	412.5	600	300	300	600

分析：通过上述的比较可以看出，两种不同的计价方法对所得税的影响与商品价格的关系非常密切。显然，在社会经济处于通货紧缩的时期，采用先进先出法比较合适；而在社会经济比较稳定的时期，采用加权平均法比较合适。

4．将利息支出转变为其他支出的税收筹划

当企业利息支出超过允许扣除的数额时，企业可以将超额的利息转变为其他可以扣除的支出，如通过工资、奖金、劳务报酬或者转移利润的方式支付利息，从而降低所得税负担。在向自己职工借贷的情况下，企业可以将部分利息转换为员工的工资支付，从而达到计算应纳税所得额时予以全部扣除的目的，如图 5-4 所示。

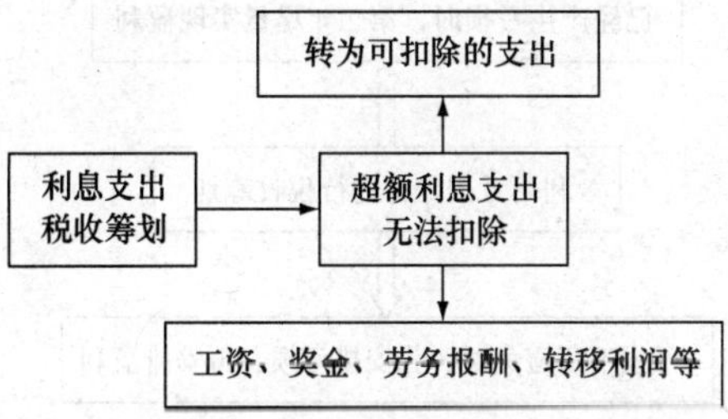

图 5-4　将利息支出转变为其他支出的税收筹划

【案例 5-12】某企业职工人数为 1 000 人，人均月工资为 1 300 元。该企业 2014 年度向职工集资人均 10 000 元，年利率为 10%，同期同类银行贷款利率为年利率 7%。当年企业税前会计利润为 30 万元（利息支出全部扣除）。由于企业所得税税法规定，向非金融机构借款的利息支出，不高于按照银行金融同类同期贷款利率计算的数额以内部分准予扣除。因此，超过部分不能扣除，应调整应纳税所得额 = 1 000 × 10 000 × (10% − 7%) = 300 000（元），企业应纳企业所得税税额 = (300 000 + 300 000) × 25% = 150 000（元），代扣代缴企业职工个人所得税税额=10 000 × 10% × 20% × 1 000 = 200 000（元）。

分析：可以考虑将集资利率降低到同期同类贷款利率，即 7%，这样，每位职工的利息损失为 10 000 × (10% − 7%) = 300（元）。企业可以通过提高工资待遇的方式来弥补职工在利息上受到的损失，即将职工的平均工资提高到 1 600 元。

筹划效果如下。

① 职工：不会增加职工工资的个人所得税负担。

② 企业：企业应纳所得税税额 = 300 000 × 25% = 75 000（元），节约企业所得税税额 = 150 000 − 75 000 = 75 000（元），减少代扣代缴个人所得税税额 = 10 000 × 1 000 ×（10% − 7%）× 20% = 60 000（元）。

5. 利用股权投资的税收筹划

如果企业准备转让股权，而该股权中尚有大量没有分配的利润，此时，就可以通过先分配股息再转让股权的方式来降低转让股权的价格，从而降低股权转让所得，减轻所得税负担，如图 5-5 所示。

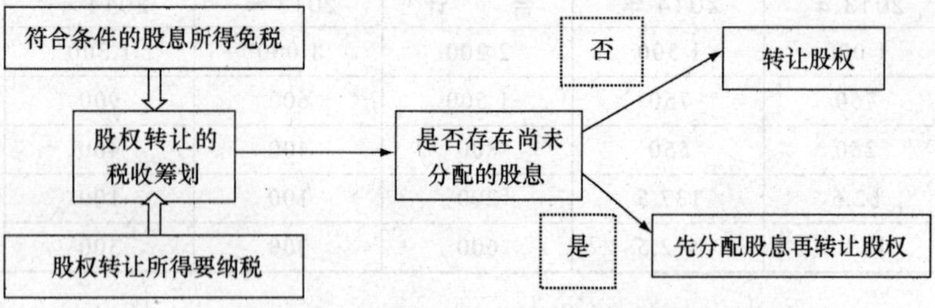

图 5-5　利用股权投资的税收筹划

5.2.3　利用亏损弥补进行税收筹划

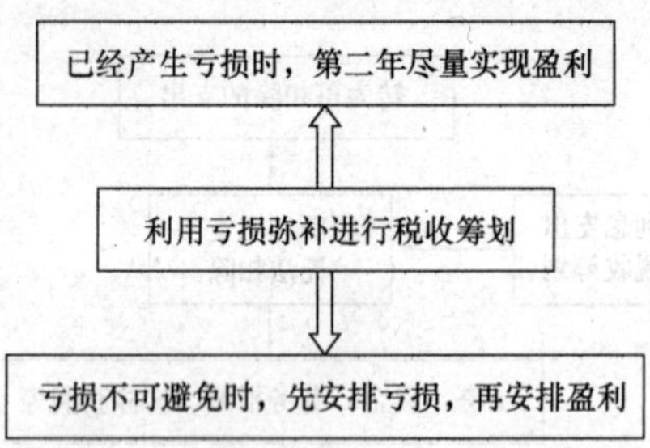

图 5-6　利用亏损弥补进行税收筹划

纳税人可以通过对本企业投资和收益的控制来充分利用亏损结转的规定，将能够弥补的亏损尽量弥补：如果某年度发生了亏损，则尽量安排邻近的纳税年度获得较多的收益，也就是尽可能早地将亏损予以弥补；如果已经没有需要弥补的亏损或者企业刚刚组建，而亏损在最近几年又是不可避免的，那么应当尽量先安排企业亏损，然后再安排企业盈利，如图 5-6 所示。

另外，企业所得税依据各年度的盈利情况计算缴纳，盈利年度需要缴纳所得税，而亏损年度则无需缴纳所得税。然而，企业亏损年度只能通过冲抵以后年度的应纳税所得加以弥补，而不能从以前盈利年度已纳所得税款中进行退税加以弥补。以前年度的盈利对企业而言即意味着预缴税款。如果企业对积压的库存产品进行削价处理，则可以减少当期的应纳税所得额，进而降低应纳所得税（也可以降低当期应纳的增值税）。关联企业之间则可以通过转让定价的方式降低总体税负水平。

【案例 5-13】 A、B 两企业是某集团公司内部两个独立核算的纳税单位。某年度 1～11 月，A 企业亏损 100 万元，B 企业盈利 200 万元。A 企业有积压商品，账面进价 100 万元（不含增值税），B 企业有畅销商品，账面进价 80 万元，市场售价 200 万元。假设 A、B 两企业该年度准予扣除的费用均为 25 万元，增值税税率为 17%，企业所得税税率为 25%。

12 月，A、B 两企业分别将其积压商品和畅销产品均按 100 万元的价格进行交换（双方对开增值税专用发票），并于当月销售。畅销产品按正常市价销售，积压产品按成本价的 60%销售。

分析： A、B 两企业在商品交换前、后的税收负担情况比较分析如下。

假设 A、B 两企业 1～11 月已纳增值税分别为 V_1、V_2。

（1）若 A、B 两企业不进行产品交换，则该年度两企业纳税情况分别如下。

① A 企业应纳增值税 = $V_1 + 100 \times 60\% \times 17\% - 100 \times 17\% = V_1 - 6.8$（万元）。

② B 企业应纳增值税 = $V_2 + 200 \times 17\% - 80 \times 17\% = V_2 + 20.4$（万元）。

③ 两企业合计应纳增值税 = $V_1 - 6.8 + V_2 + 20.4 = V_1 + V_2 + 13.6$（万元）。

④ A 企业该年度无利润，应纳所得税为 0。

⑤ B 企业该年度应纳所得税 =（200 + 200 − 80 − 25）× 25% = 73.75（万元）。

⑥ 集团公司合计应纳税总额 = $V_1 - 6.8 + V_2 + 20.4 + 0 + 73.75 = V_1 + V_2 + 87.35$（万元）。

（2）若 A、B 两企业进行产品交换，则该年度两企业纳税情况分别如下。

① A 企业应纳增值税 = $V_1 + (200 \times 17\% - 100 \times 17\%) + (100 \times 17\% - 100 \times 17\%) = V_1 + 17$（万元）。

② B 企业应纳增值税 = $V_2 + (100 \times 60\% \times 17\% - 100 \times 17\%) + (100 \times 17\% - 80 \times 17\%) = V_2 - 3.4$（万元）。

③ 两企业合计应纳增值税 = $V_1 + 17 + V_2 - 3.4 = V_1 + V_2 + 13.6$（万元）。

④ A 企业该年度利润额 = − 100 + 200 + 100 − 100 − 100 − 25 = − 25（万元）。

⑤ B 企业该年度应纳所得税 =（200 + 100 − 80 + 100 × 60% − 100 − 25）× 25% = 38.75（万元）。

⑥ 集团公司合计应纳税总额 = $V_1 + 17 + V_2 - 3.4 + 38.75 = V_1 + V_2 + 52.35$（万元）。

两企业产品交换后，集团公司 2006 年度税收负担降低了 35 万元 [$(V_1 + V_2 + 87.35) - (V_1 + V_2 + 52.35)$]。

5.3　企业所得税税收缴纳的税收筹划

企业可以通过选择适当的预缴所得税方法进行税收筹划。当企业预计当年的应纳税所得比上一纳税年度低时，可以选择按纳税期限的实际数预缴，当企业预计当年的应纳税所得比上一纳税年度高时，可以选择上一年度应纳税所得额的 1/12 或 1/4 的方法分期预缴所得税，如图 5-7 所示。

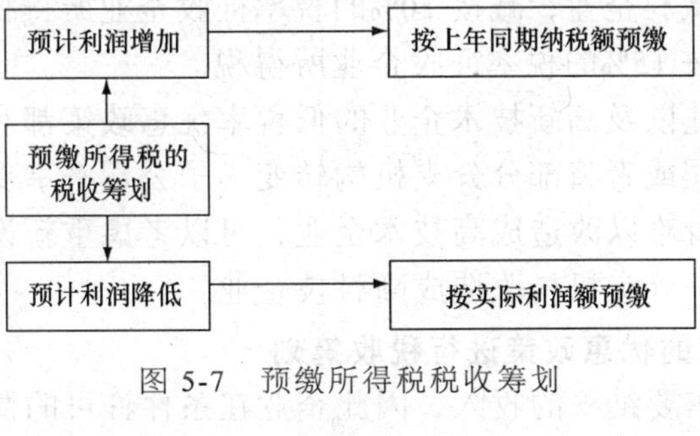

图 5-7　预缴所得税税收筹划

【案例 5-14】 某企业（适用 25%的所得税税率）2014 年每月平均应纳税所得额为 50 000 元，预计 2015 年每月应纳税所额会有 20 000 元的增加额。

分析： ① 如果 2015 年每月都按实际数申报预缴企业所得税，则

月预缴所得税 = (50 000 + 20 000) × 25% = 17 500（元）。

② 如果2015年每月都按50 000元申报，则

月预缴所得税 = 50 000 × 25% = 12 500（元）。

5.4 企业所得税税收优惠的税收筹划

1. 运用选择优惠年度进行税收筹划

企业从事税法规定的国家重点扶持公共基础设施项目的投资经营所得，从项目取得第一笔生产经营收入所属年度起，第一年至第三年免征企业所得税，第四年至第六年减半征收企业所得税。

符合条件的环境保护、节能节水项目的所得，从项目取得第一笔生产经营收入所属年度起，第一年至第三年免征企业所得税，第四年至第六年减半征收企业所得税。

如果企业从年度中间甚至年底开始生产经营，该年度将作为企业享受税收优惠政策的第一年。由于该年度的生产经营所得一般很少，因此企业是否享受减免税政策的意义并不是很大。此时，企业就应当恰当选择享受税收优惠的第一个年度，适当提前或者推迟进行生产经营活动的日期。

2. 运用选择投资项目进行税收筹划

产业投资的税收优惠主要包括：对国家需要重点扶持的高新技术企业减按15%税率征收所得税；对农林牧渔业给予免税；对国家重点扶持的基础设施投资享受“三免三减半”税收优惠；对环保、节能、节水、安全生产等专用设备投资额的10%从企业当年应纳税额中抵免。

企业税收筹划的重点也应随着税收优惠政策的调整而转移到产业发展战略和企业性质上来，将投资重点放到高新技术领域、农林牧渔业项目、国家重点扶持的公共基础设施项目以及符合条件的环保节能项目等领域，节约税收支出，提高净收益。

3. 运用优惠税率进行税收筹划

符合条件的小型微利企业，减按20%的税率征收企业所得税；国家需要重点扶持的高新技术企业，减按15%的税率征收企业所得税。

利用小型微利企业以及高新技术企业的低税率优惠政策都有严格的条件限制。企业可以通过设立子公司或者将部分分支机构转变为子公司来享受小型微利企业的低税率优惠。如果企业自身难以改造成高技术企业，可以考虑重新设立一个属于高科技企业的子公司或者将某一分支机构改造成高科技企业。

4. 运用免税收入的优惠政策进行税收筹划

免税收入是指不需要纳税的收入，因此企业在条件许可的情况下应当尽可能地获得免税收入。当然，获得免税收入都是需要特定条件的，企业只有满足税法规定的条件才能享受免税待遇。例如，国债利息免税，当企业选择国债或者其他债券进行投资时，就应当将免税作为一个重要的因素予以考虑；再例如，直接投资的股息所得免税，

而企业的股权转让所得要纳税，因此，当企业进行股权转让时尽量将该股权所代表的未分配股息分配以后再转让。

5. 加计扣除的税收筹划

（1）企业为开发新技术、新产品、新工艺发生的研究开发费用，未形成无形资产计入当期损益的，在按照规定据实扣除的基础上，按照研究开发费用的50%加计扣除；形成无形资产的，按照无形资产成本的150%摊销。在正确掌握新企业所得税法关于"三新"研究开发费用税前加计扣除的具体操作办法以后，还可以利用研究活动与开发活动的交叉与模糊性，恰当掌握形成无形资产，即资本化的资金额度，通过提前的加计扣除，获取资金的时间价值。

（2）就业安置的优惠政策有企业安置残疾人员所支付的工资加计100%扣除等。企业只要录用下岗员工、残疾人士等都可享受加计扣除的税收优惠。企业可以结合自身经营特点，分析哪些岗位适合安置国家鼓励就业的人员，筹划录用上述人员与录用一般人员在工薪成本、培训成本、劳动生产率等方面的差异，在不影响企业效益的基础上尽可能录用可以享受优惠的特定人员。

【案例5-15】 甲企业当期发生"三新"研发支出3 000万元，其中，研究阶段支出600万元，开发阶段资本化条件前发生的支出为600万元，符合资本化条件后至达到预计用途前发生的支出为1 800万元。假定开发形成的无形资产在当期期末已经达到预定用途（尚未开始摊销）摊销期为10年。

① 请计算：根据税收优惠政策，甲企业当年可以少缴纳多少税款？

分析：甲企业当期发生的研发支出中，按照会计规定应当费用化的金额为1 200万元，形成无形资产的成本为1 800万元，即期末形成无形资产的账面价值为1 800万元。

甲企业当期发生的3 000万元研发支出，按照税法规定，可以在税前扣除的金额为1 800万元（1 200 × 50% + 1 200），可以减少当年的所得税税额为150万元（1 200 × 50% × 25%）。

形成无形资产的账面价值为1 800万元，按会计制度规定，每年可摊销180万元；按税法规定，全部摊销额为2 700万元（1 800 × 150%），每年可摊销270万元。从而在10年摊销期内，每年在其他条件不变的情况下，可以少缴纳企业所得税税额为22.5万元（180 × 50% × 25%）。

合计当年可以少缴纳所得税税额为172.5万元。

② 如果我们利用研究费用与开发费用的交叉情况，有意识地将一部分（或全部）开发费用计入研究费用，其结果如何？

分析：假设形成无形资产的1 800万元中，有600万元可计入研究费用，那么，按照税法规定，可以在税前扣除的金额为2 700万元（1 800 × 50% + 1 800），可以少缴纳当年的所得税税额为225万元（1 800 × 50% × 25%）。

形成无形资产的账面价值为1 200万元，按会计制度规定，每年可摊销120万元；按税法规定，全部摊销额为1 800万元（1 200 × 150%），每年可摊销180万元。从而在10年摊销期内，每年在其他条件不变的情况下，可以少缴纳企业所得税税额为15万元（120 × 50% × 25%）。

合计当年可以少缴纳所得税税额为240万元。

所以，在可能的情况下，纳税人在进行内部研究开发时，应该尽可能地将资本化的部分转化为研究费用，最大限度地发挥其节税效应。但是，由此带来的不利方面是，无形资产的计税基础金额小，对将来的处置效益产生负面影响。

思考、练习与实训

一、简答题

1. 简述企业所得税税收筹划的基本思路。
2. 简述企业所得税纳税人与税率税收筹划的方法。
3. 简述企业所得税应纳税所得额税收筹划的方法。
4. 简述企业所得税运用税收优惠政策进行税收筹划的方法。
5. 简述分公司与子公司在税收筹划方面的区别。
6. 简述企业所得税税收缴纳税收筹划的方法。
7. 如何筹划企业所得税的税前扣除项目？
8. 如何进行企业所得税收入的筹划？
9. 融资性租赁和经营性租赁有何异同？
10. 存货作价的选择对节省税收有什么作用？
11. 简述居民企业与非居民企业所适用的税收政策。

二、案例分析题

1. 甲公司设在沿海经济特区，属于高新技术企业，所得税税率为15%。甲公司一部分产品生产是由其设在内陆的子公司乙公司完成的，乙公司适用25%的税率。甲公司每年从乙公司购进产品80万件对外销售，进价每件5.5元，售价每件8元。若该产品生产成本每件3.5元，不考虑其他费用因素，则

甲公司年利润额 = (8 − 5.5) × 80 = 200（万元），

甲公司应纳所得税 = 200 × 15% = 30（万元），

乙公司年利润额 = (5.5 − 3.5) × 80 = 160（万元），

乙公司应纳所得税 = 160 × 25% = 40（万元），

甲、乙两公司共纳所得税 = 30 + 40 = 70（万元）。

要求：假定乙企业的成本利润率不低于15%即为合理，请对甲、乙两公司的企业所得税进行税收筹划。

2. 甲公司急需一项生产技术，其自身不具备相应的研发力量，现了解到某高校正准备进行相关的技术开发。现有两种方案可供甲公司进行选择：方案1是待该技术研发成功后以200万元购入；方案2是委托其开发技术，双方签订委托开发合同，在技术开发成功后支付开发费200万元给该高校，甲公司即如约获得该技术所有权。这两种方案孰优孰劣呢？

3. 长江企业集团下属甲、乙两个全资子公司。甲企业今年产销两旺，预计实现销售收入78 350万元，比上年增长43%，利润8 520万元，比上年增长51%；而乙

企业今年却遇到了非常情况，预计实现销售收入13 050万元，比上年下降27%，发生亏损340万元。该企业集团的甲、乙两企业的所得税适用税率都是25%，两个企业之间没有购销关系，产品生产工艺大致相同。请问：有哪些税收筹划方法可以达到企业集团整体降低税收负担的目的？另外，请采用内部租赁的方法设计一个税收筹划方案。

4. 某国有股份公司（居民企业）转让技术，与受让方签订了两年的协议，共需收取900万元的技术转让费。对于转让费的收取方式有以下两种方案可供选择。

方案1：两年平均收取技术转让费，每年均收取450万元。

方案2：第一年多收，第二年少收。第一年收取800万元，第二年收取100万元。

请计算比较两种方案下技术转让收入各自应缴纳的企业所得税，并作出选择（不考虑技术转让中的相关税费）。

5. 丙企业固定资产原值为36万元，预计净残值为1.8万元，使用年限为5年。5年内企业未扣除折旧的利润和产量如表5-3所示。

表5-3　丙企业未扣除折旧利润与产量表

年　限	未扣除折旧利润（元）	产量（件）
第一年	200 000	2 000
第二年	180 000	1 800
第三年	240 000	2 400
第四年	160 000	1 600
第五年	152 000	1 700
合计	932 000	9 500

要求：根据上述资料，分别计算纳税人在各种不同折旧方法下的年折旧额，分析企业在采用不同的折旧方法下缴纳所得税的情况。

6. 某企业2013年12月对一台生产设备进行大修理，当月完工。设备的原值为500万元，发生修理费用300万元。修理前该固定资产还可以使用3年，维修后经济使用寿命延长了3年，仍用于原用途。当年实现税前会计利润为240万元，无其他纳税调整项目。请给出税收筹划方法。

7. 某企业计划2015年度的业务招待费支出为150万元，业务宣传费支出为120万元，广告费支出为480万元。该企业2015年度的预计销售额为8 000万元。试对该企业进行税收筹划。

8. A工业企业2014年度实现产品销售收入8 000万元，“销售费用”中列支广告费1 000万元，业务宣传费400万元，税前会计利润总额为500万元。按税法扣除比例规定，广告费与业务宣传费超支额为200万元，该企业总计应纳税所得额为700万元，应纳所得税175万元。由于这两项费用每年都超过了列支限额，企业感到税收负担太重。请为该企业作出税收筹划。

9. 甲公司2014年度会计利润和企业所得税应纳税所得额均为301 000元。甲公司从事国家非限制和禁止行业，其财务核算健全，采用查账征收方式征收企业所得税，2014年度资产总额和从业人数符合小型微利企业条件。因为甲公司应纳税所得额超过

30 万元，所以甲公司不能适用 20%的优惠税率。其 2014 年度应缴企业所得税 = 301 000 × 25% = 75 250（元），甲公司 2014 年度税后利润 = 301 000 − 75 250 = 225 750（元）。试对该公司进行税收筹划。

10. 某汽车零部件制造有限责任公司成立于 2009 年，注册资本为 500 万元。在职人员 50 人，其中符合残疾人就业政策的残疾人员 15 人，并依法与安置的每位残疾人签订了 3 年的劳动合同。该公司每年支付给每位残疾人员工资为 1.2 万元。假定公司所得税税率为 25%，2014 年申报缴纳增值税 100 万元，不考虑城建税和教育费附加的利润总额 60 万元；除此之外，不考虑其他纳税调整因素，不存在以前年度弥补亏损问题。那么，该公司安置 15 名残疾人员是否对自己有利呢？

第 6 章

个人所得税税收筹划

【知识目标】

- 在了解个人所得税税法基本内容的基础上，把握该税种税收筹划的基本思路。
- 掌握个人所得税纳税人税收筹划的方法。
- 掌握个人所得税不同收入项目计税依据和税率税收筹划的方法。
- 掌握个人所得税税收优惠税收筹划的方法。

【技能目标】

- 能够熟练运用个人所得税税收筹划的基本技能。

案例引入

巧签合同少纳税，个税筹划有技巧

工程师孙先生本月完成了一项设计任务，按奖励办法，应获得工资、奖金 31 600 元，按照工资、薪金所得缴税，应缴个人所得税 =(31 600 − 3 500)×25% − 1 005 = 6 020(元)，孙先生实际获得收入 25 580 元。

孙先生向注册税务师进行了咨询。注册税务师了解到孙先生为了完成该项设计任务，不仅自己查阅了大量的文献资料，还请了单位朋友帮忙，向朋友咨询，和朋友讨论，朋友还绘制了部分图纸……孙先生说："我领了这笔奖金，无论如何要给朋友表示表示，按照朋友的工作量，怎么也得给个 10 000 元。"将 10 000 元给朋友后，孙先生拿到手的就只有 15 580 元了。

注册税务师了解这些情况后，认为孙先生取得的工资实际上有一部分是劳务报酬，可以签订一份劳务合同，在合同中注明劳务报酬 10 000 元，然后将其以劳务报酬的方式直接支付给孙先生的朋友。

这样，孙先生本月领取的工资就只有 21 600 元，应缴个人所得税 =（21 600 − 3 500）× 25% − 1 005 = 3 520（元），实际到手的为 18 080 元，比领取 31 600 元工资时实际到手的工资多了 2 500 元。

这样处理，孙先生不仅多收入了 2 500 元，而且避免了一些无谓的纠纷。

同其他税种一样，个人所得税的税收筹划仍应以纳税人、计税依据和税率为筹划的重点。但由于个人所得税的特殊性，计税依据与税率的筹划一般交叉在一起。

6.1 个人所得税纳税人的税收筹划

1. 居民纳税义务人与非居民纳税义务人的转换

个人所得税根据纳税人的住所和在中国境内居住的时间，分为居民纳税人和非居民纳税人。居民纳税义务人就其来源于中国境内和境外的全部所得缴纳个人所得税；而非居民纳税义务人仅就其来源于中国境内的所得，向中国缴纳个人所得税。很明显，非居民纳税义务人将会承担较轻的税负。对两种纳税人的税收政策不同，因此纳税人应该把握这一尺度，合法筹划纳税。利用居民和非居民身份减轻税负的主要方法包括以下两种。

（1）利用纳税人居住时间标准的规定进行筹划。利用临时离境的规定，恰当安排离境时间，使自己成为非居民纳税人，减轻税负。这种税收筹划的根本所在是如何避免成为中国的居民，对象主要是跨国纳税人。

居住在中国境内的外国人、海外侨胞和香港、澳门、台湾同胞，如果在一个纳税年度内，一次离境超过 30 日或多次离境累计超过 90 日的（简称“90 天规则”），将不视为全年在中国境内居住。牢牢把握这一尺度就会避免成为个人所得税的居民纳税义务人，而仅就其来源于中国境内的所得缴纳个人所得税。

【案例 6-1】 一位美国工程师受雇于美国总公司，从 2013 年 10 月起到中国境内的分公司帮助筹建某工程。2014 年度内，他曾两次离境（每次 25 天）回国向其总公司述职，又离境 30 天回国探亲。2014 年度，除了在中国境内工作的薪金以外，他还领取了在总公司工作的薪金 96 000 元。这三次离境时间相加未超过 90 天，因此，该美国工程师为居民纳税义务人。假如不考虑来自中国境内的所得，他还应当缴纳个人所得税 2 580 元。

分析：如果该工程师因公离境或者探亲再增加 11 天，即可成为非居民纳税人，可以仅就中国境内的所得纳税，而从美国总公司取得的 96 000 元经过主管税务机关批准后可以不缴纳个人所得税。这样，他就可以合理地利用非居民纳税人的身份节约在中国境内应缴纳的个人所得税 2 580 元。

注意居住时间的其他规定：①不足 90 天（或 183 天），只就来源于我国境内的所得征税；②满 1 年的计算，从每个公历年度的 1 月 1 日～12 月 31 日；③在 5 年的时间内连续居住满 5 年，从第 6 年起按居民纳税人纳税；④在第 6 年以后的年度里，如果某年在境内居住不满 90 天，5 年期要重新计算；⑤在华工作期间，包括在境内外享受的公休假日、个人休假日以及接受培训的天数。

（2）利用纳税人住所的有关规定进行筹划。利用住所的有关规定，改变国籍，变更住所，进行合理避税。确定纳税人住所的标准在于明确纳税人是否有在我国长期居住的权利以及该纳税人是否想在我国长期居住，是否拥有居住意愿。

（3）利用我国与世界其他国家签订的双边或多边税收协定，争取享受税收饶让等优惠政策。

2．企业所得税纳税义务人身份与个体工商户纳税义务人、个人独资企业、合伙制企业纳税义务人身份的选择

目前，个人可以选择的投资方式主要有：作为个体工商户，从事生产经营和承包、承租业务；成立个人独资企业；组建合伙企业；设立有限责任制企业（企业所得税纳税义务人）。在对这些投资方式进行比较时，如果其他因素相同，投资者应承担的税收，尤其是所得税便成为决定投资与否的关键。

从 2000 年 1 月 1 日起，我国对个人独资企业、合伙制企业停止征收企业所得税，个人独资企业、合伙制企业投资者的投资所得，比照个体工商户的生产、经营所得征收个人所得税。

在上述几种投资方式中，一般来讲，在收入相同的情况下，个体工商户、个人独资企业、合伙制企业、有限责任制企业的税负是不一样的，有限责任制企业的税负最重。但有限责任制企业在发票的申购、纳税人的认定等方面占有优势，比较容易开展业务，经营的范围也比较广，并且可以享受国家的一些税收优惠政策。

在这 3 种企业形式中，有限责任制企业以公司的形式出现，只承担有限责任，风险相对较小；个人独资企业和合伙制企业由于要承担无限责任，风险较大，特别是个人独资企业还存在增值税一般纳税人认定等相关法规不健全、不易操作的现象，加剧了这类企业的风险。

个人对企、事业单位的承包、承租经营形式较多，分配方式也不尽相同。税法对此作了适当分类并规定了相应的税务处理方法。

（1）个人对企、事业单位承包、承租经营后，工商登记改为个体工商户的，应按个体工商户的生产经营所得计征个人所得税，不再征收企业所得税。

（2）个人对企、事业单位承包、承租经营后，工商登记仍为原单位的，不论其分配方式如何，均应先按照企业所得税的有关规定缴纳企业所得税，然后根据承包、承租经营者按合同（协议）规定取得的所得，依照个人所得税税法的有关规定缴纳个人所得税，具体如下。

① 承包、承租人对企业经营成果不拥有所有权，仅按合同（协议）规定取得一定所得的，应按工资、薪金所得征收个人所得税。

② 承包、承租人按合同（协议）规定只向发包方、出租人交纳一定费用，交纳承包、承租费后的企业的经营成果归承包、承租人所有的，其取得的所得，按企、事业单位承包经营、承租经营所得征收个人所得税。

此外，税法还规定，个体工商户的生产经营所得和对企、事业单位的承包、承租经营所得共同适用 5%～35%的 5 级超额累进税率。

个体工商户的生产经营所得与承包、承租经营所得在计算个人所得税时的不同之处在于，对实际经营期不满1年的经营所得，在计算、确定应纳税所得额时，两者的计算方法存在着原则上的区别。个体工商户的生产经营所得应以每一纳税年度取得的收入计算纳税，对于生产经营期不满1年的，应将其在实际生产经营期间内取得的所得换算为全年所得，以正确确定适用税率；而对实行承包、承租经营的纳税人，虽然原则上要求其应以每一纳税年度取得的承包、承租经营所得计算纳税，但是，对于在一个纳税年度内承包、承租经营不足12个月的，应以其实际承包、承租经营的月份数作为一个纳税年度计算纳税。计算公式为

应纳税所得额＝该年度承包、承租经营收入额－（3 500×该年度实际承包、承租经营月份数）。

纳税额＝应纳税所得额×适用税率－速算扣除数。

纳税人对企、事业单位的承包、承租经营方式是否变更营业执照将直接决定纳税人税负的轻重。若使用原单位的营业执照，要多征一道企业所得税；如果变更为个体营业执照，则只征一道个人所得税。

【案例6-2】 某街道集体企业由于对市场需求把握不准，造成产品大量积压，资金难以回笼，企业处于倒闭的边缘。为了避免企业破产，该企业主管部门经研究，决定将企业对外租赁经营。通过竞标，某公司退职的企业管理人员张先生出资经营该企业。该企业主管部门将全部资产租赁给张先生经营，张先生每年上缴租赁费6万元。租期为两年，从2012年3月1日至2014年3月1日。本年3～12月应计提折旧5 000元。租赁后，该企业主管部门不再为该企业提供管理方面的服务，该企业的经营成果全部归张先生个人所有。

分析：张先生将原企业的工商登记改变为个体工商户。这样，其经营所得就按个体工商户的生产经营所得计算缴纳个人所得税。

按照国税发[1997]43号文件的规定，个体工商户在生产经营过程中以经营租赁方式租入固定资产的租赁费，可以据实扣除。如果张先生2012年实现会计利润68 200元（已扣除应上缴的2012年3～12月的租赁费50 000元，未扣除折旧），张先生本人未拿工资，该省规定的业主费用扣除标准执行工资薪金生计费扣除标准。则

本年度应纳税所得额＝68 200－3 500×10＝33 200（元）。

换算成全年的所得额＝33 200÷10×12＝39 840（元）。

按全年所得计算的应纳税额＝39 840×20%－3 750＝4 218（元）。

实际应纳税额＝4 218÷12×10＝3 515（元）。

张先生实际取得的税后利润＝68 200－3 515＝64 685（元）。

在这里，张先生支付的60 000元租赁费允许在本年度扣除50 000元（60 000÷12×10），但不得提取折旧。

如果张先生仍使用原企业的营业执照，则按规定在缴纳企业所得税后，还要就其税后所得再按承包、承租经营所得缴纳个人所得税。

在这种情况下，原企业的固定资产仍属该企业所有，按规定可以提取折旧，但上缴的租赁费不得在企业所得税前扣除，也不得把租赁费当做管理费用进行扣除。

需要说明的是，对承包、承租经营方式下企业上缴的承包费能否在税前扣除的问

题，各地做法不一，有的省市规定可以按照权责发生制据实扣除，有的省市则不允许扣除。为比较税负，这里采用不重复扣除的办法。

若本年折旧额为 5 000 元，不考虑其他纳税调整因素，则

该企业 2012 年实现的会计利润 = 68 200 − 5 000 = 63 200（元）。

应纳税所得额 = 63 200 + 50 000（承包费）= 113 200（元）。

应纳企业所得税 = 113 200 × 20% = 22 640（元）。

张先生实际取得承包、承租收入 = 63 200 − 22 640 = 40 560（元）。

应纳个人所得税=（40 560 − 3 500×10）×5% − 0=278（元）（不必换算为 1 年）。

张先生实际取得的税后利润=40 560 − 278=40 282（元）。

通过比较，第一种方案比第二种方案多获利 24 403 元（64 685 − 40 282）。

需要指出的是，在实际操作中，税务部门判断承包、承租人对企业经营成果是否拥有所有权时，一般是按照对经营成果的分配方式进行的。如果是定额上缴，成果归己，则属于承包、承租所得；如果对经营成果按比例分配，或者承包、承租人按定额取得成果，其余成果上缴，则属于工资、薪金所得。因此，纳税人可以先根据预期的经营成果测算个人所得税税负，然后再确定具体的承包、分配方式，以达到减轻税负的目的。

6.2 不同收入项目计税依据和税率的税收筹划

不同收入项目计税依据和税率的税收筹划的思路如下。

（1）制订合理的避税计划。通过对现行税法的研究，对个人在近期内收入情况的预计作出收入安排，通过收入的时间和数量，及支付方式变化，达到降低名义收入额的目的，进而降低税率档次，以降低税负或免除税负。

（2）采取合理的避税策略。个人所得税的合理税收筹划可以从以下几个方面考虑：①提高职工福利水平，降低名义收入；②均衡各月工资收入水平；③充分利用可以扣除费用的机会；④利用税收优惠政策。

6.2.1 工资、薪金所得的税收筹划

由于我国对于工资薪金所得采取的是 7 级超额累进税率，使得收入越高，适用的税率越高，税收负担也越重。不过，通过采取一定的合法手段进行筹划，可以避免此类不公平的发生。具体方法有很多，主要有以下 5 种。

1. 工资、薪金所得与劳务报酬所得转换

工资、薪金所得是指个人在机关、团体、部队、企事业单位及其他组织中任职或者受雇而取得的各项报酬，是个人从事非独立性劳务活动取得的收入；而劳务报酬是指个人独立地从事各种技艺、提供各项劳务所取得的报酬。两者的主要区别就是，前者提供所得的单位与个人之间存在着稳定的雇佣与被雇佣关系，而后者不存在这种关系。

【案例 6-3】 王先生 2015 年 4 月从单位获得工资类收入 1 800 元，由于单位工

资太低，王先生同月在甲企业找了一份兼职工作，收入为每月 2 000 元。

分析：如果王先生与甲企业没有固定的雇佣关系，则按照税法规定，工资、薪金所得与劳务报酬所得分开计算征收。这时，工资薪金所得没有超过基本扣除限额 3 500 元不用纳税，而劳务报酬所得应纳税额 =（2 000 − 800）× 20% = 240（元），因而王先生 4 月份应纳税额为 240 元。如果王先生与甲企业有固定的雇佣关系，则由甲企业支付的 2 000 元应作为工资、薪金收入和单位支付的工资合并缴纳个人所得税，应纳税额 =（2 000 + 1 800 − 3 500）×3% − 0 = 9（元）。在该案例中，如果王先生与甲企业建立固定的雇佣关系，则每月可以节税 231 元（240 − 9），一年则可节税 2 772 元。

反之，在有些情况下，将工资、薪金所得转化为劳务报酬所得更有利于节省税收。例如，李先生系一高级技师，2015 年 4 月获得某公司的工资类收入 62 500 元。如果李先生和该公司存在稳定的雇佣与被雇佣关系，则应按工资、薪金所得缴税，其应纳税所得额 = 62 500 − 3 500 = 59 000（元），其应纳税额 = 59 000×30% − 2 755 = 14 945（元）。如果李先生和该公司不存在稳定的雇佣与被雇佣关系，则该项所得应按劳务报酬所得缴税，其应纳税额 = 62 500 × (1 − 20%) × 30% − 2 000 = 13 000（元）。显然，如果李先生与该公司不存在稳定的雇佣关系，或采取某些可能的措施，使得与该公司没有稳定的雇佣关系，则他可以节省税收 1 945 元（14 945 − 13 000）。

在一般的情况下，将工资、薪金所得和劳务报酬所得分开有利于节省税款。例如，朱小姐 2015 年 4 月从公司获得工资、薪金收入共 40 000 元。另外，该月朱小姐还获得某设计院的劳务报酬收入 40 000 元。根据个人所得税税法的规定，不同类型的所得分类计算应纳税额，因此计算如下：工资、薪金收入应纳税额 =（40 000 − 3 500）×10% − 105=3 445（元），劳务报酬所得应纳税额 = 40 000 ×（1 − 20%）× 30% − 2 000 = 7 600（元）。所以，该月朱小姐共应纳税 10 045 元（3 445+7 600）。如果朱小姐不对这两项所得分开缴税，而是合并纳入工资、薪金所得纳税，则她 4 月份应缴纳个人所得税税额 =（40 000+40 000 − 3 500）× 35% − 5 505 = 21 270（元）。因而，分开缴纳可以节省税收 11 225 元（21 270 − 10 045）。

2. 均衡收入法

工资、薪金所得采用超额累进税率，如果纳税人的应税所得越多，其适用的最高边际税率就越高，从而纳税人收入的平均税率和实际有效税率都可能提高。所以，在纳税人一定时期内收入总额既定的情况下，其分摊到各个纳税期内的收入应尽量均衡，不能大起大落，以避免增加纳税人的税收负担。这种筹划还可以从以下两个方面进行。

（1）工资的分摊筹划。有些单位的工资发放是根据其经营情况进行的，因此在经营业绩变化较大的企业里，职工的工资会不均衡。这时，如果单位能考虑将工资发放相对平均化，则职工的税负会降低。

（2）利用政策的筹划。为了照顾某些受季节或产量等方面因素影响的特定行业，如采掘业、远洋运输业、远洋捕捞业以及财政部规定的其他行业，对于其职工工资收入波动幅度较大的情况，给予特殊的政策。对于这些特定行业的职工取得的工资、薪金所得可以实行按年计算、分月预缴的方式征收。属于该行业的职工就可以利用这项政策使收入平均化，相应减少应缴税额。但实际上很多工资起伏较大的行业都可以借鉴该项政策的做法，即将每月收入平均分摊，以少缴税款，获得一定的经济利益。

【案例 6-4】　李某是在一家旅游公司工作的职员，业务淡旺季分明，工资在一年中波动不稳，2014 年 7 月工资及奖金 8 000 元、8 月 8 000 元、9 月 2 000 元、10 月 2 000 元。

分析：如果不进行筹划，公司扣缴李某的个人所得税为

7 月应纳个人所得税=（8 000－3 500）×10%－105=345（元）。

8 月应纳个人所得税=（8 000－3 500）×10%－105=345（元）。

9 月应纳个人所得税＝0（元）。

10 月应纳个人所得税＝0（元）。

李某合计纳税＝345＋345＝690（元）。

如果将李某这几个月的工资改为每月发放 5 000 元，即总收入不变，只是将工资在 4 个月内平均发放，那么单位在 7～10 月应扣缴李某个人所得税为

7～10 月应扣缴李某个人所得税＝[（5 000－3 500）×3%－0] ×4＝180（元）。

可见筹划后，李某可少负担个人所得税 510 元。

3. 利用职工福利筹划

在各档税率不变的条件下，职工可以通过减少自己收入的方式使得自己适用较低的税率，同时计税的基数也变小了。可行的做法是，职工可以和单位达成协议，改变自己工资薪金的支付方法，即由单位提供一些必要的福利，如由企业提供住所，这是个人所得税合理避税的有效方法。此外，企业还可以提供假期旅游津贴、员工福利设施、免费午餐等，以抵减职工的工资薪金收入。对于纳税人来说，这只是改变了自己收入的形式，自己能够享受到的收入效用并没有减少，同时由于这种以福利抵减收入的方式相应地减少了其承担的税收负担，这样一来，纳税人就能享受到比原来更多的收入效用。工资、薪金个人所得税是累进的，当累进到一定程度，新增薪金带给纳税人的可支配现金将会逐渐减少，所以，把纳税人现金性工资转为提供福利（如企业提供住所、假期旅游、福利设施、教育福利等），照样可以增加其消费满足，却可以少缴纳个人所得税。

4. 企业为雇员购买住房、汽车等实物的筹划

（1）按个人所得税税法的有关规定，单位为职工购买的住房、汽车，一次纳税有困难的，可以在规定年限内（最多 5 年）平均并入工资薪金征税。

（2）如果单位拥有住房、汽车的所有权，而实物归个人无偿使用，那么就无须纳税了。

（3）在住房、汽车达到一定的使用期限后，单位定期收回，然后通过更换新房、新车或采用其他变通的方式，来实现少纳税。

5. 年终一次性奖金的筹划

根据《国家税务总局关于调整个人取得的全年一次性奖金等计算征收个人所得税方法问题的通知》（国税发［2005］9 号）的规定，纳税人取得全年一次性奖金，如果雇员当月工资、薪金所得高于（或等于）税法规定的费用扣除额的，先将雇员当月内取得的全年一次性奖金除以 12，按其商数确定适用税率和速算扣除数。如果在发放年

终一次性奖金的当月，雇员工资、薪金所得低于税法规定的费用扣除额，应将全年一次性奖金减除雇员当月工资薪金所得与费用扣除额的差额后的余额除以 12，确定全年一次性奖金的适用税率和速算扣除数。需要强调的是，认为全年一次性奖金除以 12 后的余额低于法定费用扣除额就不应该纳税的理解是错误的。因为纳税人的费用扣除额在月工资中已扣除，用全年奖金除以 12，主要是为确定适用税率和速算扣除数，不能作为判断是否纳税的依据。

根据国税发［2005］9 号文件的规定，按照全年一次性奖金的最新计税办法，纳税人只要是在 2005 年 1 月 1 日以后取得的全年一次性奖金，无论其属于哪一个年度的奖金收入，都可以按照该办法计算纳税。实际上，这一办法是提醒有关单位，两个年度的全年一次性奖金最好是分别在两个年度发放，而不要在同一年发放，否则会因为其中一笔全年一次性奖金无法享受到有关优惠政策，而让雇员凭空损失一笔支出。所以，雇员 2005 年度和 2006 年度的全年一次性奖金，单位最好分别在 2006 年年初和 2007 年年初发放，而不要采取 2006 年年初发放 2005 年度全年一次性奖金，2006 年年底发放 2006 年度全年一次性奖金的“不智策略”。此外，在实际操作中，单位财务人员最好不要把年终奖金分解，采取分几个月或者按季发放的举措，一定要一次性发放给员工。

【案例 6-5】 王某 2014 年每月取得工资、薪金 4 000 元，全年奖金 12 000 元，分两次发放，即 6 月和 12 月各发放半年奖金 6 000 元。

分析：按照规定，王某 1～5 月，7～11 月每月工资、薪金所得应纳个人所得税 =（4 000 − 3 500）× 3% = 15（元）。

6 月、12 月每月工资、薪金所得应纳个人所得税 =（6 000 + 4 000 − 3 500）× 20% − 555 = 745（元）。

2014 年全年工资、薪金所得应纳个人所得税 = 15 × 10 + 745 × 2 = 1 640（元）。

如果把全年奖金放在年终一次性发放，则王某 1～12 月每月工资、薪金所得应纳个人所得税 =（4 000 − 3 500）× 3% = 15（元）。

年终一次性奖金适用的税率为 3%，速算扣除数为 0，按 12 000 除以 12，即 1 000 适用的税率和速算扣除数求得，年终一次性奖金应纳个人所得税 = 12 000 × 3% = 360（元）。

2014 年全年工资、薪金所得应纳个人所得税 = 15 × 12 + 360 = 540（元）。

通过上述计算可以知道，第二种方法使王某少缴纳税款 1 100 元（1 640 − 540）。

6.2.2 劳务报酬所得的税收筹划

与工资、薪金所得不同，劳务报酬所得征税是以次数为标准的，所以次数的确定对于交纳多少所得税款至关重要，这也是对于劳务报酬所得税进行筹划时首先考虑的一个因素。所以，纳税人在提供劳务时，合理安排纳税时间内取得劳务报酬的次数，可以多次扣除法定的费用，减少应纳税所得额，避免适用较高的税率，使自己的净收益增加。特别是一次性收入畸高的实行加成征收，实际相当于适用三级超额累进税率。

劳务报酬所得税收筹划的一般思路是通过增加费用开支尽量减少应纳税所得额，或者通过延迟收入、平分收入等方法，将每一次的劳务报酬所得安排在较低税率的范围内。

1. 分项计算筹划法

劳务报酬所得以每次收入额减除一定的费用后的余额为应纳税所得额。《中华人民共和国个人所得税法实施条例》中总共列举了28种形式的劳务报酬所得，对于这些所得属于一次性收入的以取得该项收入为一次；属于同一项目连续性收入的，以一个月内取得的收入为一次。这里的同一项目是指劳务报酬所得列举具体劳务项目中某一单项。个人兼有不同的劳务报酬所得，应当分别减除费用，计算缴纳个人所得税。个人在缴纳所得税时应明白并充分利用这一点。

【案例6-6】 某纳税人某月给几家公司提供劳务，同时取得多项收入：给某设计院设计了一套工程图纸，获得设计费20 000元；给某外资企业当了10天兼职翻译，获得15 000元的翻译报酬；给某民营企业提供技术帮助，获得该公司的30 000元报酬。

分析：如果该纳税人不懂税法，将各项所得加总缴纳个人所得税款，则

应纳税所得额 = (20 000 + 15 000 + 30 000) × (1 − 20%) = 52 000（元）。

应纳税额 = 52 000 × 40% − 7 000 = 13 800（元）。

如果分项计算，可节省大量税款，计算如下。

设计费应纳税额 = 20 000 × (1 − 20%) × 20% = 3 200（元）。

翻译费应纳税额 = 15 000 × (1 − 20%) × 20% = 2 400（元）。

技术服务费应纳税额 = 30 000 × (1 − 20%) × 30% − 2 000 = 5 200（元）。

总共应纳税额 = 3 200 + 2 400 + 5 200 = 10 800（元）。

由上可知，分项计算即可少缴3 000元税款。

2. 支付次数筹划法

《中华人民共和国个人所得税法》规定，对于同一项目连续性收入的，以每一月的收入为一次。但在现实生活中，由于种种原因，某些行业收入的获得具有一定的阶段性，即在某个时期收入可能较多，而在另一些时期收入可能会很少甚至没有收入。这样，就有可能在收入较多时适用较高的税率，而在收入较少时适用较低税率，甚至可能连基本的抵扣费也不够，造成总体税收较高。

这时，纳税人只要进行一些很简单的筹划活动，就可能会获取较高的回报。即纳税人和支付劳务报酬的业主商议，把本应该3个月支付的劳务费在1年内支付，使该劳务报酬的支付每月比较平均，从而使得该项所得适用较低的税率。同时，这种支付方式也使得业主不用一次性支付较高费用，减轻了其经济负担。

【案例6-7】 张某为某企业职工，业余自学通过考试获得了注册会计师资格，和某会计师事务所商定每年年终到该事务所兼职3个月（由于会计业务的特殊性，到年底会计业务特别多，平时则很少），这3个月每月获得30 000元的劳务报酬。

分析：如果张某和该事务所按实际情况签约，则应纳税额的计算如下。

月应纳税额 = 30 000 × (1 − 20%) × 30% − 2 000 = 5 200（元）。

总共应纳税额 = 5 200 × 3 = 15 600（元）。

如果张某和该会计师事务所商定，年终的劳务费在以后的一年中分月支付，具体形式不限，每月大约支付7 500元，则月应纳税额 = 7 500 × (1 − 20%) × 20% = 1 200（元），总共应纳税额 = 1 200 × 12 = 14 400（元），少缴税款1 200元。

3. 费用转移筹划法

为他人提供劳务以取得报酬的个人，可以考虑由对方提供一定的福利，将本应由自己承担的费用改由对方提供，以达到规避个人所得税的目的。下列方式可以考虑，即由对方提供餐饮服务、报销交通开销、提供住宿、提供办公用具、安排实验设备等。这样，就等于扩大了费用开支，相应地降低了自己的劳务报酬总额，从而使得该项劳务报酬所得适用较低的税率，或扣除超过20%的费用（一次劳务报酬少于4 000元时）。这些日常开支是不可避免的，如果由个人负担就不能在应纳税所得额中扣除，而由对方提供则能够扣除，虽减少了名义报酬额，但实际收益却有所增加。

6.2.3 稿酬所得的税收筹划

我国个人所得税法规定，个人以图书、报刊方式出版，发表同一作品（文字作品、书画作品、摄影作品以及其他作品），不论出版单位是预付还是分笔支付稿酬，或者加印该作品再付稿酬，均应合并其稿酬所得按一次计征个人所得税。若作品是数人合作完成的，那么对于个人所得税的计征，根据每个人得到的稿酬分别扣除费用计征，经过筹划可以获得更多的利益。纳税人应尽可能避免一次性取得大额收入，在合法的前提下，将所得均衡分摊或分解，增加扣除次数，降低应纳税所得额。

1. 系列丛书筹划方法

对于不同作品的稿酬是分开计税的，这就给纳税人的筹划创造了条件。如果一本书可以分成几个部分，以系列丛书的形式出现，则该作品将被认定为几个单独的作品，单独计算稿酬的税额，这在某些情况下可以节省纳税人不少税款。

使用该种方法应该注意以下几点。首先，该著作可以被分解成一套系列著作，而且该种发行方式不会对发行量有太大的影响，当然最好能够促进发行。如果该种分解导致著作的销量或者学术价值大受影响，则这种方式将得不偿失。其次，该种发行方式要想充分发挥作用，最好与后面的著作组筹划法结合。最后，该种发行方式应保证每本书的人均稿酬小于4 000元，因为这种筹划法利用的是抵扣费用的临界点，即在稿酬所得小于4 000元时，实际抵扣标准大于20%。

【案例6-8】 某税务专家经过一段时间的辛苦工作，准备出版一本关于税收筹划的著作，预计稿酬所得30 000元。试问，该税务专家如何筹划？

分析：（1）如果该纳税人以一本书的形式出版该著作，则

应纳税额 = 30 000 ×（1 − 20%）× 20% ×（1 − 30%）= 3 360（元）。

（2）如果在可能的情况下，该纳税人以10本出版一套系列丛书，则他的纳税情况如下。

每本稿酬 = 30 000 ÷ 10 = 3 000（元）。

每本应纳税额 =（3 000 − 800）× 20% ×（1 − 30%）= 308（元）。

总共应纳税额 = 308 × 10 = 3 080（元）。

由此可见，在这种情况下，该税务专家采用系列丛书法可以节省税款280元，他可以考虑选择该种筹划法。

2. 著作组筹划方法

如果一项稿酬所得预计数额较大，还可以考虑使用著作组筹划法，即改一本书由

一个人写为由多个人合作创作。与上一种方法一样，该种筹划方法利用的是低于4 000元稿酬的800元费用抵扣，该项抵扣的效果是大于20%抵扣标准。

该种筹划方法，除了可以使纳税人少缴税款外，还具有以下好处。首先，这种著作方法可以加快创作的速度，使得一些社会急需的书籍早日面市，使得各种新观点以最快的方式出现，从而促进知识的进步。其次，集思广益，一本书在几个水平相当的作者的共同努力下，其水平一般会比一个人单独创作更高，但这要求各创作人具有一定的水平，而且各人都应尽自己最大努力写作其擅长的部分。最后，对于著作人来说，其著作成果更容易积累。

但使用这种筹划方法应当注意，由于成立著作组，个人的收入可能会比单独创作时少，虽然少缴了税款，但对于个人来说最终收益减少了。因此，该种筹划方法一般用在著作任务较多，如有一套书要出版，或者成立长期合作的著作组。而且由于长期的合作，节省税款的数额也会积少成多。例如，某财政专家准备写一本财政学教材，出版社初步同意该书出版之后支付稿费24 000元。如果该财政专家单独著作，则可能的纳税情况是

应纳税额 = 24 000 ×（1 − 20%）× 20% ×（1 − 30%）= 2 688（元）。

如果财政专家采取著作组筹划法，并假定该著作组共10人，则可能的纳税情况是

应纳税额 =（2 400 − 800）× 20% ×（1 − 30%）× 10 = 2 240（元）。

3. 再版筹划方法

再版筹划方法就是在作品市场看好时，与出版社商量采取分批印刷的办法，以减少每次收入量，节省税款。《中华人民共和国个人所得税法》规定，个人在两处或两处以上出版、发表或再版同一作品而取得的稿酬，以各处取得的所得或再版所得按分次征税。因此，在某些情况下也可以考虑再版这种筹划方法。

由于出版社对一本书进行再版比较麻烦，因此这种筹划方法具有一定的局限性，而且一般也只是作为辅助的筹划的方法来使用，如在运用前两种方法进行筹划仍不能奏效时使用。其次，这种筹划方法只在出版社对该出版物市场看好时，即预期销路较好时运用。因为如果该出版物的销路不好，第一次出版后出版社便不愿意再次出版，其筹划便失去了意义。

4. 费用转移筹划方法

根据《税法》规定，个人取得的稿酬所得只能在一定限额内扣除费用。众所周知，应纳税款的计算是用应纳税所得额乘以税率而得，税率是固定不变的，应纳税所得额越大，应纳税额就越大。如果能在现有扣除标准下，再多扣除一定的费用，或想办法将应纳税所得额减少，就可以减少应纳税额。

一般的做法就是和出版社商量，让其提供尽可能多的设备或服务，这样就将费用转移给了出版社，自己基本上不负担费用，使得自己的稿酬所得相当于享受到两次费用抵扣，从而减少应纳税额。可以考虑由出版社负担的费用有以下几种：资料费、稿纸、绘画工具、作图工具、书写工具、其他材料费、交通费、住宿费、实验费、用餐费、实践费等，有些行业甚至可以要求提供办公室以及计算机等办公设备。

现在普遍对收入明晰化的呼声较大，而且由出版社提供条件容易造成不必要的浪

费，出版社可以考虑采用限额报销制，问题就容易解决了。

【案例 6-9】 某经济学家欲创作一本关于中国经济发展状况与趋势的专业书籍，需要到广东某地区进行实地考察研究，由于该经济学家学术水平很高，预计这本书的销路看好。出版社与该经济学家达成协议全部稿费为 200 000 元，预计到广东考察费用支出为 50 000 元。

分析：如果该经济学家自己负担费用，则

应纳税额 = 200 000 ×（1 − 20%）× 20% ×（1 − 30%）= 22 400（元）。

实际收入 = 200 000 − 22 400 − 50 000 = 127 600（元）。

如果改由出版社支出费用，限额为 50 000 元，则实际支付给该经济学家的稿费为 150 000 万元。

应纳税额 = 150 000 ×（1 − 20%）× 20% ×（1 − 30%）= 16 800（元）。

实际收入 = 150 000 − 16 800 = 133 200（元）。

133 200 − 127 600 = 5 600（元）。

因此，第二种方法可以节约税款 5 600 元。

6.2.4 利息、股息和红利所得的税收筹划

1. 专项基金筹划方法

科教兴国是我国现阶段的重要任务，国家为了发展教育事业，加大了对教育的投入，同时在制定各项政策时，也给予了教育事业一定的优惠。因此，国务院《对储蓄存款利息所得征收个人所得税实施办法》第 5 条规定，对个人取得的教育储蓄存款利息所得以及国务院财政部门确定的其他专项储蓄存款或者储蓄性专项基金存款的利息所得，免征个人所得税。这也就为个人进行税收筹划创造了有利的条件。

为保证和支持社会保障制度和住房制度改革的顺利实施，按照国家或各级地方政府规定的比例交付的下列专项基金或资金存入银行个人账户所取得的利息收入免征个人所得税：①住房公积金；②医疗保险金；③基本养老保险金；④失业保险基金。

现在利用这些政策进行税收筹划，一般的做法就是将个人的存款以教育基金或其他免税基金的形式存入金融机构，以减轻自己的税收负担。纳税人可以利用税法的优惠，认真做好筹划，合理安排子女的教育资金、家庭的住房公积金、医疗保险金等支出，这样不仅自己少缴税款，而且也能保障子女将来的教育开销和家庭的正常生活秩序。

因为这些基金的存放一般都规定了一个最高数额限制，如教育储蓄每个账户的最高限额为 2 万元，对于拥有大量资金的储户来说不适用；再加上我国的储蓄存款实行实名制度，这些都使得运用该种方法进行税收筹划具有一定的局限性。

2. 所得再投资筹划方法

对于个人因持有某公司的股票、债券而取得的股息、红利所得，税法规定予以征收个人所得税。但为了鼓励企业和个人进行投资和再投资，各国都不对企业留存未分配利润征收所得税。如果个人对企业的前景看好，就可以将本该领取的股息、红利所得留在企业，作为对公司的再投资，而企业则可以将这部分所得以股票或债券的形式记在个人名下。这种做法既可以避免缴纳个人所得税，又可以更好地促进企业的发展，

使得自己的股票价值更加可观。但这种方法要求个人对企业的前景比较乐观，如果个人感觉其他公司的发展前景更为乐观，即使缴纳个人所得税后再去购买该公司股票收益仍然更大，则另当别论。

3. 投资方式筹划方法

个人进行投资决策时，最重要的因素就是投资的净收益。如果一项收益的表面值很高，但要缴纳的税款同样也很高，则净收益不一定能够吸引人；相反，虽然某些投资的表面收益率不是很高，但是其净收益却较高，则这项投资也会吸引众多投资者。对于我国投资者来说，有如下几种投资方法可供考虑。

（1）储蓄。储蓄的优点是安全、可靠，缺点是利率较低，同时还要考虑“利息、股息、红利所得”按20%计征个人所得税的问题。

（2）教育基金储蓄。教育基金储蓄可以享受到免征个人所得税的优惠，而且对于个人储户来说，该项存款的利率也较高。当然，这种筹划还有最高限额限制。

（3）国债投资。除教育储蓄投资外，购买国债是一种值得考虑的投资方向。国债和教育储蓄一样，也是免征个人所得税的项目，而且相对于教育储蓄来说，其票面利率更高一点。不过值得注意的是，国债是一次性投入，教育储蓄是分次投入。

（4）水平较高的投资者可以考虑投资股票，如果能保证资产安全，那么在投资回报率比以上项目收益率高时就可以实行。

（5）具有一定条件的投资者可以考虑投资外汇。对于外汇的投资有炒外汇和外汇储蓄两种方式，这种投资的投资回报率一般比国债利率高。仅就利率来说，投资外汇是比较合算的，但这种投资具有一定的身份限制，一般的投资者很难进入。

（6）保险。保险投资也是投资决策中应该考虑的，但保险公司约定给付实际利率相对较低，不过保险投资的目的不在于投资，而是在于投保，因而在某些情况下也是一种不错的选择。

6.2.5 个体工商户生产经营所得的税收筹划

个体工商户（含合伙企业以及个人独资企业），其个人所得税的应纳税所得额为收入总额减去发生的成本、费用等扣除项目金额后的余额确定。因此，合理扩大成本费用开支，降低应纳税所得额是个体工商户生产经营所得税收筹划的主要方法。

1. 分散所得的方法

纳税人可以通过延期获得收入进行筹划。一般的经济主体都希望尽早获得收益，但是对于按照五级累进税率缴纳个人所得税的个体经营者来说，在某些场合下却希望延期获得收入，以减轻当期收益，使得其经营所得适用较低的税率，以实现少缴税款的目的。

这种筹划方法在纳税人的生产经营所得超过最高税率档次时常被用到，尤其是当纳税人的每年应纳税所得额不一定时，或者说每年的收入情况急剧变化时。在这种情况下，纳税人某一年的收入可能很少，相应地其应纳税额也就会很少；但是另一年的收入却可能很多，以致要适用最高税率。如果纳税人能通过一定的手段将每年的收入额平均，则其应纳税额将会发生很大的变化。

一般延期获得收入的方法有如下几种。

（1）和客户达成协议，让客户暂缓支付货款或劳务费用。

（2）改一次性付款为分期付款。

（3）通过转让定价，让某些关联客户获益，在自己经营惨淡时让该关联客户通过转让定价将利润转让过来等。

在累进税制下，所得分散筹划法显得十分重要，因为在这种情况下，所得税款的缴纳随着所得的集中而增长，档次爬升现象会使得其税负急剧增加。因此，对于个体经营者来说，将其所得分散具有很强的现实意义。如何合理、合法地使所得分散，是该筹划的核心所在。

一般来说，所得分散主要有以下几种类型。一是给雇员支付工资。由于个人的工资、薪金所得也要缴纳个人所得税，因此这种税收筹划需要经过缜密的计划，尽可能将所得分散而又不需要缴纳个人所得税。例如，为职工购买国债、将国债支付给职工；再如发放实物、提供福利等。二是通过其分设机构进行转让定价，将所得转移到低税地，以减轻税负。三是通过信托的方法将集中的所得分散到信托公司的名下。四是通过联营，将免税企业或减税企业作为联合的合作伙伴，从而分散所得。

2. 合理扩大成本费用的方法

个体工商业户利用扩大费用列支节税的方法主要有以下几个。

（1）尽可能地把一些收入转换成费用开支。因为个人收入主要用于家庭的日常开支，而家庭的很多日常开支项目同时又是经营支出项目，如水电费、电话费等，所以应尽量分开经营用的费用，在税前列支。

（2）如果使用自己的房产进行经营，可以采用收取租金的方法扩大经营费用支出。虽然收取租金会增加个人的应纳税所得额，但租金作为一项经营费用可以冲减个人的应纳税经营所得额，减少个人经营所得的纳税额；同时自己的房产维修保养费用也可列入经营费用支出，这样既扩大了经营费用支出，又保证了自己房产的完整，甚至还可以增值。一般来讲，年租金所带来的个人所得边际税率的变化应不以超过生产经营所得的边际税率为准。

（3）通过给家庭人员支付工资的办法，扩大工资等费用支出。如果你的家人在合伙企业工作，你应该向其支付合理的工资报酬，这既是对其劳动的承认，又增加了税前列支费用。按税法规定，企业工作人员的工资及规定的津贴可以计入产品成本，这样，个人有所得，企业少缴税，就可以做到“肥水不流外人田”。

6.2.6 对企、事业单位承包、承租经营所得的税收筹划

纳税人因承包、租赁经营企业而获得相应的承包、租赁经营所得，可能出现有的月份总收入过高，有的月份总收入过低等现象。这种收入额在不同的纳税期限内出现较大的波动现象，在按月计算缴纳个人所得税的情况下，意味着个人既要在高收入的月份被课以较高税率的个人所得税，缴纳较多的税款，同时在较低收入的月份里又不能享受税法为个人所提供的种种优惠，如法定的费用扣除、较低的税率征收等。因此，很多人为减轻自己的税收负担，便通过推迟或提前获得收入，或通过改变收入支付方式，如将一次付给改为多次付给、多次付给变为集中付给等，使自己的收入尽可能在

各个纳税期限内保持均衡，避免在某些月份被课以较高税率的重税，达到节税效果。

例如，某承包经营商（或租赁经营商）按承包合同（租赁合同），每年可以根据所承包、承租单位的状况取得一定的承包经营所得（承租经营所得）。但由于受经济周期及其他因素的制约与影响，这个单位的生产经营状况和这个承包商（承租商）的经营所得往往表现出一定的波动，有的年份经营状况很好，承包商（承租商）的经营所得相应提高，有的年份则比较糟糕，甚至发生亏损。这样，为避免在经营好、收入高的年份纳税过多，其他年份也不能充分享受税收优惠的局面，这位承包（承租）经营商便通过合同以及其他方式，将自己的承包（承租）经营所得均匀地转移到各个年份，从而使自己的应纳税所得额都降到较低税率的纳税级距内，以减轻纳税负担。

6.2.7　财产租赁所得和财产转让所得的税收筹划

对于个人独资企业来说，企业的财产即是投资人的财产，虽然个人独资企业投资人对企业的债务要承担无限责任，但是，投资人的财产和企业财产仍是有区别的：一是《个人独资企业法》明确规定，投资人申办个人独资企业，要申报出资，这一出资的财产与投资人的其他财产不同；二是企业应有一定稳定独立的资金，这是企业生产经营的需要；三是将二者的财产加以区别，有利于计算企业的生产经营成果。

由于个人独资企业法对企业资金的增减不作特别要求，因此给纳税人通过增资或减资以影响纳税提供了税收筹划的空间。

【案例6-10】　孙某经营一个人独资企业，现打算转向其他领域生产。原来投入该企业使用的房屋剩余了5间，孙某打算将这5间房屋出租，有以下两种方案。

方案1：作为企业财产出租。

方案2：企业减资，房屋产权回到孙某个人名下，以孙某个人为出租人。

假如孙某个人企业2014年度生产经营所得80 000元，5间房屋出租取得净收益20 000元，请分析两个方案的税负差异并作出选择。

分析：（1）如果采用方案1，出租财产作为企业财产，以企业名义出租，则租赁收益并入生产经营所得，即

应纳个人所得税 =（80 000 + 20 000　3500 × 12）× 20% - 3 750 = 7 850（元）.

（2）如果采用方案2，出租财产作为投资个人的其他财产，以个人名义出租，则租赁收益按财产租赁所得单独纳税，即

生产经营所得应纳税额 =（80 000 - 3 500 × 12）× 20% - 3 750 = 3 850（元）.

出租财产的应纳税额 = 20 000 ×（1-20）× 20% = 3 200（元）.

合计应纳税额 = 3 850 + 3 200 = 7 050（元）.

可以看到，方案2比方案1节税800元

【案例6-11】　某个人独资企业2014年度实现内部生产经营所得100 000元，另外，取得财产转让收益41 700元（不动产原值30万元，已提折旧20万元，转让价15万元，转让过程中发生的税费为8 300元），有以下两种方案。

方案1：该财产作为企业财产。

方案2：该财产作为投资者个人的其他财产。

请比较两种方案下税负的差异并作出选择。

分析：（1）如果采用方案 1，该财产作为企业财产，转让收益并入生产、经营所得统一纳税，则：

应纳税额 = 141 700 × 35% − 14 750 = 34 845（元）。

（2）如果采用方案 2，该财产作为投资者个人的其他财产，转让收益按财产转让所得单独纳税，则

财产转让所得应纳税额 = 41 700 × 20% = 8 340（元）。

生产、经营所得应纳税额 = 100 000 × 35% − 14 750 = 20 250（元）。

投资者合计应纳税 = 20 250 + 8 340 = 28 590（元）。

很显然，方案 2 比方案 1 节税 6 255 元，即采用方案 2，作为投资者的其他财产获益是最大的。

6.2.8 特许权使用费所得的税收筹划

对于特许权使用费所得，转让方可以考虑是直接将特许权出售，还是将特许权用来投资，比较哪一种方式更划算。

【案例 6-12】 某科研人员发明了一种新技术，该技术获得了国家专利，专利权属个人拥有。如果单纯将其转让，可获转让收入 80 万元；如果将该专利折合成股份投资于一家企业，该企业让其拥有相同价款的股权，每年可获股息收入 10 万元，该专利的预计使用寿命至少为 10 年，所投资企业前景看好。请问该科研人员应如何选择？

分析：有以下两种方案。

（1）方案 1：将专利单纯转让。根据相关“营改增”政策的过渡性规定，转让专利权免征增值税。转让专利使用权属特许权使用费收入，则应缴纳个人所得税 = 80×（1 − 20%）× 20% = 12.8（万元）。

缴纳个人所得税后的实际所得 = 80 − 12.8 = 67.2（万元）。

（2）方案 2：将专利折合成股份。首先，根据相关“营改增”政策的过渡性规定，以无形资产投资入股，参与接受投资方的利润分配，共同承担投资风险的行为，不征收增值税。则：

应纳个人所得税 = 10 × 10 ×（1 − 20%）× 20% = 16（万元）。

税后所得 = 100 − 16 = 84（万元）。

一般来说，对于特许权一次性转让收益比较稳妥，基本没有什么风险。若用于投资，收益要比单纯出售高，但风险也大。具体采取哪种方式需要综合考虑。

6.2.9 偶然所得的税收筹划

税法规定，对个人购买福利彩票、赈灾彩票、体育彩票一次中奖收入不超过 1 万元的，暂免征收个人所得税；对一次中奖收入超过 1 万元的，应按全额征税。“1 万元”就是临界点，这就为纳税筹划提供了空间。

【案例 6-13】 张先生于 2014 年 10 月因购买体育彩票而中奖，获得奖金 1.1 万元。请计算张先生应纳个人所得税的情况，并提出可能的税收筹划方法。

分析：张先生获得的奖金超过了临界点，应按全额纳税，即

应纳个人所得税 = 11 000 × 20% = 2 200（元）。

实际获得税后收入为 11 000 - 2 200 = 8 800（元）。

如果张先生获得的奖金不是 1.1 万元，而是 1 万元，那么张先生就无须纳税，此时比获得 1.1 万元奖金时反而多收益 1 200 元。

只有当奖金超过 1 万元且达到一定数额时，获奖者才不会感到吃亏。通过设立数学方程式可以求出这个数额。

设这个数额为 x，则有

$$(10\,000 + x) \times (1-20\%) \geqslant 10\,000.$$

解之得，$x \geqslant 2\,500$（元）。

所以，发行彩票的单位在设立奖项时，应当考虑税收政策的规定，要么低于 10 000 元，要么超过 12 500 元。

6.3 充分利用个人所得税税收优惠进行税收筹划

为了维持国家经济的持续稳定发展，税务部门应合理利用国家税收减免税规定和税收优惠政策，做好个人所得税的筹划工作，切实减轻纳税人的税收负担，以保障这类收入人群消费能力的不断提高，扩大其消费需求。

1. 了解税收优惠政策，大胆投资

自我国开征个人所得税以来，为适应经济形势的发展和需要，体现对纳税人的支持、鼓励和照顾，国家对纳税人因特定行为取得的所得和特定纳税人取得的所得给予了一系列税收优惠，具体包含免税、减税、税前扣除和税收抵免 4 个方面。其中，与广大工薪阶层纳税人密切相关的条款大致有：国债和国家发行的金融债券利息；按照国家统一规定发给的补贴、津贴；福利费、抚恤金、救济金；企业和个人按照国家或地方政府规定的比例提取并向指定的金融机构为个人缴付的住房公积金、基本医疗保险费、基本养老保险费、失业保险费；个人领取原来提存的上述款项及其利息免征收个人所得税；对个人取得的教育储蓄存款利息所得以及国务院、财政部门确定的其他专项储蓄存款或储蓄性专项基金存款的利息所得，免征个人所得税。

2. 合理理财，减轻工薪阶层的税收负担

个人所得税税收筹划应以均衡各期收入、降低名义收入、保持实得收入不变，进而降低适用税率档次为目标。其主要方法有以下两点。

（1）分拆所得，降低适用税率，提高优惠等级。在我国现行税制中，由于税率分级和优惠分级等都存在临界点，因此，每当临界点被突破，随着所适用的税率相应提高或税收优惠的相应减少，都会使应缴纳的税款增加。因此，分拆应税所得，使其尽量靠近税前扣除额或税率分级临界点，可以达到节税的目的。这类收入主要包括一次性获得的全年奖金或劳务报酬所得等。例如，年终奖金可用“全年一次性奖金”的计税方法纳税。计税时该奖金以除以 12 个月得到的商数来确定适用的税率和速算扣除数，以这种方法计算应纳税额与作为“一次性取得属于数月的奖金”相比适用的税率会更低，可直接减少应纳税款。对于政府行为的一次性补发工资，在计税时也可以将补发当月起到实际发放当月的所有工资性收入加上补发的工资数进行平均，计算出每月的工资，寻找适用的税率和速算扣除数，再以实际发放当月的工资总额作为应税收入额，计征个人所得税。这种计税所用的税率比按实际发放的当月工资总额为基数适用的税率要低，也能减少应纳税款。

（2）转化所得或转化所得类型。把现金性工资转化为提供福利，即通过提供各种补贴，降低名义收入，如提供免费工作午餐、住房福利、交通补贴等，这样既可以增加员工福利，又可以少缴个人所得税。此外，工资、薪金所得适用的是3%～45%的七级超额累进税率，劳务报酬所得适用的是 20%的比例税率，利用税率的差异进行税收筹划，合理选择用工关系，通过劳务报酬与工资、薪金的转化，也可以起到节税的效果。

3. 增加税收减免额

对于个人所得税来说，住房公积金、基本医疗保险费、基本养老保险金、失业保险费都是可以在收入中抵免的。特别是合理增加每个月的住房公积金，可以起到降低适用税率、节约税收支出的作用。住房公积金是由上一年度月平均工资或上一年度 12 月的基本工资乘以规定的提取比例得到的。由于根据上年度数据计算得到的公积金在本年度中按月扣减，不受本年度工资增长的影响，但工资增长部分少计的公积金允许在本年度末做一次性的补缴，那么当年末收入较多时，可以通过此项公积金补缴，增加年末该月的个人所得税税前可抵扣金额，实现降低税款。此外，按照公积金有关文件规定，职工个人与其所在单位，各按照职工月工资总额的同一比例，按月缴存住房公积金。职工个人每月缴存额等于职工每月工资总额乘以个人缴存率，单位每月缴存额等于该职工每月工资总额乘以单位缴存率，两笔资金全部存入个人账户，归职工个人所有。由于住房公积金缴存额可从工资总额中作税前扣除，免纳个人所得税，还可在不增加单位负担的情况下，提高公积金计提比例，减少个人所得税应纳税额，所以其实是提高了职工的实际收入水平。但应注意的是，单位和个人超过规定标准缴付的“三费一金”则应计入年所得范围内，需依法纳税。

4. 利用捐赠抵减避税

为了鼓励高收入者对公益、教育事业做贡献，我国个人所得税法规定，个人将其所得通过中国境内的社会团体、国家机关向教育和其他社会公益事业以及遭受严重的自然灾害地区、贫困地区的捐赠，只要捐赠额未超过其申报的应纳税所得额的 30%，就可以从其应纳税所得额中扣除。这就是说，在个人捐赠时，只要其捐赠方式、捐赠款投向、捐赠额度符合法律的规定，就可以使这部分捐赠款免缴个人所得税。该政策实际上是允许纳税人将自己对外捐赠的一部分改为由税收来负担的。该条款的立法宗旨很明确，就是要引导纳税人的捐赠方向，将其引入公益、救济性质，从而为社会和国家减轻负担。对于个人来说，则可以通过公益、救济性捐赠将一部分收入从应纳税所得额中扣除，从而达到抵免一部分税收的目的。

【案例 6-14】 季女士 2015 年 1 月取得工资收入 6 600 元，另外还取得福利彩票中奖收入 20 000 元。在中奖当时，季女士当即从中奖收入中拿出 8 000 元捐赠给民政部门，并取得公益、救济性捐赠票据。

分析：季女士应纳个人所得税情况如下。

工资薪金所得应纳个人所得税 =（6 600 − 3 500）× 10% − 105 = 205（元）。

偶然所得捐赠扣除限额 = 20 000 × 30% = 6 000（元）。

偶然所得应纳个人所得税 =（20 000 − 6 000）× 20% = 2 800（元）。

如果季女士在中奖时，从中奖收入中拿出 6 000 元捐赠给民政部门，另外从本月工资收入中拿出 2 000 元捐赠给民政部门，并分别取得公益、救济性捐赠票据，那么她应纳个人所得税计算如下。

工薪所得捐赠扣除限额=（6 600 − 3 500）×30%=930（元）。

工资收入应纳个人所得税 =（6 600 − 3 500 − 930）× 10% − 105 = 112（元）。

偶然所得应纳个人所得税仍然为 2 800 元。

少负担所得税 93 元（205 − 112）。

筹划思路：纳税人对外捐款额应当取决于本期取得的收入，若本期应纳税收入较多，则可以多捐；反之，若本期取得的应税收入少，则可先捐一部分，剩余捐赠可安排在下期进行。如果纳税人本期取得的收入属于不同的应税项目，那么，允许扣除多少捐赠支出取决于纳税人对捐赠来源如何进行划分。

思考、练习与实训

一、简答题

1　简述个人所得税税收筹划的基本思路。

2. 简述个人所得税纳税人税收筹划的方法。

3. 简述个人所得税不同收入项目计税依据和税率税收筹划的方法。

4. 简述个人所得税税收优惠税收筹划的方法。

5. 工资、薪金是个人所得税最主要的征税项目，其税收筹划方法有哪些？

6. 对劳务报酬节税的主要思路是降低收入金额以及充分利用免征额，具体的操作方法是什么？

7. 对于稿酬收入可以采取何种方法进行节税筹划？

8. 如何通过增加成本、费用，减少个体工商户生产经营所得应纳税所得额，从而减轻税收负担？

二、案例分析题

1. 某大学教授研究应用经济学，经常受邀到全国各地讲学。2014 年，湖北一家公司和深圳另一家公司同时邀请该教授前往授课，讲课时间为 6 天，但是时间重叠了。湖北公司提出给该教授的课酬为 5.5 万元，交通等费用自理；深圳公司只愿意支付 5 万元课酬，但是负责支付其来深圳授课的全部费用，按照该教授到深圳讲课的惯例，他的费用大概为 5 000 元。请从税收筹划的角度来帮助该教授决策到何地讲学能获得最大化的税后收入？

2. 某设计院工程师王某利用业余时间为一其他工程研究院设计了一套节水设备，花费了他将近一年的时间，获得的报酬也非常可观，共有 200 万元。对于这笔收入，该工程师应该如何来获得才能使其税后收入最大化？

3. 张先生于 2014 年 12 月获得年终奖金 18 500 元，并获得当月工资 3 000 元；李先生当月月工资同样也为 3 000 元，于年底获得年终奖金 19 100 元。请分析他们的个人所得税税负，并比较税后收益。

4. 某个人独资企业 2014 年度实现内部生产经营所得 60 000 元。另外，固定资产出租取得收益 18 900 元（年租赁收入 20 000 元，与之相关的税费 1 100 元）。请提出税收筹划方法。

5. 纳税人郑某 2014 年 8 月给几家公司提供劳务，同时取得多项收入：给某设计院设计了一套工程图纸，获得设计费 1 万元；给某外资企业当了 15 天兼职翻译，获得 1.5 万元的翻译报酬；给某民营企业提供了技术帮助，获得该企业的 2 万元报酬。请问郑某如何纳税？又有何种筹划方法使其少纳税？

6. 甲企业为季节性生产企业，一年中只有 8 个月生产时间。该企业职工实行计件工资，在 8 个月生产期间，职工平均工资为 6 000 元/月，其他月份只有基本工资 600 元/月。请为甲企业的职工进行税收筹划以减少税收负担。

7. 王先生计划 100 000 元投资于债券市场，现有两种债券可供选择：一是年利率为 5%的国家债券；二是年利率为 6%的企业债券。请问王先生应如何选择？

8. 个体工商户小李开设了一家饰品店。由于在当地相似的饰品店很少，小李经营的饰品大受欢迎，虽然价格贵了点，但仍有很多顾客前来购买，甚至在圣诞前夕有几个客户订购了 20 000 元的饰品。第一年小李取得净收益 60 000 元。年底，小李估计下一年自己店的旁边可能会出现更多的饰品店，生意肯定不如第一年好，净收益大概为 20 000 元（题中的净收益已扣除个人的生计费用）。请计算小李两年的应纳个人所得税总额，并提出税收筹划的方法。

9. 李先生是丙科技开发公司的软件开发人员。他利用业余时间为 B 公司开发专用软件并提供一年的维护服务。按约定，他可以得到劳务报酬 43 200 元。李先生可以要求对方事先一次性支付该笔报酬，也可以要求对方按软件维护期分 12 个月支付，每月支付 3 600 元。请问采取哪一种支付方式可以使李先生少纳税？

10. 广州市作家协会的姚先生准备编著一本专著，预计取得稿费收入 1.92 万元。在写作过程中，他得到了其他 5 位同事的热心帮助，如提供并搜集有关资料等。这部作品既可以算是姚先生单独完成，只署他一个人的名字，也可以加署其他 5 个人的名字，作为他们的共同作品。请为姚先生设计一个税收筹划方案，使其税后稿酬最多。

单元测试题（三）

一、单项选择题

1. 一般来说，从总体税负角度考虑，（　　）税负最重。
   A. 个人独资企业　B. 合伙企业　C. 公司制企业　D. 个体工商户
2. 预计适用优惠税率的分支机构盈利，一般应选择（　　）形式。
   A. 子公司　B. 分公司　C. 办事处　D. 分公司或办事处
3. 以下不是直接通过应纳税所得额对企业所得税进行筹划的是（　　）。
   A. 通过分期收款调整收入　B. 剩余资金购买政府公债
   C. 采用成本法核算投资收益　D. 选择设立合伙企业而非公司制企业
4. 一般来说，对于固定资产计提折旧，采用（　　）计提，节税效果最为明显。
   A. 年限平均法　B. 年数总和法
   C. 双倍余额递减法　D. 工作量法
5. 在预测购进货物价格下降的情况下，应当采用（　　）。
   A. 先进先出法　B. 加权平均法　C. 个别计价法　D. 后进先出法
6. 子公司与分公司的根本区别在于（　　）。
   A. 子公司必须具备独立的法人资格
   B. 母子公司有直接的隶属关系
   C. 母子公司存在法律上的独立财产权益
   D. 子公司独立纳税
7. 有时使用加速折旧法反而会加重企业的税收负担，例如（　　）。
   A. 当企业购入固定资产的初期恰好可以享受定期免税政策时

B．当企业的固定资产数额相当大时

C．当企业固定资产的数额很小时

D．当企业固定资产的平均折旧年限很长时

8．企业将其对外的股权投资进行转让时，先（　　），然后转让股权的操作，有助于达到减轻所得税费用、提高税后净收益的目的。

A．对被投资企业进行资产评估　　B．由注册会计师进行全面审计

C．进行固定资产清理　　D．由被投资企业进行利润分配

9．关于个人所得税纳税人的筹划，叙述错误的是（　　）。

A．可以利用“90天规则”进行筹划

B．改变国籍，变更住所，合理避税

C．利用我国与世界上其他国家签订的双边或多边税收协定，争取享受税收饶让等优惠政策

D．这种筹划的根本思路是如何避免成为中国的非居民

10．关于工资、薪金所得的税收筹划方法，叙述错误的是（　　）。

A．工资、薪金所得与劳务报酬所得转换

B．均衡收入法

C．改变自己工资薪金的支付方法，可由单位提供一些必要的福利

D．单位为职工购买的住房、汽车，所有权归职工所有

11．关于年终一次性奖金的税收筹划方法，错误的是（　　）。

A．两个年度的全年一次性奖金最好是分别在两个年度发放

B．最好不要把年终奖金分解，采取分几个月或者按季发放的举措，一定要一次性发放给员工

C．年终一次性奖金计税方法一年只允许采用一次，多次发放年终奖无法全部享受到有关的税收优惠政策

D．对于实行年薪制和绩效工资办法的企业给职工兑现的年薪和绩效工资按工资、薪金所得纳税，分月预缴

12．劳务报酬和稿酬共有的税收筹划方法是（　　）。

A．费用转移筹划法　　B．支付次数筹划法

C．再版筹划法　　D．与工资薪金相互转化

13．当个人用于捐赠的资金数额超过了个人所得税有关的扣除限额时，可以通过（　　）来实现税收筹划。

A．申请延期纳税

B．在捐赠之前向有关税务机关申请免税

C．提前计算下期收入以提高捐赠限额

D．分期捐赠

14．在个人出售住房时，为降低税收负担，应该选择（　　）。

A．持有房屋1年以上　　B．持有房屋2年以上

C．持有房屋3年以上　　D．持有房屋5年以上

15. 刘某是某地有名的文化人，隔几天就在某报刊上发表文章，稿酬 1 000 元，平均 1 个月 10 篇。假定其稿酬月收入 10 000 万元既定的情况下，以下 4 种选择其个人所得税负最轻的是（　　）。

A. 正式记者

B. 自由撰稿人，文章分篇发表

C. 与报社订协议，按报社要求提供文章

D. 自由撰稿人，文章连载

16. 某个人全年工薪收入 30 012 元，假定工资支付方式有 3 种选择：①月工资 2 000 元，年终支付全年一次性奖金 6 012 元；②按月支付 2 501 元；③月工资 700 元，年终支付全年一次性奖金 21 600 元；④月工资 2 000 元，每季度末支付季度奖 1 503 元。按现行个人所得税制规定，采用哪种工资支付方式对个人更有利？（　　）

A. ①　　B. ②　　C. ③　　D. ④

17. 以下哪种方法不能有效地降低个人所得税的税收负担？（　　）

A. 改变国籍，变更住所　　B. 均衡收入

C. 费用转移筹划　　D. 将为职工个人发放的现金改为实物

18. 下面哪个不是个体工商户生产经营所得的纳税筹划方法？（　　）

A. 分散所得　　B. 再版筹划法

C. 合理扩大成本费用　　D. 转让定价

19. 对个人财产租赁与财产转让所得的税收筹划可以考虑（　　）。

A. 将个人独资企业财产转化为个人的其他财产

B. 支付次数筹划法

C. 著作组筹划法

D. 所得再投资筹划法

20. 偶然所得比较有效的税收筹划方法一般是（　　）。

A. 多向公益事业捐赠

B. 充分利用体育彩票等中奖所得暂免征税临界点的规定

C. 将偶然所得隐瞒不报

D. 将中奖所得由现金改为实物

二、多项选择题

1. 对于企业从属机构形式的选择，叙述正确的有（　　）。

A. 预计适用优惠税率的分支机构盈利，选择子公司形式，单独纳税

B. 预计适用非优惠税率的分支机构盈利，选择分公司形式，汇总到总公司纳税

C. 预计适用非优惠税率的分支机构亏损，选择分公司形式

D. 预计适用优惠税率的分支机构亏损，若短期内能够扭亏，则宜设立子公司，享受当地的低税率

2. 关于企业类型选择的筹划，叙述正确的是（　　）。

A. 应尽量创造条件，选择小型微利企业

B. 应尽量创造条件，选择高新技术企业

C. 可以通过设立子公司或者将部分分支机构转变为子公司来享受小型微利企业的低税率优惠

D. 如果企业自身难以改造成高技术企业，可以考虑重新设立一个属于高科技企业的子公司或者将某一分支机构改造成高科技企业

3. 利用利润转移进行税收筹划，主要包括（　　）。

A. 年度间利润转移　　B. 关联企业间利润转移

C. 非关联企业间利润转移　　D. 母子公司间利润转移

4. 以下关于企业所得税税前扣除的税收筹划方法，叙述正确的有（　　）。

A. 若捐赠数额很大，可以考虑分两个年度捐赠

B. 在企业创办初期享有减免税优惠待遇时，企业可通过延长资产折旧年限，将计提的折旧递延到减免期后计入成本

C. 在预测价格较稳定或者难以预测的情况下，存货计价应当采用先进先出法

D. 在向自己职工借贷的情况下，企业可以将部分利息转化以向员工的工资支付，从而达到计算应纳税所得额时予以全部扣除的目的

5. 下列关于运用企业所得税税收优惠进行筹划的叙述正确的是（　　）。

A. 企业从事税法规定的国家重点扶持的公共基础设施项目的投资经营所得，应当恰当选择享受税收优惠的第一个年度，适当提前或者推迟进行生产经营活动的日期

B. 通过企业分立重新设立一个高新技术企业

C. 利用研究活动与开发活动的交叉与模糊性，恰当掌握形成无形资产的成本，即资本化的资金额度，通过提前的加计扣除，获取资金的时间价值

D. 当企业进行股权转让时尽量将该股权所代表的未分配股息分配以后再转让

6. 子公司在税收上的优势体现在（　　）。

A. 可以与母公司进行一定幅度的转移定价

B. 若东道国适用税率低于居住国，子公司利润可以递延纳税

C. 向母公司支付的特许权使用费、利息、其他间接费等一定能得到税务当局认可

D. 子公司向母公司支付的股息，减征或免征预提税

7. 某企业2009年成立，从2009年开始，可享受企业所得税免税2年的政策。2010年该企业接受一项固定资产捐赠，价值200万元。为实现更高的企业利润，以下哪些处理方法是不可取的？（　　）

A. 将固定资产捐赠收入一次性计入2010年的应税所得

B. 将固定资产捐赠收入均匀计入2010～2011年的应税所得

C. 将固定资产捐赠收入均匀计入2010～2014年的应税所得

D. 将固定资产捐赠收入均匀计入2010～2020年的应税所得

8. 发生广告费、业务宣传费和业务招待费较多的企业，将企业内部的销售部门独立成为销售公司，则企业所得税前可扣除的（　　）。

A. 广告费、业务宣传费总额可能增加

B. 广告、业务宣传费总额可能减少

C. 业务招待费可能增加

D. 业务招待费不受影响

9. 关于个人对企、事业单位的承包、承租经营所得的税收筹划，叙述正确的有（　　）。

A. 工商登记改为个体工商户的，应按个体工商户的生产经营所得计征个人所得税，不再征收企业所得税，税收负担比较轻

B. 工商登记改为个体工商户的，应按个体工商户的生产经营所得计征个人所得税，不再征收企业所得税，税收负担比较重

C. 是否变更营业执照，直接决定纳税人税负的轻重

D. 若使用原单位的营业执照，税负可能比较重

10. 工资薪金所得的税收筹划方法有（　　）。

A. 工资、薪金所得与劳务报酬所得转换　B. 均衡收入法

C. 利用职工福利筹划　D. 将每月的工资分多次发放

11. 劳务报酬所得的税收筹划方法有（　　）。

A. 分项计算筹划法

B. 支付次数筹划法

C. 费用转移筹划法

D. 工资、薪金所得与劳务报酬所得转换

12. 稿酬所得的税收筹划方法有（　　）。

A. 系列丛书筹划方法　B. 著作组筹划方法

C. 再版筹划方法　D. 与工资薪金相互转化

13. 以下属于个体工商户税收筹划方法的有（　　）。

A. 分散所得

B. 将经营用的项目与家庭的日常开支分开，尽量在税前扣除

C. 如果使用自己的房产进行经营，可以采用收取租金的方法扩大经营费用支出

D. 通过给家庭成员支付工资的办法，扩大工资等费用支出

14. 对于各月间工资收入不均衡的个人而言，通过“收入”分散，可以适用较低的边际税率，帮助其实现个人所得税的筹划。这时筹划方案的关键是（　　）。

A. 充分利用费用扣除标准

B. 平时只按照费用扣除标准发放工资，年底再发放年终奖金

C. 减除费用之后的各月“收入”尽量分散

D. 不发年终奖金

15. 所得税纳税人身份选择的筹划方法可以有（　　）。

A. 选择个人独资企业减轻税收负担

B. 选择公司制企业以享受更多的税收优惠

C. 选择小型微利企业以适用优惠税率

D. 选择非居民规避居民纳税人的无限纳税义务

三、判断题

1. 即使年度间税率相同，利用利润在年度间的转移也能实现递延纳税的目的。(　　)

2. 销货收入的税收筹划，关键在于何时收到销货款。(　　)

3. 采用双倍余额递减法计提折旧一定能实现递延纳税。(　　)

4. 当企业利息支出超过允许扣除的数额时，企业可以将超额的利息转变为其他可以扣除的支出，如通过工资、奖金、劳务报酬或者转移利润的方式支付利息，从而降低所得税负担。(　　)

5. 当企业预计当年的应纳税所得比上一纳税年度低时，可以选择上一年度应纳税所得额的 1/12 或 1/4 的方法分期预缴所得税。(　　)

6. 从税收角度分析，当新投资企业开办初期亏损的可能性不大，或新投资企业可享受所得税优惠时，应考虑采取母子公司形式。(　　)

7. 实行公司制的企业，其所得税的税负比实行合伙制的企业低。(　　)

8. 当投资企业开办初期亏损的可能性较大时，可采取总分公司形式，因分公司的亏损可以直接冲减总公司的盈利。(　　)

9. 在材料价格不断上涨的情况下，存货计价方法采用先进先出法比采用加权平均法有利。(　　)

10. 利用纳税人居住时间标准的规定进行筹划，主要是利用临时离境的规定，恰当安排离境时间,使自己成为居民纳税人，以减轻税负。(　　)

11. 一般来说，有限责任制企业风险最大，税负也最重。(　　)

12. 对经营成果是否拥有所有权，不会影响个人对企、事业单位的承包、承租经营所得的税负。(　　)

13. 税基均衡法不仅适用于工资薪金所得，也适用于劳务报酬所得。(　　)

14. 如果纳税人本期取得的收入属于不同的应税项目，那么，允许扣除多少捐赠支出在很大程度上取决于纳税人对捐赠来源如何进行划分。(　　)

15. 个人的一些发明专利可以选择不销售而是入股投资于一家前景看好的企业，从而获得最大的税后收益。(　　)

四、案例分析题

1. 某企业为中国居民企业，2013 年 1 月根据环保部门要求改造其废水处理设施。预计改造项目建设周期为两年，需要购买工业废水处理专用设备 5 套，投资总额为 2 000 万元。根据该企业历年的纳税情况预测，其 2013 年以后每年应纳税额为 30 万元。对于该专用设备的购置有以下两种方案可供选择。

方案 1：所有专用设备均在 2013 年购置完毕。

方案 2：将专用设备在当年和次年分别购置，2013 年购置 1 800 万元（180/10%），2014 年购置 200 万元。

请比较两种方案下的所得税税负并做出选择。

2. 小张为今年刚毕业的大学生。考虑到目前的就业压力比较大，他决定自己创业，开办一家餐饮店，需注册资金 50 000 元。经初步测算，每年可以盈利 30 000 元

（不考虑其他差异，年应纳税所得额也为 30 000 元）。对于该餐饮店注册为何种企业类型，现有两种方案可供选择。

方案 1：注册为个体工商户。

方案 2：注册成立私营企业。

请问小张应该做出何种选择？若年应纳税所得额达到 100 000 元，小张又应该做出何种选择？

3. 李先生和妻子开设了一家美容院，属个人独资企业，开展美容业务的同时也销售美容产品。2014 年，他们的美容业务获利 3.8 万元，美容产品的销售利润为 3.3 万元。请问李先生夫妇应如何进行税收筹划以减轻税负？

第 7 章

其他税种的税收筹划

【知识目标】

- 掌握关税税收筹划的方法。
- 掌握资源税税收筹划的方法。
- 掌握土地增值税税收筹划的方法。
- 掌握城镇土地使用税税收筹划的方法。
- 掌握房产税税收筹划的方法。
- 掌握印花税税收筹划的方法。
- 掌握车船税税收筹划的方法。
- 掌握契税税收筹划的方法。

【技能目标】

- 能够熟练运用本章各个税种税收筹划的基本技能。

7.1 关税税收筹划

关税是对外贸易过程中的一个重要税种。从税收筹划的角度看，关税作为一个世界性的税种，税负弹性较小。在税目、税基、税率以及减免税优惠等方面都规定得相当详细、具体，不像所得税有那么大的伸缩余地。

7.1.1 关税税率的税收筹划

目前，我国关税税率的形式主要有：①进口关税税率，我国对进口货物的关税设有最惠国税率、协定税率、特惠税率和普通税率；②出口关税税率，为一栏税率；③暂定关税税率；④配额关税税率（我国海关规定，对在进口配额范围内进口的货物可适用于更低的配额税率，对超出进口配额范围的进口货物按普通税率征收关税）；⑤关税的从价税率、从量税率、复合税率和滑准税率。由于我国普遍对进口货物征收关税，很少对出口货物征收关税，关税税率的主要形式为从价关税，因此关税税率税收筹划的重点是进口关税税率和从价税率的筹划。

1．零部件与成品进口关税税率的筹划

虽然进口关税税率是不可变的，但是通过分析不难发现，原材料、零部件的关税税率与成品的关税税率相比，原材料和零部件的关税税率最低，半成品的税率次之，产成品的税率最高。因此，企业可以考虑进口原材料和零部件进行加工生产，从而降低关税税负。

【案例7-1】 国外某汽车生产企业A向中国汽车销售公司B销售（B公司进口）100辆小汽车，每辆小轿车的完税价格为8万元，假定适用进口环节的关税税率为60%，消费税税率为5%，增值税税率为17%。如果完全按市场价格进口，则应纳税额情况如下。

应纳关税 = 8 × 100 × 60% = 480（万元）。

应纳消费税 =（8 × 100 + 480）÷（1 − 5%） × 5% = 67（万元）。

应纳增值税 =（8 × 100 + 480）÷（1 − 5%）× 17% = 229（万元）。

应纳税额合计 = 480 + 67 + 229 = 776（万元）。

分析：A企业经过税收筹划，决定在中国设立自己的汽车组装公司兼销售公司C，并将原来进口整装汽车的方式改为进口散装汽车零部件的方式。A企业将一辆汽车的全套零部件以6万元的价格转让给C公司，散装零部件进口环节关税税率为30%，而且进口环节不需缴纳消费税，则应纳税额情况如下。

应纳关税 = 6 × 100 × 30% = 180（万元）。

应纳增值税 =（6 × 100 + 180）× 17% = 132（万元）。

应纳税额合计 = 180 + 132 = 312（万元）。

说　明

经过税收筹划，仅需缴纳进口环节税款312万元，虽然增值税和消费税的一部分在以后的生产环节需要补缴，但延缓了纳税时间，相当于获得了一笔无息贷款。而仅从关税的减少额而言，该企业至少可节约税款300（480 − 180）万元。

2．利用原产地规定进行关税筹划

由于我国进口关税税率有最惠国税率、协定税率、特惠税率、普通税率、关税配额税率这几种，进口商品的原产地不同，其适用税率也不同。因此，在商品实质区别不大的情况下，纳税人应优先选择与我国签订了有关税收优惠协定的国家的产品进口，以选择较低的关税税率；另外，还可充分利用实质性加工标准的规定进行税收筹划。

利用原产地规定进行税收筹划时，要把握以下3个原则。

（1）选择与中国签订了关税互惠协定的国家或地区作为实质性加工所在地。

（2）综合考虑装配国到中国口岸的运输条件、装配国的产品进口关税和出口关税等因素。

（3）考虑装配国的政治经济形势、外汇管制情况和出口配额控制情况等。

在贯彻以上3个原则的前提下，纳税人再根据实际情况进行测算比较，选择最合算的国家或地区作为原产地。

【案例7-2】 假设一个从事汽车贸易的公司，在韩国、新加坡、马来西亚、菲律宾和越南设有零部件供应企业。如果韩国的子公司生产汽车仪表，新加坡的子公司生产汽车轴承和发动机，马来西亚的子公司生产阀门，菲律宾的子公司生产轮胎，越南的子公司供应玻璃，则汽车的总装配厂的选择将成为筹划的重点。

分析：税收筹划的重点是，确定汽车的总装配厂应设立哪一个国家或地区。确定汽车的总装配厂应考虑下面3个问题。

① 这些国家、地区是否与我国签有关税互惠协议。

② 对税收优惠和整体经济成本进行全面比较，看在那些与我国签订关税互惠协定的国家和地区中，哪一个优惠更多，哪一个在人力资源等方面的成本更低，更有利可图。

③ 该国家或地区的政治经济形势是否稳定，是否施行外汇管制和出口配额控制以及其他一些影响因素。

在综合考虑了税收优惠政策、人力资源成本和其他因素后，将总装厂设立在避税地后，如果加工增值部分达不到产品总值的30%，则可以用关联企业之间的转让定价等方法，降低其他地区的零部件价格，从而加大总装厂增值部分的比重，使其增值部分超过30%，成为实质性加工，这样其产品就可享受到相应的税收优惠。

3. 充分利用普惠制进行筹划

普惠制是发达国家给予发展中国家出口产品的一种普遍的、非歧视的、非互惠性的减免关税的优惠制度，是在最惠国税率基础上进一步减税或全部免税的优惠待遇。欧盟普惠制方案将49个国家列入了最不发达国家名单，对从这些最不发达国家进口的产品全部免税。在我国出口产品中有相当大部分产品属于初级产品和劳动密集型产品，如果国内企业把一些工业生产转向劳动力成本较低廉的最不发达国家，在那里投资建厂，把原料或初级产品在最不发达国家生产加工后再出口至欧盟，即可享受全免进口关税的优惠待遇，达到扩大产品出口创汇和享受税收优惠的目的。

4. 运用保税制度进行关税筹划

保税制度是指经海关批准的境内企业所进口的货物，在海关监管下，在境内指定的场所储存、加工、装配并暂缓缴纳各种进口税款的一种国际通行的海关监管业务制度。运用保税制度进行税收筹划，其关键在于外向型公司能否将其进出口货物申请为保税货物（保税货物是指经过海关批准，未办理纳税手续，在境内储存、加工、装配后复运出境的货物；保税货物属于海关监管货物，未经海关许可并补缴税款，不能擅自出售）。如果申请成功，则从申请批准之日起，暂时免征进口关税，之后再根据货物经储存、加工或装配后是否复运出境，决定是否补征税款。显然，即使补税，在批准之日到补征税款之间的这段时间，纳税人依然能充分利用这笔税款的时间价值。目前，我国的保税制度包括保税仓库、保税工厂和保税区等制度。

保税制度的运行是一个包含众多环节的过程。假设进口货物最终将复运出境，那么基本环节就是进口和出口。在这两个环节中，公司都必须向海关报关，在该公司填写的报关表中有单耗计量单位一栏。所谓单耗计量单位，即生产一个单位成品耗费几个单位原料，通常有以下 3 种形式：第一种是度量衡单位/自然单位，如吨/块、米/套等；第二种是自然单位/自然单位，如件/套、匹/件等；第三种是度量衡单位/度量衡单位，如吨/立方米等。度量衡单位容易测量，而自然单位要具体测量则很困难，所以我们可以利用自然单位进行税收筹划。

【案例 7-3】　某生产出口产品的家具生产公司，2015 年 1 月从加拿大进口一批木材，并向当地海关申请保税。该公司报关表上填写的单耗计量单位为 280 块/套，即做成一套家具需耗用 280 块木材。在加工过程中，该公司引进先进设备，做成一套家具只需耗用 200 块木材。由于其准确测量难度大，海关认为该公司信誉良好，给予批准。8 月份，家具生产出来以后，公司将成品复运出口，完成了一个保税过程。

分析：假设公司进口木材 10 万块，每块价格 120 元，海关关税税率为 50%，则

节税额 =（100 000 − 100 000 ÷ 280 × 200）× 120 × 50% = 1 714 285.8（元）。

5. “行邮税”税率的筹划

根据《进出口关税条例》的规定，入境旅客行李物品和个人邮递物品是指进入我国关境的非贸易性的应税自用物品，其中就包括馈赠物品。对这些物品征收的进口税包括关税、代征的国内增值税和消费税。纳税人是入境行李物品的携带人和进口邮件的收件人。

关税税法对烟、酒、化妆品、金银及其制品、纺织品和制成品、电器用具、手表、照相机、录像机、汽车等规定的关税税率差异很大。其中，烟、酒、化妆品的税率是 50%，高档手表等的税率是 30%，纺织品和制成品、电器用具等的税率是 30%，金银珠宝及其制品等的税率是 10%。

【案例 7-4】　假定李先生出国在国外买了 300 美元的烟、500 美元的酒、400 美元的高档手表作为礼物馈赠亲朋，则他所负担的进口关税为

应纳关税 = 300 × 50% + 500 × 50% + 400 × 30% = 150 + 250 + 120 = 520（美元）。

分析：如果李先生用 1 200 美元购买金银及其制品的话，由于金银制品及包金饰品税率较低，那么他只需负担 120 美元的关税，即节税 400 美元。当然，这仅仅是从节税角度进行的选择，现实生活中还有许多的变量会影响人们的决策。如果上例中李先生的亲朋不喜欢金银饰品，那么仅考虑节税就失去了馈赠礼物的实际意义。但纳税多少仍然是作出决策的重要依据。

7.1.2　关税计税依据（完税价格）的税收筹划

关税弹性较大的是完税价格的确定。关税的计征办法有从量计征、从价计征，以及部分货物采取从量和从价混合计征的办法。从量计征适用的范围窄，从价计征适用的范围宽。凡是适用从价计征的物品，完税价格就是它的税基。在同一税率下，完税价格如果高税负则重，如果低税负则轻，所以征纳双方对完税价格都极为关注。政府

还以海关价格作为对外贸易统计的价格依据，海关作价制度的主要内容是确立完税价格准则及价格基础。例如，以到岸价格、离岸价格、出口价格、审定价格等作为价格依据，以规定的价格依据与一些价格因素组成的价格标准为价格依据等。

1. 进口货物完税价格的筹划

我国对进口货物完税价格的确定主要有两种情况：一是海关审查可确定的完税价格；二是经海关审查未能确定的成交价格。

（1）海关审查确定完税价格的筹划。进口货物以海关审定的正常成交价格为基础的到岸价格作为完税价格。到岸价格包括货价，加上货物运抵中华人民共和国境内输入地点起卸前的包装费、运费、保险费和其他劳务费等费用。成交价格实际上是指进口货物的买方为购买该项货物而向卖方实际支付的或应当支付的价格，该成交价格的核心内容是货物本身的价格（即不包括运保费、杂费的货物价格）。该价格除包括货物的生产、销售等成本费用外，还包括买方在成交价格之外另行向卖方支付的佣金。筹划时只有选择同类产品中成交价格比较低、运输及杂项费用相对较小的货物进口，才能降低完税价格。

【案例7-5】 一家钢铁企业需要进口100万吨铁矿石，可供选择的进货渠道中有两家：一是澳大利亚，二是加拿大。澳大利亚的铁矿石品位较高，价格为20美元/吨，运费为60万美元；加拿大的铁矿石品位较低，价格为19美元/吨，但运杂项费用高达240万美元。暂不考虑其他条件，请问该钢铁企业到底应该选择哪一个国家进口铁矿石呢？

分析：计算如下。

① 澳大利亚铁矿石完税价格 = 20 × 100 + 60 = 2 060（万美元）。

② 加拿大铁矿石完税价格 = 19 × 100 + 240 = 2 140（万美元）。

所以，应该选择从澳大利亚进口铁矿石，如果按20%征收进口关税，则至少可以节税16万美元。

（2）海关估定完税价格的筹划。对于无法按审定成交价格法确定其成交价格的，海关主要按以下方法依次估定完税价格：相同货物成交价格法、类似货物成交价格法、国际市场价格法、国内市场价格倒扣法，及由海关按其他合理方法估定价格。此种情况下，税收筹划的关键在于充分运用海关估定完税价格的有关规定。按照规定，对于目前市场上还没有或很少出现的高新技术产品、特种资源和新产品，因为没有确定的市场价格，而且其预期市场价格高于目前类似市场产品的价格，纳税人可适当调低完税价格。

【案例7-6】 某企业进口刚生产出的高科技产品，进口该产品支付了300万美元，类似产品的市场价格仅为120万美元，海关也因此种产品的创新，而无法依据审定成交价格法确定成交价格及完税价格，而只能以该产品的同一出口国或地区购进的类似货物的成交价格作为确定被估进口货物完税价格的依据，即按类似货物成交价格法予以确认。这样，该项进口商品的海关估价最多只有120万美元，剩下的180万美元便是税收筹划空间。

2. 出口货物完税价格的筹划

出口货物的确定方法也分为以成交价格为基础的完税价格和海关估价法。需要注意的是，出口货物的离岸价格应以该项货物运离国境前的最后一个口岸的离岸价格为实际离岸价格。如果该项货物从内地起运，则从内地口岸至国境口岸所支付的国内段运输费用应予扣除。另外，出口货物的成交价格如为货物价格加运费价格，或为国外口岸的到岸价格时，则应先扣除运费并在扣除保险费后，再按规定公式计算完税价格。当运费成本在价格中所占比重较大时，这一点就显得更为重要。另外，如果在成交价格外，还支付了国外的与此项业务有关的佣金，则应该在纳税申报表上单独列明。这样，该项佣金就可予以扣除。但如未单独列明，则不予以扣除。

7.1.3　关税税收优惠政策的税收筹划

根据我国《海关法》及《进出口关税条例》的规定，关税减免以最惠国税率或普通税率为基准，具体减免分为法定减免税、特定减免税和临时减免税。关税减免是国家对某些纳税人和征税对象给予鼓励和照顾的一种特殊调节手段。世界上许多国家特别是一些经济特区对关税的课征一般都实施着优惠程度大小不同的待遇。因此，企业应当充分理解和掌握减免政策，创造相关且合法的条件，使企业的进出口业务能够享受关税的减免优惠，从而降低关税税负。

7.1.4　出口货物应对特别关税政策（以反倾销税为例）的税收筹划

中国加入 WTO，国内企业面对的是一个统一的全球市场，其对外商品和劳务的出口规模和品种将会进一步扩大。但是，出口也可能会遭遇进口国竞争者的倾销起诉，及倾销成立后的反倾销税，而高税率的反倾销税则完全能够使好不容易取得的市场丧失殆尽。因此，国内企业在进行对外贸易时，必须全面了解贸易伙伴国的关税政策，并做好各种准备，提防出口产品受到倾销指控；若遇到被征收反倾销税，也应积极应诉，以维护自己在国际市场上的正当利益。具体来说，应从以下 3 个方面着手。

（1）尽力减少被控诉的可能，包括提高产品附加值，取消片面的低价策略。我国出口产品基本上属于资源密集型和劳动密集型，初级产品比重高，产品档次低，附加值少，价格很难提高。从长远看来，我国企业应大力着手从初低级产品的形象中走出来，改变出口产品结构；组建出口企业行业协会，加强内部协调和管理，一旦出现反倾销调查，可以集中力量应对；分散出口市场，降低受控风险。

（2）采用技术手段避免被认为倾销，包括及时上调价格。这是因为欧美商业裁判机构每征满一年反倾销税时会重新调查该倾销商是否仍有倾销行为，这时及时上调价格，就能被认为不具倾销行为，从而可使被征的反倾销税也立即取消；调整产品利润预测，改进企业会计财务核算，以符合国际规范和商业惯例；同时还要密切注意国际外汇市场的浮动状况；推动国外进口商组织起来，推动其反贸易保护活动，因为一旦我方产品被征收反倾销税，受损失的还有外国进口商。我们可通过加强与当地工商组织的交流，以实际的商业利益为筹码促使其向政府施加压力。

（3）避免被裁定为损害进口国产业，包括不要迫使进口国厂商采取降价促销的营销手段；全面搜集有关资料信息情报，有效地获取进口国市场的商情动态，查证控诉方并未受到损失，以便在应诉中占有有利的主动地位；就出口地设厂，筹建跨国公司。这样可以使我方产品免受进口配额等歧视性贸易条款的限制，以便利的销售条件、优质的产品、高水平的服务和良好的运输条件占领市场，提高单位产品的价值（效用），降低其替代率，从而增强外方消费市场对我方产品的依赖性，获取稳定的客户群。

【案例 7-7】 近年来，世界打火机产业在逐步向我国转移，而浙江省也渐渐成为全国最大的打火机出口生产基地。但在其出口的强劲势头下，打火机行业可谓劫难重重。2002 年 6 月 28 日，欧盟发出公告，决定对中国出口欧盟的打火机（包括一次性打火机、金属外壳打火机和汽油打火机）进行反倾销立案调查。2002 年 10 月 8 日，温州东方打火机厂获得欧盟的市场经济地位确认；2003 年 2 月，欧盟有关方面决定不进行初裁；2003 年 7 月 14 日，欧洲打火机制造商联合会撤回了对产自中国的打火机的反倾销诉讼，反倾销程序自动终止。历时 1 年零 1 个月的温州烟具协会应对欧盟打火机反倾销诉讼事件是中国正式加入 WTO 之后遭受的第一起反倾销诉讼，引起了社会各界的高度关注。

分析：胜诉原因（温州烟具协会在这场反倾销诉讼中将集体行动的优势发挥得淋漓尽致，对最终的胜利起到了关键的作用）。

① 烟具协会在整个案件过程中，自始至终承担了大量的公共服务：统一聘请应诉代理律师；成立应诉小组，为各应诉企业提供应诉所需要的行业材料；与立场一致的欧洲进口商协会进行信息的沟通和交换意见；在欧盟官员来华现场调查期间，代表打火机行业进行游说和说服工作；代表本行业与包括中国政府在内的其他各利益关系方进行联络、信息传递和磋商。在这些服务中，协会所具有的信息优势非常明显。

② 综合行业的利益要求并向政府进行表达，以争取政府支持等。

意义：为中国企业应对反倾销诉讼提供了宝贵的经验；中国的民间组织第一次充当了处理国际贸易纠纷的主角，为我们考察中国转轨时期行业协会的治理机制、协调机制及其发展提供了一个非常好的案例。

7.1.5 关税征收管理的税收筹划

企业应利用纳税时间进行关税税收筹划。根据纳税时间的不同，关税有以下 3 种纳税方式。

（1）口岸纳税。口岸纳税即纳税人在货物进出口申报时缴纳税款。这种纳税方式对纳税人占用应纳税款不利，纳税人应尽可能避免采取这种纳税方式。

（2）先放行后纳税。对某些易腐货物、急需货物或有关手续无须立即办理等情况，可先办理放行，后纳税。这种纳税方式可以使货物尽快进入消费市场，避免货物的积压，使纳税人的资金得到最充分的利用。另外，税款的相对滞后缴纳，使纳税人能获得相应税款的时间价值。

（3）定期汇总纳税。定期汇总纳税即有进出口经营权、进口数量多、信誉好的纳税人，经海关批准，其进出关境的应税货物可逐票申报，经汇总后每 10 天缴纳税款。这种纳税方式能使纳税人充分利用 10 天的时间，充分利用资金。

7.2 资源税税收筹划

7.2.1 资源税征税范围及适用税率的税收筹划

1. 利用征税范围有限性进行筹划

我国现行资源税的征税范围只包括矿产品和盐两类自然资源，具体包括原油、天然气、煤炭、其他非金属矿原矿、黑色金属矿原矿、有色金属矿原矿和盐，共7大类。水资源、森林资源等其他自然资源的开发利用还未列入征税范围之内。资源税征税范围的有限性给我们提供了税收筹划的空间。在准备对自然资源采掘业进行投资时，可以选择那些没有包含在资源税征税范围内的自然资源，从而避免成为资源税的纳税人。

在进行资源税税收筹划时，还应该注意到，我国政府的筹资行为尚不规范，除了依法纳税以外，经济主体往往还有许多“费”的负担。自然资源采掘业也是如此，尤其是对那些资源税征税范围还没有覆盖到的资源，虽然没有资源税的负担，但经济主体通常还需要支付不同名目的各种收费。

随着我国税收制度的逐步发展和不断完善，资源税的征税范围必将不断扩大，各类资源的适用税率也会随之相应调整。在进行经济决策时，应当综合考虑当前的税费制度及其未来的发展趋势，做出适应可持续发展的经济决策。

2. 利用相关产品进行筹划

在现实中，一个矿床不可能仅有一种矿产品。一般而言，一个矿床除了一种主要矿产品外，还有一些其他矿产品；同样，矿产品加工企业在生产过程中，一般也不会只生产一种矿产品。

伴生矿是指在同一矿床内，除了主要矿产品以外，还含有多种可供工业利用的成分，这些成分即为伴生矿。考虑到一般性开采是以主产品的元素成分开采为目的，确定资源税税额时，一般将主产品作为定额的主要依据，同时也考虑作为副产品的元素成分及其他相关因素。企业在开采之前就应关注个别元素（这种元素的矿产品适用税额应该相对较低），以此来影响税务机关确定单位税额，使得整个矿床的矿产品适用较低税率。

伴采矿是指开采单位在同一矿区内开采主产品时，伴采出来的非主产品元素的矿石。根据有关税法规定，对伴采矿量大的，由省、自治区、直辖市人民政府根据规定，对其核定资源税单位税额标准；对伴采矿量小的，则在销售时，按照国家对收购单位规定的相应品目的单位税额标准缴纳资源税。如果伴采矿的单位税额比主产品高，则利用这项政策进行税收筹划的关键在于让税务机关认定伴采矿量小。伴采矿量的大小由企业自身生产经营所决定，如果企业在开采之初少采甚至不采伴生矿，税务机关在进行认定时，通常都会认为企业的伴采矿量小。等到税务机关确定好单位税额标准后，再扩大企业的伴采矿量便可以实现预期目的。如果伴采矿的税额相对较低，则企业应进行相反的操作。

伴选矿，是指在对矿石原矿中所含主产品进行精选的加工过程中，以精矿形式伴生出来的副产品。由于国家对以精矿形式伴选出来的副产品不征收资源税，对纳税人而言，最好的筹划方式就是尽量完善工艺，引进技术，使以非精矿形式伴生出来的副产品以精矿形式出现，从而达到少缴税款的目的。

3. 利用分别核算（或准确核算）进行筹划

我国《资源税暂行条例》规定，纳税人的减税、免税项目，应当单独核算课税数量；未单独核算或者不能准确提供减、免税产品课税数量的，不予减税或者免税。纳税人开采或者生产不同税目应税产品的，应当分别核算不同税目应税产品的课税数量。

未分别核算或者不能准确提供不同税目应税产品的课税数量的，从高适用税额计税。

根据上述规定，纳税人可以通过准确区分征免项目及不同税目的产品数量，确定各应税项目的适用税率，以便充分享受税收优惠，达到节省资源税税款的目的。

【案例 7-8】 一家开采铁矿石的矿山 2015 年 2 月共生产销售铁矿石原矿 20 000 吨。在开采铁矿石的过程中，还开采销售了伴生矿锰矿石 2 000 吨，铬矿石 1 000 吨。同时，这座矿山还在另一个采矿点开采并销售了 3 000 吨瓷土。该矿山开采的矿石全部用于对外销售，已知铁矿石原矿的单位税额是每吨 16 元，锰矿石、铬矿石和瓷土原矿的单位税额分别是每吨 2 元、每吨 3 元和每吨 3 元。

分析：① 当该矿山分别核算时，应纳资源税税额 = 20 000 × 16 × 60% + 2 000 × 2 + 1000 × 3 + 3 000 × 3 = 208 000（元）（对于独立矿山应纳的铁矿石资源税减征 40%）。

② 当该矿山未分别核算时，仅知道铁矿石及伴生矿的总量是 23 000 吨，瓷土矿的总量是 3 000 吨。按照资源税的相关规定，应从高适用税额征税。

应纳资源税税额 = 23 000 × 16 + 3 000 × 3 = 377 000（元）

由此可知，未分别核算时，要多纳税 169 000 元。通过税收筹划，对不同税额的产品分开核算可以减轻纳税负担 169 000 元。

7.2.2 资源税计税依据的税收筹划

1. 原油、天然气、煤炭资源税计税依据的税收筹划

按照修订后的《中华人民共和国资源税暂行条例》，自 2011 年 11 月 1 日起，原油、天然气资源税实行从价定率办法计征，以销售额为计税依据。销售额为纳税人销售应税产品向购买方收取的全部价款和价外费用，但不包括收取的增值税销项税额，符合条件的代垫运输费用和代为收取的政府性基金或者行政事业性收费不计销售额（该销售额也是同一环节计算征收增值税的销售额）。因此，在对原油、天然气资源税计税依据进行税收筹划时要注意以下 5 点。

（1）要充分把握资源税价内税和增值税价外税的性质，合理确定应税矿产品的价格和利润水平，避免负担额外的税款。

（2）通过对恰当的销售方式、结算方式、结算工具的选择来实现递延纳税（参见增值税税收筹划章节的相关内容）。例如，对发货后一时难以回笼的货款，作为委托代销商品处理，待收到货款时出具发票纳税；避免采用托收承付和委托收款结算方式销售货物，防止垫付税款；尽可能采用支票、银行本票和汇兑结算方式销售货物；在不能及时收到货款的情况下，采用赊销或分期收款结算方式，避免垫付税款。

（3）纳税人开采或者生产不同税目应税产品的，应当分别核算不同税目应税产品的销售额，避免未分别核算或者不能准确提供不同税目应税产品销售额时，从高适用税率。

（4）区分自产自用的不同情况，避免负担额外税款：自用于连续生产应税产品的，不缴纳资源税；自用于其他方面的（包括用于非生产项目和生产非应税产品两部分），视同销售，缴纳资源税。

（5）应当单独核算减税、免税项目销售额，避免未单独核算或者不能准确提供减税、免税项目销售额的，不能享受减税或者免税待遇等。

2. 原油、天然气、煤炭以外其他应税矿产品资源税计税依据的税收筹划

原油、天然气以外其他应税矿产品以生产销售和自产自用原矿数量为资源税计税依据，除分别核算不同税率应税矿产品数量，避免适用高税率外，还可以利用折算比的有关规定进行税收筹划。

税法规定，纳税人不能准确提供应税产品销售数量或移送使用数量的，以应税产品的产量或主管税务机关确定的折算比换算成的数量为课税数量。具体规定有：①煤炭，对于连续加工前无法正确计算原煤移送使用量的，可按加工产品的综合回收率，将加工产品实际销量和自用量折算成原煤数量作为课税数量；②金属和非金属矿产品原矿，因无法准确掌握纳税人移送使用原矿数量的，可将其精矿按选矿比折算成原矿数量作为课税数量。

税务机关一般是按照同行业的平均水平确定折算比的，而各个企业的实际综合回收率或选矿比总是在围绕这个平均折算比上下波动。这种情况给纳税人进行税收筹划提供了空间，即纳税人可预先测算自己企业综合回收率或选矿比。如果该数值相对于同行业折算比较低，就无需准确核算提供应税产品的销售数量或移送使用数量。这样，税务机关在根据同行业企业的平均综合回收率或选矿比折算应税产品数量时，就会少算课税数量，从而节省不少税款。

【案例 7-9】　某铜矿 10 月销售铜矿石原矿 10 000 吨，移送入选精矿 2 000 吨，选矿比为 20%。该矿山铜矿属于五等，按规定适用 1.2 元/吨单位税额，假定该矿山的实际选矿比为 20%，税务机关确定的选矿比为 25%，则该矿山应纳税额计算如下。

（1）按实际选矿比计算，有

应纳资源税 = 10 000 × 1.2 + 2 000 ÷ 20% × 1.2 = 24 000（元）

（2）按税务机关确定的选矿比计算，有

应纳资源税 = 10 000 × 1.2 + 2 000 ÷ 25% × 1.2 = 21 600（元）

由此可见，两种方法应纳税额相差 2 400 元（24 000 − 21 600）。

7.2.3　利用资源税税收优惠进行税收筹划

《资源税暂行条例》规定，符合下列情况之一的，可以减征或者免征资源税。

（1）开采原油过程中用于加热、修井的原油免税。

（2）纳税人开采或者生产应税产品的过程中，因意外事故或者自然灾害等原因遭受重大损失的，由省、自治区、直辖市人民政府酌情决定减税或者免税。

（3）国务院规定的其他减税、免税项目。

7.3　土地增值税税收筹划

7.3.1　土地增值税征税范围的税收筹划

土地增值税的征税范围的界定主要有以下几点：土地增值税是对转让国有土地使用权及其地上建筑物和附着物的行为征税；土地增值税是对国有土地使用权及其地上建筑物和附着物的转让行为征税；土地增值税是对转让的房地产并取得收入的行为征

税。准确把握税法对征收范围的界定从而对土地增值税的征税范围进行合理筹划是土地增值税税收筹划的一项重要内容，主要包括以下5个方面。

（1）变房地产销售为代建行为。代建行为是指房地产开发企业代客户进行房地产开发，完工后向客户收取代建劳务费的行为。由于代建房屋的产权自始至终属于客户，没有发生转移，因而不具备土地增值税的纳税条件，不用缴纳土地增值税。房地产开发企业取得的收入属于建筑劳务性质的收入，应缴纳3%营业税，与土地增值税30%～60%的超率累进税率和转让不动产5%的营业税相比，负担很轻。如果房地产开发企业在开发之初就能找到最终用户且取得的收益相同的前提下，可以与客户协商采用代建方式进行开发，以客户的名义受让土地、购买各种材料设备，就能彻底减轻税收负担。

（2）变房地产销售为合作建房行为。税法规定，对于一方出地，一方出资金，双方合作建房，建成后分房自用的，暂免征收土地增值税。如果房地产开发企业在开发前找到需要购房的单位协商，由开发企业提供土地，由购房者出资共同开发，开发完成后按约定比例分房。这样，购房者分得的自用部分房产不用缴纳土地增值税，房地产开发企业只有在转让属于自己的部分房产时缴纳土地增值税，大大降低了开发企业的税负。

（3）改售为租、投资、联营节税。土地增值税的征税范围不包括未转让土地使用权、房产产权的行为。因此，房地产开发企业在开发完成后，可以出租的形式收回资金。由于没有发生产权转移，只需交纳出租房产税。另外，房地产企业也可以房产投资、联营，在投资时按税法规定不用缴纳土地增值税，而且在转让股权时也可以不用补交。

【案例7-10】 如果一个房地产项目公司要将自己尚未完工的在建项目整体转让，可采用转让股权的方式，这样就避开了土地增值税的征收范围。例如，民泰房地产公司欲转让本公司唯一在建的写字楼项目，已累计发生工程成本3 500万元，经与另一房地产公司协商，同意以6 000万元转让，应如何筹划（当地房地产开发费用计算扣除的比例为10%）？

分析：有以下两种方案。

① 方案1：直接转让该项目，则企业的纳税情况为

营业税金及附加 = 6 000 × 5.5% = 330（万元）。

土地增值税=（6 000 − 3 500 − 3 500 × 10% − 3 500×20%−330）× 30% = 336（万元）。

企业所得税=（6 000 − 3 500 − 330 − 336）× 25% = 458.5（万元）。

总共缴纳税金 = 330 + 336 + 458.5 = 1 124.5（万元）。

② 方案2：转让该公司的全部股权，使股权差额与项目差额相等，则企业只需缴纳的所得税税额为（6 000 − 3 500） × 25% = 625（万元）。

显然，方案2对民泰房地产公司有利。当然，具体项目要具体计算、分析，从整体税负考虑，不可一概而论。

（4）将免税项目与非免税项目分开核算。税法规定，对于免税项目与非免税项目必须分开核算，否则，免税项目不得享受免税优惠；对于普通标准住宅与非普通标准住宅必须分开核算，否则，普通住宅不得享受增值额低于扣除项目金额20%时免税的优惠政策。因此，房地产开发企业必须将两者分开核算，以享受免税。

（5）利用适当捐赠进行税收筹划。房地产的赠与是指房地产的原产权所有人和依照法律规定取得土地使用权的土地使用人，将自己所拥有的房地产无偿地捐赠给其他人的民事法律行为。对于这种赠与行为，很多国家都开征了赠与税。我国目前还没有开征这种税收，也不对之征收土地增值税。因为按课征土地增值税的三条标准，赠与人捐赠房产是无偿转让，并没有取得收入，因此，不用缴纳土地增值税。但是，这里仅指以下两种情况：一是房产所有人、土地使用权所有人将房屋产权、土地使用权赠与直系亲属或承担直接赡养义务人的情况；二是房产所有人、土地使用权所有人通过中国境内非盈利性的社会团体、国家机关将房屋产权、土地使用权赠与教育、民政和其他社会福利、公益事业的情况。房产所有人、土地使用权所有人将自己房地产进行赠与时，如果不是以上所述两种情况，应该视同有偿转让房地产，应当缴纳土地增值税。因此，当事人应当注意自己的捐赠方式，以免捐赠完了之后，自己反而要承担大笔税款。

【案例 7-11】 A 房地产公司 2013 年向中国红十字会捐赠资金 50 万元，当年实现纳税调整前所得 3 000 万元。假设 2014 年实现的税前利润不变，打算仍向中国红十字会捐赠价值为 50 万元的房产一套（开发成本、费用为 30 万元）。那么，按现行税收政策，2014 年该公司改为用所开发的房地产实物捐赠就可以取得两个效果：一是可以不缴纳所赠价值 50 万元房产的土地增值税；二是所捐赠房产的开发成本、费用可以实现企业所得税税前扣除，虽然捐赠的发生也有一定的条件限制，但毕竟也是一个筹划思路。

7.3.2 土地增值税适用税率和计税依据的税收筹划

土地增值税适用税率的税收筹划主要考虑对增值率的控制，因为土地增值税是以转让房地产取得的收入，减除法定扣除项目金额后的增值额作为计税依据，按照四级超率累进税率进行征收，这意味着增值额越大，适用的税率越高，也就是说土地增值税税收筹划就要在控制增值率方面下功夫。

1. 利用适当增值进行税收筹划

按照我国《土地增值税暂行条例》的规定，纳税人建造普通标准住宅出售，增值额未超过扣除项目金额的 20%时，免征土地增值税；增值额超过扣除项目金额的 20%时，应就其全部增值额按规定缴纳土地增值税。同时还规定，纳税人既建造普通标准住宅，又进行其他房地产开发的，应分别核算增值额；不分别核算增值额或不能准确核算增值额的，其建造的普通标准住宅不享受免税优惠。

【案例 7-12】 某房地产开发企业，2014 年商品房销售收入为 15 000 万元，其中普通住宅的销售额为 10 000 万元，豪华住宅的销售额为 5 000 万元。税法规定的可扣除项目金额为 11 000 万元，其中普通住宅的可扣除项目金额为 8 500 万元，豪华住宅的可扣除项目金额为 2 500 万元。

分析：不分开核算与分开核算两种情况具体如下。

① 不分开核算时，有

增值额与扣除项目金额的比例 =（15 000 − 11 000）÷ 11 000 × 100% = 36.36%。

应纳土地增值税税额 =（15 000 − 11 000）× 30% = 1 200（万元）。

② 分开核算时，有

普通住宅增值额与扣除项目金额的比例 =（10 000 − 8 500）÷ 8 500 × 100% = 17.64%，增值额未超过扣除项目金额的 20%，免征土地增值税。

豪华住宅增值额与扣除项目金额的比例 =(5 000 − 2 500)÷ 2 500 × 100% = 100%。

普通住宅和豪华住宅应纳税合计 =（5 000 − 2500）×40％ − 2 500×5％=875（万元）。

分开核算比不分开核算少缴纳土地增值税 325 万元（1 200 − 875）。

2. 利用分散收入进行税收筹划

按相关税法规定，土地增值额是纳税人转让房地产所取得的收入减去规定扣除项目金额后的余额。在扣除项目金额一定的情况下，转让收入越少，土地增值额就越小，当然税率和税额就越低。因此，如何通过分散转让房地产的收入，就是一个着眼点。一般常见的方法是将可以分开单独处理的部分从整个房地产中分离，分次单独签订合同。例如，某房地产开发企业准备开发一栋精装修的楼房，预计精装修房屋的市场售价是 1 800 万元（含装修费 600 万元），该企业可以分两次签订合同，在毛坯房建成后先签 1 200 万元的房屋买卖合同，等装修时再签 600 万元的装修合同，则纳税人只就第一份合同上注明金额缴纳土地增值税，而第二份合同上注明的金额属于营业税征税范围，不用缴纳土地增值税。这样就使得应纳税额有所减少，达到节税的目的。

3. 利用成本费用进行税收筹划

（1）费用迁移筹划法。房地产开发费用即期间费用（管理费用、财务费用、销售费用）不以实际发生数扣除，而是根据利息是否按转让房地产项目计算分摊作为一定条件，按房地产项目直接成本的一定比例扣除。纳税人可以通过事前筹划，把实际发生的期间费用转移到房地产开发项目直接成本中去。例如，属于公司总部人员的工资、福利费、办公费、差旅费、业务招待费等都属于期间费用的开支范围，由于它的实际发生数不能增加土地增值税的扣除金额，因此，人事部门可以在不影响总部工作的同时把总部的一些人员安排或让其兼职于每一个具体的房地产项目中。那么，这些人的有关费用就可以分摊一部分到房地产开发成本中。期间费用少了不影响房地产开发费用的扣除，而房地产的开发成本却增大了。也就是说，房地产开发公司在不增加任何开支的情况下，通过费用迁移法，就可以增大土地增值税允许扣除项目的金额，从而达到节税的目的。

（2）“临界点”筹划法。房地产开发公司开发一个项目，总要获得一定的利润，但利润率越高，缴纳的土地增值税就越多，税后利润可能反而越小。因此，如何做到使房价在同行中最低，应缴土地增值税最少，且所获利润最多是房地产公司应认真考虑的问题。例如，纳税人建造普通标准住宅出售，增值额未超过扣除项目金额的 20%的，免征土地增值税；增值额超过扣除项目金额的 20%的，应就其全部增值额按规定计税。这里的“20%的增值额”就是“临界点”。根据临界点的税负效应，可以对此进行税收筹划。

实际工作中，首先要测算增值率（增值额与允许扣除项目金额的比率），然后设法调整增值率。改变增值率的方法有两种：一是合理定价，如在销售过程中增值率略高于两极税率档次交界的增值率，通过适当降低价格可以减少增值额，降低土地增值税的适用税率，从而减轻税负；二是增加扣除额，主要是通过加大投入来提高市场竞争力。按照《土地增值税暂行实施细则》的规定，房地产开发成本中可以扣除的项目有：土地征用及拆迁补偿费、前期工程费、建筑安装费、基础设施费、公共配套设施费、开发间接费用等。纳税人可以通过改善住房环境，提高房产的质量来适当增加扣除项目，以高质低价来占领市场。

【案例 7-13】 某房地产公司建成一栋普通标准住宅，扣除项目金额为 800 万元，当地同类住宅的市场售价约为 1 000 万元，假如定价为 1 000 万元，增值率为 25%，应纳土地增值税为 60 万元。假如不考虑其他因素，获利为 140 万元(1 000 − 800 − 60)。但如果定价为 960 万元，增值率为 20%。由于纳税人建造的是普通标准住宅出售，且增值额未超过扣除项目金额的 20%，所以就可以免征土地增值税，则获利为 160 万元(960 − 800)，二者相比税后利润增加 20 万元。通过这个例子可以看出，企业在出售普通标准住宅时，通过合理定价进行税收筹划，完全可以使自己保持较低价格并获得较高的利润。

（3）费用均分筹划法。这种方法主要是针对房地产开发业务较多的企业。因为这类企业可能同时进行几处房地产的开发业务，不同地方开发成本因为地价或其他原因可能不同，这就会导致有的房屋开发出来销售后的增值率较高，而有的房屋增值率较低，这种不均匀的状态实际会加重企业的税收负担，这就要求企业对开发成本进行必要的调整，使得各处开发业务的增值率大致相同，从而节省税款。因此，平均费用分摊是抵消增值额、减少纳税的极好选择。房地产开发企业可将一段时间内发生的各项开发成本进行最大限度的调整分摊，就可以将获得的增值额进行最大限度的平均，这样就不会出现某段时间增值率过高的现象，从而节省部分税款的缴纳。如果结合其他筹划方法，使增值率刚好在某一临界点以下，则节税就更明显。

（4）利用利息支出进行税收筹划。房地产开发企业属于高负债的行业，一般都会发生大量的借款，因此利息支出是不可避免的。利息支出的不同扣除方法也会对企业的应纳税额产生很大的影响。财务费用中的利息支出，凡能够按转让房地产项目计算分摊并提供金融机构证明的，允许据实扣除，但最高不能超过按商业银行同类同期贷款利率计算的金额，其房地产开发的其他费用还可按该项目地价款和开发成本之和的 5%再扣除；凡不能按转让房地产项目计算分摊利息支出或不能提供金融机构证明的，房地产开发费用按该项目地价款和开发成本之和的 10%直接扣除成本，其实际利息支出就不能扣除了。这给纳税人提供了可供选择的余地：如果房地产开发企业在开发过程中主要依靠借款筹资，利息费用较高，则应尽可能提供金融机构贷款证明，并按房地产项目计算分摊利息支出，实现利息据实扣除，降低税额；反之，开发过程中借款不多，利息费用较低，则可不计算应分摊的利息支出或不提供金融机构的贷款证明，这样就可多扣除房地产开发费用，以实现企业利润最大化。

7.3.3　利用税收优惠政策进行税收筹划

土地增值税的税收优惠措施包括以下 3 个方面。

（1）纳税人建造普通标准住宅出售，增值额未超过扣除项目金额 20%的，免征土地增值税；增值额超过扣除项目金额 20%的，应就其全部增值额按规定计税。

（2）因国家建设需要依法征用、收回的房地产，免征土地增值税。

（3）对个人销售住房暂免征收土地增值税等。

7.4　城镇土地使用税税收筹划

城镇土地使用税（以下简称土地使用税），是对在城市、县城、建制镇和工矿区内使用土地的单位和个人，以其实际占用的土地面积为计税依据，按照规定的定额税率计算征收的一个税种。对于经营者来说，土地使用税虽然不与经营收入的增减变化相挂钩，但作为一种费用必然是经营纯收益的一个减项。纵观现行土地使用税的法律、行政法规，可以从以下几个方面进行筹划。

7.4.1　城镇土地使用税征收范围和纳税人的税收筹划

（1）利用不同区域进行税收筹划。经营者占有并实际使用的土地，其所在区域直接关系到缴纳土地使用税数额的大小。因此，经营者可以结合投资项目的实际需要在下列几个方面进行选择：一是在征税区与非征税区之间选择；二是在经济发达与经济欠发达的省份之间选择；三是在同一省份内的大中小城市以及县城和工矿区之间作出选择（在同一省份内的大中小城市、县城和工矿区内的土地使用税税额同样有差别）；四是在同一城市、县城和工矿区之内的不同等级的土地之间作出选择。

【案例7-14】 某食品厂目前占地6 000m²，现需征用新土地4 000m²来扩大厂区。随着城市化的推进，该厂所在位置由原来的郊县变成了市区，导致土地使用税大幅增加，且原材料的供应也不如原来稳定。假设食品厂所在市区土地使用税税率为12元/m²，该食品厂在选择征用土地建设新厂区时应如何决策？

分析：有以下两种方案。

① 方案1：该食品厂选择在市区内就近征用4 000m²土地建设新厂区。此时，食品厂征用土地后每年应缴纳的土地使用税计算如下。

应纳土地使用税 =（6 000 + 4 000）× 12 = 120 000（元）。

② 方案2：该食品厂选择在周边农村征用4 000m²土地建设新厂区，位于农村的土地不在土地使用税的征收范围之内，食品厂只就目前占用的6 000m²缴纳土地使用税，则

应纳土地使用税 = 6 000 × 12 = 72 000（元）。

另外，如果设在农村会影响企业发展的话，食品厂可以考虑把总部、销售部门设在市区，而把工厂、生产车间设在农村，同时在厂区附近建立小麦等原材料生产基地，或与农户签订小麦收购合同，也就解决了原材料来源和质量问题。

（2）在经营范围或投资对象上考虑节税。根据我国《城镇土地使用税暂行条例》的规定，市政街道、广场、绿化地带等公共用地免税，而企业内部道路、广场、绿化用地等则不在免税范围之内，因此企业把原绿化地只对内专用改成对外公用即可享受免税的照顾；根据对煤炭、矿山和建材行业的特殊用地可以享受减免土地使用税的规定，企业既可以考虑按政策规定明确划分出采石（矿）厂、排土厂、炸药库等不同用途的用地，也可以把享受免征土地使用税的特定用地在不同的土地等级上进行合理布

局，使征税的土地税额最低等。

（3）当经营者租用厂房、公用土地或公用楼层时，在签订合同中要有所考虑。税法规定，土地使用权未确定或权属纠纷未解决的，由实际使用人纳税；土地使用权共有的，由共有各方分别纳税。所以，经营者在签订合同时，应该把是否成为土地的法定纳税人这一因素考虑进去。

7.4.2　城镇土地使用税收优惠政策的税收筹划

企业可以充分利用土地使用税的下述税收优惠政策进行税收筹划。

（1）利用改造废弃土地进行税收筹划。税法规定，经批准开山填海整治的土地和改造的废弃土地，从使用的月份起免缴土地使用税 5～10 年。企业可以充分利用城市、县城、建制镇、工矿区的废弃土地，以获得免缴土地使用税的优惠。

（2）利用经营采摘、观光农业进行税收筹划。根据“直接用于农、林、牧、渔业的生产用地”免征土地使用税的规定，在城镇土地使用税征收范围将土地直接用于种植、养殖、饲养等采摘、观光项目，来享受免缴土地使用税的优惠待遇。

（3）利用准确核算用地进行税收筹划。如果企业能够准确核算用地，就可以充分享受土地使用税设定的税收优惠条款。例如，将直接用于农、林、牧、渔业的生产用地与农产品加工场地和生活办公用地相分离，就可以享受直接用于农、林、牧、渔业的生产用地的免税优惠。

7.4.3　城镇土地使用税收征管的税收筹划

（1）从纳税义务发生的时间上考虑节税。

一是发生涉及购置房屋的业务时考虑节税。涉及房屋购置业务时，土地使用税规定了如下纳税义务发生时间：纳税人购置新建商品房的，自房屋交付使用的次月起纳税；纳税人购置存量房的，自办理房屋权属转移、变更登记手续，房地产权属登记机关签发房屋权属证书之次月起纳税。因此，对于购置方来说，应尽量缩短取得房屋所有权与实际经营运行之间的时间差。

二是对于新办企业或需要扩大规模的老企业，在征用土地时，可以在是否征用耕地与非耕地之间作筹划。因为政策规定，纳税人新征用耕地，自批准征用之日起满一年时开始缴纳土地使用税，而征用非耕地的，则需在自批准征用的次月就应该纳税。

三是选择经过改造才可以使用的土地。政策规定，经批准开山填海整治的土地和改造的废弃土地，从使用月份起免征土地使用税 5～10 年。

（2）从纳税地点上考虑节税。关于土地使用税的纳税地点，政策规定为“原则上在土地所在地缴纳”。但对于跨省份或虽在同一个省、自治区、直辖市但跨地区的纳税人的纳税地点上，也是有文章可作的。这里的节税途径的实质就是尽可能选择税额标准最低的地方纳税。这对于目前不断扩大规模的集团性公司显得尤为必要。

7.5　房产税税收筹划

房产税税收筹划是一项较为复杂的工作，我们必须熟练掌握国家的税收政策条文并灵活地加以运用，同时结合企业实际情况，综合考虑各方面因素以及其他税种的税负效应，进行整体筹划，寻求最佳方案，以达到企业整体效益最大化。

7.5.1 房产税征税范围的税收筹划

按照税法规定，房产税在城市、县城、建制镇和工矿区征收。这意味着，在这范围之外的房产不用征收房产税。因此，一些对地段依赖性不是很强的纳税人可依此进行税收筹划。例如，对于一些农副产品企业，生产经营往往需要一定数量的仓储库，如果将这些仓储库落户在县城内，无论是否使用，每年都需按规定计算缴纳一大笔房产税和土地使用税；而如果将仓储库建在城郊附近的农村，虽地处偏僻，但交通便利，对公司的经营影响不大，这样每年就可节省这笔费用。

7.5.2 房产税计税依据的税收筹划

房产税的计税依据是房产的计税价值或房产的租金收入，因此根据房产的用途可以分别进行房产税税收筹划。

1. 经营自用房产的税收筹划

经营自用房产的房产税是依照房产原值一次减除 10%～30%后的余值计算缴纳。因此，房产税税收筹划的空间在于明确房产的概念、范围，合理减少房产原值。

（1）合理划分房产原值。税法规定，“房产”是以房屋形态表现的财产，房屋是指有屋面和围护结构（有墙或两边有柱），能够遮风避雨，可供人们在其中生产、工作、学习、娱乐、居住或储藏物资的场所。独立于房屋之外的建筑物不征房产税，但与房屋不可分割的附属设施或者一般不单独计价的配套设施需要并入原房屋原值计征房产税。这就要求我们将房屋与非房屋建筑物以及各种附属设施、配套设施进行适当划分，单独列示，分别核算。

（2）正确核算地价。税法规定，房屋原价应根据国家有关会计制度规定进行核算，而我国《企业会计准则第 6 号——无形资产》规定，企业取得的土地使用权通常应确认为无形资产。自行开发建造厂房等建筑物，相关的土地使用权与建筑物应当分别进行处理。外购土地及建筑物支付的价款应当在建筑物与土地使用权之间进行分配；难以合理分配的，应当全部作为固定资产。也就是说，对自建、外购房屋业务，均要求将土地使用权作为无形资产单独核算，“固定资产”科目中不包括为取得土地使用权支付的费用。因此，企业在外购土地及建筑物支付的价款时，一定要根据“配比”的原则，合理分配建筑物与地价款，分别进行账务处理。

（3）及时做好财产的清理登记工作。企业在生产经营过程中，难免会出现财产损毁、报废和超期使用等情况的发生。作为固定资产的房产，它的挂账原值是计算房产税的基础数据，它的清理能直接影响房产税的应税所得额。因此，企业一定要及时检查房屋及不可分割的各种附属设备的运行情况，做好财产清理登记工作，并及时向税务机关报批财产损失，以减轻税负。

（4）转变房产及附属设施的修理方式。税法规定，对于修理支出达到取得固定资产时计税基础 50%以上，或修理后固定资产的使用年限延长 2 年以上的，应增加固定资产的计税基础。因此，我们在房产修理时，将房产的资本性大修理支出分解成多次收益性小修理支出，使每次修理费低于限额，这样每次修理费可以直接从损益中扣除，不需增加房产的计税基础，从而相应减少房产税税负。

2. 出租房产的税收筹划

按照税法规定，房产出租的，以房产租金收入计算缴纳。因此，对出租房屋税收筹划的关键在于如何正确核算租金收入。

（1）合理分解房租收入。目前，企业出租时不仅只是房屋设施自身，还有房屋内部或外部的一些附属设施及配套服务，如机器设备、办公用具及附属用品。税法对这些设施并不征收房产税。而我们在签订房屋出租协议时，往往将房产和这些设施放在一起计算租金，这样就无形增加了企业的税负。因此，我们在签订房屋租赁合同时，应合理、有效地分割租赁收入，将附属设施及配套服务单独计算使用费收入，以减轻房产税的税负。

（2）通过关联企业转租。不少企业与其子公司等关联企业办公地点在一起，如果企业所属地段较偏僻，可以考虑将闲置的房产出租给关联企业，再由关联企业向外出租。由于关联企业不是产权所有人，只是房产转租人，根据税法规定，转租不需缴纳房产税。这样通过将房屋出租方式由直接出租改为转租，可以减少企业的整体税负。

7.5.3 房产税计征方式的税收筹划

房产税的计税方式有从价计征和从租计征。从价计征是按房产计税价值计征，税率为1.2%；从租计征是按房产的租金收入计征，税率为12%。随着经济的发展，房屋的租金普遍偏高，而如果房屋是以前年度修建的，则其账面原值很低，这就造成了两种计征方法下税负不一致的情况，“出租”房屋要比“自用”房屋税负重。因此，要转变租赁方式，变从租计征为从价计征。

（1）将出租变为投资。企业将房屋对外出租，按规定要按租金收入缴纳房产税，如将房屋对外投资入股，参与被投资方的利润分配，共同承担风险，投资方就不用按12%的高税率缴纳房产税，而被投资方只需按房屋余值的1.2%缴纳房产税，相比之下，这样计算的房产税要少得多。

（2）将出租变为仓储管理。出租房屋属于从租计征的房产范围，而仓储则属于从价计征的房产范围。租赁与仓储是两个不同的概念。租赁只需提供空房就行了，不对存放的商品负责；而仓储不仅需要添置设备设施，配备相关的人员，还要对存放的商品负责，从而增加人员的工资和经费开支，但这些开支还是远远低于节税数额，扣除这些开支后，企业还是有可观的收益的。

（3）将出租变为承包。根据税法规定，如果承包者或承租者未领取任何类型的营业执照，则企业向其提供各种资产收取的各种名义的价款，均属于企业内部分配行为，不属于租赁行为。因此，如果企业以自己的名义领取营业执照和税务登记证，将房屋承租人聘为经营者，将房屋出租行为变为自办工厂或商场再承包出去，收取承包收入，那么原有的房产就可以从价计征，这样就可以避免较高的房产税。

7.5.4 房产税优惠政策的税收筹划

房产税作为地方税种，税法规定了许多政策性减免优惠。例如，对损坏不堪使用的房屋和危险房屋，经有关部门鉴定，在停止使用后，可免征；企业大修理停用在半年以上的房产，在房屋大修期间免征房产税；纳税人纳税有困难的，可定期向有关税务机关申请减征或免征应征税额等。作为企业，应充分掌握、利用这些优惠政策，及时向税务机关提出书面减免税申请，并提供有关的证明，争取最大限度地获得税收优惠，减少房产税的支出。

7.6 印花税税收筹划

7.6.1 印花税征税范围与纳税人的税收筹划

（1）签订合同勿忘交纳印花税，巧签合同能节税。在许多企业财务人员的眼里，印花税是极不起眼的小税种，常常忽视了节税。然而，企业在生产经营中总是频繁地订立各种各样的合同，且有些合同金额巨大，因而印花税的筹划不仅是必要的，而且是重要的，忽视筹划会导致多缴税的后果。

【案例 7-15】 康泰铝合金门窗厂与安居建筑安装公司签订了一份加工承揽合同。合同规定：康泰铝合金门窗厂受安居建筑安装公司委托，负责加工某小区房屋的铝合金门窗，加工所需原材料和零配件均由康泰铝合金门窗厂提供。康泰铝合金门窗厂共收取加工费及原材料、零配件费共计 300 万元。该份合同康泰铝合金门窗厂应缴印花税 3 000 000 × 0.5‰ = 1 500（元）。

分析：我国印花税税法对加工承揽合同的计税依据有如下规定。

① 加工承揽合同的计税依据为加工或承揽收入。如有委托方提供原材料金额的，可不并入计税依据，但受托方提供辅助材料的金额，则应并入计税金额。

② 加工承揽合同规定由受托方提供原材料的，若合同中分别记载加工费金额和原材料金额，应分别计税：加工费金额按加工承揽合同适用 0.5‰税率计税，原材料金额按购销合同适用 0.3‰税率计税，并按两项税额相加的金额贴花；若合同中未分别记载两项金额，而只有混合的总金额，则从高适用税率，应按全部金额依照加工承揽合同，适用 0.5‰税率计税贴花。

由此可见，在此案例中，如果合同中将康泰铝合金门窗厂所提供的原材料金额与加工费、零配件金额分别核算，则能达到节税的目的。如原材料费为 200 万元，加工费为 80 万元，零配件费为 20 万元，所需贴花的金额为 1 100 元（2 000 000 × 0.3‰ + 800 000 × 0.5‰ + 200 000 × 0.5‰）。

说　明

由于合同签订的不恰当，康泰铝合金门窗厂在不知不觉中多缴纳了税款。

（2）减少书立使用凭证人数的筹划。这种筹划方法极其简单，操作也很方便，其思路就是尽量减少书立使用各种凭证的人数，使更少的人缴纳印花税，使当事人总体税负下降，从而达到少缴税款的目的。

根据印花税相关法规，对于应税凭证，凡是由两方或两方以上当事人共同书立的，其当事人各方都是印花税的纳税人。

如果几方当事人在书立合同时，能够不在合同上出现的当事人不以当事人身份出现在合同上，则效果就达到。例如，甲、乙、丙、丁4人签订一合同，乙、丙、丁3人基本利益一致，就可以任意选派一名代表，让其和甲签订合同，则合同的印花税纳税人便只有甲和代表人。

这种筹划方法也可以应用到书立产权转移书据的立据人。因为一般来说，产权转移书据的纳税人只有立据人，不包括持据人，持据人只有在立据未贴或少贴印花税票时，才负责补贴印花税票。但是如果立据人和持据人双方当事人以合同形式签订产权转移书据，那么双方都应缴纳印花税。因而，这时采取适当的方式，使尽量少的当事人成为纳税人，税款自然就会减少。

（3）集团公司印花税的筹划。越来越多的企业采用了集团公司的组织方式，以分散经营风险，享受在融资及管理控制上的种种益处。但在税收实务中，一些集团公司内部所属企业之间有很多经济往来都以合同的方式确立。这样一来，根据税法规定，就必须缴纳印花税了。

印花税是一种行为税，其课税对象是书立、使用、领受应税凭证的行为。也就是说，只要发生了书立、使用、领受应税凭证的行为，就必须依法履行印花税纳税义务；没有这种行为，则不必纳税。签订合同的目的只是明确交易双方的权利义务关系。对于一个集团公司来讲，有很多方法可以实现这种控制职能，而没有必要对每一笔交易都以合同的方式约束。这样，就可以节省一部分印花税。虽然印花税税率低、税负轻，最高税率为1‰，最低税率仅为0.05‰，但对于书立的双方都要纳税，所以对规模庞大、内部调拨频繁的集团公司来说，一年下来，也是一笔不小的开支。对企业来说更为重要的，也许并不是税款本身，而是通过这种管理所体现出来的一种勤俭的作风，一种追求精益管理的企业文化，通过一点一滴的小事，把这种思想渗透到每一个员工的心灵深处。

7.6.2　印花税适用税率的税收筹划

（1）选择低税率进行印花税筹划。依据《印花税条例》规定：各类经济合同订立后，不论合同是否履行，都应以合同上所记载的金额、收入或费用为计税依据，依照不同项目的适用税率，计算交纳印花税。对订立合同税收筹划的重点之一是选择低税率的项目。下面通过例子来说明其具体做法。

【案例7-16】　深圳市某家具厂接受本市一家具城的委托，负责加工一批家具，总价值为1 000万元，加工所需原材料为700万元，零配件为100万元。试问，如何签订合同进行印花税筹划？

分析：其税收筹划方法如下。

① 按总价值签订合同，其应交纳的印花税为

应纳税额 = 10 000 000 × 0.5‰ = 5 000（元）。

② 按材料和加工费分开签订合同，其应交纳的印花税为

应纳税额 = 8 000 000 × 0.3‰ + 2 000 000 × 0.5‰ = 3 400（元）。

③ 只是就加工费部分签订合同，则其应交纳的印花税为

应纳税额 = 2 000 000 × 0.5‰ = 1 000（元）。

（2）利用分开核算进行税收筹划。税法规定，同一凭证，因载有两个或两个以上

经济事项而适用不同税目税率，如分别记载金额的，应分别计算应纳税额，相加后按合计税额贴花；如未分别记载金额的，按税率高的计税贴花。

【案例 7-17】 某煤矿 2014 年 10 月与铁道部门签订运输合同，所载运输费及保管费共计 300 万元。该合同中涉及货物运输合同和仓储保管合同两个税目，而两者税率不相同，货物运输合同的税率为 0.05%，仓储保管合同的税率为 0.1%。

分析：未分开核算和分开核算两种情况如下。

① 未分开核算时，因未分开记载金额，应按税率高的计税贴花，即按 0.1%税率计算应贴印花，则：

应纳印花税税额 = 300 × 0.1% = 0.3（万元）。

② 分开核算时，假定运输合同列明，含货物运输费 260 万元，仓储保管费 40 万元，则：

应纳印花税税额 =（260 × 0.05%）+（40 × 0.1%）= 0.17（万元）。

企业通过简单的税收筹划，使得订立合同的双方均节省 1 300 元的税款。

7.6.3 印花税计税依据的税收筹划

1. 利用模糊金额进行税收筹划

模糊金额筹划法，具体来说是指经济当事人在签订数额较大的合同时，有意地使合同上所载金额，在能够明确的条件下，不最终确定，以达到少缴印花税税款目的的一种行为。

在现实经济生活中，各种经济合同的当事人在签订合同时，有时会遇到计税金额无法最终确定的情况。而我国印花税的计税依据大多数都是根据合同所记载金额和具体适用税率确定的，计税依据无法最终确定时，纳税人的应纳印花税税额也就相应地无法确定。而根据税法规定，应纳税凭证应当于书立或者领受时贴花。也就是说，经济当事人在书立合同之时，其纳税义务便已经发生，应该根据税法规定缴纳应纳税额。

为保证国家税款及时足额入库，税法采取了一些变通方法。税法规定，有些合同在签订时无法确定计税金额，如技术转让合同中的转让收入，是按销售收入的一定比例收取的，或是按其实现利润多少进行分成的；财产租赁合同，只是规定了月（天）租金标准而无租赁期限的。对这类合同，可在签订时先按定额 5 元贴花，以后结算时再按照实际的金额计税，补贴印花。这便给纳税人进行税收筹划创造了条件。

在经济交往活动中，经济当事人签订的合同如果本身金额就较小，自然就没有筹划的必要；但如果金额相对较大，应纳税额较大时筹划便显得很有现实意义了。

【案例 7-18】 某设备租赁公司欲和某生产企业签订一租赁合同，租金每年 200 万元。

分析：① 如果在签订合同时明确规定年租金 200 万元，则两企业均应缴纳印花税。各自应纳印花税税额 = 200 × 0.1% = 0.2（万元）。

② 如果两企业在签订合同时仅规定每天的租金数，而不具体确定租赁合同的执行时限，则两企业只需各自先缴纳 5 元钱的印花税，余下部分等到最终结算时才缴纳。

说明

企业通过延缓纳税，获得了货币的时间价值，得到了利益。

2. 利用压缩金额进行税收筹划

印花税是对在我国境内设立、领受应税凭证的单位和个人，就其设立、领受的凭证征收的一种税。由于种种经济合同的纳税人是订立合同的双方或多方当事人，其计税依据是合同所载的金额，因而出于共同利益，双方或多方当事人可以经过合理筹划，使各项费用及原材料等的金额通过非违法的途径从合同所载金额中得以减除，从而压缩合同的表面金额，达到少缴税款的目的。

例如，企业甲和企业乙欲签订一份加工承揽合同，数额较大。由于加工承揽合同的计税依据是加工承揽收入，而且这里的加工承揽收入是指合同中规定的受托方的加工费收入和提供的辅助材料金额之和，因此，如果双方当事人能想办法将辅助材料金额压缩，问题便解决了。具体的做法就是，由委托方自己提供辅助材料，如果委托方自己无法提供或是无法完全自己提供，也可以由受托方提供，当然这时的筹划就要分两步进行。第一步，双方签订一份购销合同，由于购销合同的适用税率为 0.3‰，比加工承揽合同适用税率 0.5‰要低。只要双方将部分或全部辅助材料先行转移所有权，加工承揽合同和购销合同要缴纳的印花税之和便会下降。第二步，双方签订加工承揽合同，其合同金额仅包括加工承揽收入，而不包括辅助材料金额。

其实在日常生活中，如果经济交易活动能当面解决，一般是不用签订合同的。上面所说的筹划中，辅助材料的购销不用订立购销合同，这也会省去部分税款。如果经济当事人双方信誉较好，不签加工承揽合同当然更能节省税款，但这样可能会带来一些不必要的经济纠纷。

压缩金额筹划法在印花税的筹划中可以广泛地应用，如互相以物易物的交易合同中，双方当事人尽量互相提供优惠价格，使得合同金额下降到合理的程度。当然这要注意限度，以免被税务机关调整价格，最终税负反而增加。

3. 采取保守金额实施税收筹划

由于我国印花税是一种行为税，是对经济当事人的书立、领受及使用应税凭证的行为课征的税收，因而只要有签订应税合同的行为发生，双方或多方经济当事人的纳税义务就已产生，应该计算应纳税额并贴花。

根据税法，无论合同是否兑现或是否按期兑现，均应贴花。而且，对已履行并贴花的合同，所载金额与合同履行后实际结算金额不一致的，只要双方未修改合同金额，一般不再办理完税手续。

在合同设计时，双方当事人应充分地考虑到以后经济交往中可能会遇到的种种情况，根据这些可能情况，确定比较合理、保守的金额。如果这些合同属于金额难以确定的，也可以采用模糊金额避税法，等到合同最终实现后，根据实际结算情况再补贴印花，这样也能达到同样的效果。

4. 印花税计税依据税收筹划的其他方法

（1）利用借款方式进行税收筹划。变换借款方式筹划策略是指利用一定的筹资技术使企业达到最大获利水平和最小税负的方法。对任何企业来说，筹资是其进行一系列生产经营活动的先决条件。一般来说，企业筹资方法主要有争取财政拨款和补贴、金融机构贷款、自我积累、社会集资、企业间拆借和企业内部集资。从纳税的角度看，这些筹资方式产生的税收后果却有很大的差异，某些筹资方式最终的实行效果比其他方式要好。通常认为，自我积累筹资方式所承受的税收负担要重于向金融机构贷款筹资方式所承受的税收负担。因为金融机构贷款利息对企业而言可以作为支出，相应地会减少应纳税所得额，从而节省所得税税款。

根据印花税的规定，银行及其他金融机构与借款人（不包括银行同业拆借）所签订的合同，以及只填开借据并作为合同使用，取得银行借款的借据应按照“借款合同”税目缴纳印花税，而企业之间的借款合同则不用贴花。因而对企业来说，和金融机构签订借款合同与和企业（其他企业）签订借款合同的利息支出都是可以扣除的，而前者要缴纳印花税，后者不用缴印花税。如果两者的借款利率是相同的，则向企业借款效果会更好。不过企业在筹划时应注意，企业向企业提供的借款，其利率一般比金融机构提供的借款利率高，因而企业应相机而动。在实际工作中，还要针对税法对实际借款活动中不同借款形式的不同计税方法的规定灵活对待。

【案例 7-19】 某企业 A 因资金紧张，急需一笔为期一年的借款 100 万元。企业有两种选择：一是从某商业银行借款 100 万元；二是从企业 B 同业拆借 100 万元，年利率都是 6%。在两笔贷款利率相同时，企业从银行贷款需要缴纳 50 元印花税，而同业拆借则无需缴纳印花税，由此可节税 50 元。

（2）利用最少分包进行税收筹划。根据印花税的规定，建筑安装工程承包合同的计税依据为合同上记载的承包金额，其适用税率为 0.3‰。施工单位将自己承包的建设项目分包给其他施工单位所签订的分包合同，应按照新的分包合同上所记载的金额再次计算应纳税额。因为印花税是一种行为性质的税种，只要有应税行为发生，就应按税法的相关规定纳税。这种筹划策略的核心就是尽量减少签订承包合同的环节，以最少的可能书立应税凭证，从而达到节约部分应缴税款的目的。

（3）印花税和资本金的税收筹划。在事前的税收筹划时，印花税的筹划很容易被忽视，总以为印花税的金额较小，其实不然。例如，资金账簿的贴花是按照实收资本和资本公积总额的万分之五计算的。如果注册资本达 2 亿元，就须缴纳印花税 10 万元。注册资本的规模其实只要达到公司法规定的最低数额就可以了，如生产经营需要更多的资金，可将超过部分按股权比例列入“其他应付款”。这样，一方面降低了印花税的税负，同时超过注册资本的投资额作为负债可以计提利息计入成本，相对减少了企业所得税；另一方面也降低了负有限责任的风险。

7.6.4 印花税税收优惠的税收筹划

利用印花税税收优惠政策进行税收筹划，也是印花税筹划的一项重要内容。

（1）充分把握印花税的各项减免税优惠规定，享受减免税待遇，达到节税效果。

（2）将应税项目与减免税项目分开核算，避免未分开核算时减免税项目一并纳税而负担额外的税款。

（3）针对不同税目、税率，选择低税率纳税，实现少缴税或递延纳税等。

最后，需要指出的是，在印花税的征管过程中，有些纳税人采取隐匿应税凭证等方法偷漏印花税税款，造成了国家税款的流失。例如，有些企业发生了应税凭证，不向税务机关进行申报，或虽然申报，但不据实申报，只报部分凭证，而将其余部分隐匿；有的企业将购销合同（或加工承揽合同、财产租赁合同、货物运输合同等）按借款合同进行申报；也有的企业对缴纳印花税认识不够，对印花税的缴纳抱着无关紧要的态度，所以经常出现购印花而不贴印花，或贴印花而不划销的现象，甚至有些企业和个人重复使用已贴印花。这些都是税法所不允许的，也不属于我们税收筹划的范畴，税法对此规定了严厉的惩罚措施，所以纳税人一定要在法律允许的范围内进行合理的筹划。

7.7　车船税税收筹划

7.7.1　利用选择购买车船进行税收筹划

企业和个人在考虑购买车船时，一般都会从价格、性能等方面进行考虑，而往往忽略了这些车船将来可能缴纳的税款。实际上，在购买车船时就要充分考虑这些车船以后的纳税问题，如船舶应纳车船税相对吨位数变化的临界点。

【案例 7-20】　假定有两只船，一只船的净吨位是 2 000 吨，而另一只船的净吨位是 2 001 吨（当然这种现象比较极端，也比较少见，但很能说明问题）。这样，第一只船适用税额为 4 元/吨，其每年应缴纳车船税税额的计算如下。

应纳税额 = 2 000 × 4= 8 000（元）。

而另一只船由于适用税额为 5 元/吨，则每年应缴纳车船税税额的计算如下。

应纳税额 = 2 001 × 5 = 10 005（元）。

可见，虽然净吨位只相差 1 吨，但由于税额的全额累进所致，每年应纳车船税的税额有急剧的变化。

因而，企业和个人在选择购买船只时，一定要考虑该种吨位的船只所能带来的收益和因吨位发生变化所引起的税负增加之间的关系，然后选择最佳吨位的船只。

7.7.2　利用车船停用进行税收筹划

我国的车船税是一种财产税性质的税种，它对使用的车船征税。根据车船税的有关规定，已向交通航运管理机关上报全年停运或者报废的车船，当年不发生车船税的纳税义务，不用缴纳车船税。但是停用后又重新使用的车船，从重新使用的当月起发生车船税的纳税义务。因而，当企业和个人的车船很长时期不使用时，最好上报交通航运管理机关，以获得免税优惠；如果企业和个人不上报，即使该车船几十年不使用，也应该每年照常缴纳车船税。新购置的车辆如果暂不使用，即尚未享受到市政建设利益，则可以不向税务机关申报纳税；但要使用时，应依照车船税的有关规定办理。在某些特殊情况下，在恰当的时候开始使用已购置新车辆可以省去部分税款。

7.7.3　利用清楚划分车船进行税收筹划

《税法》规定，如果一批车船适用不同税率，或有的征税有的免税，而纳税人不能准确划分的，就会从高适用税额。因此，对纳税人来说，这时最好的筹划方法就是将适用不同税目税率及免税项目的课税对象清楚地区分开，以便最大限度地节省税款。

【案例 7-21】 假定某企业自己创办一所学校，该企业共有 8 辆整备质量为 3 吨的载货汽车，4 辆载人汽车（每车可载 25 人），其中有 2 辆载货汽车经常在学校里使用，3 辆载人汽车也基本用于学校师生组织各项活动。如何对车船利用清楚划分车船进行税收筹划？

分析：从以下两种情况进行分析。

① 如果不能划分清楚，则该企业应纳车船税税额为（当地政府规定上述规格的载货汽车整备质量每吨 60 元，乘人汽车每辆 320 元）

应纳车船税 $= 8 \times 3 \times 60 + 4 \times 320 = 2\,720$（元）。

② 如果能够准确划分，则该企业每年应纳车船税税额为

应纳车船税 $= 6 \times 3 \times 60 + 1 \times 320 = 1\,400$（元）。

所以，在能够准确划分时，可以节省税款 1 320 元。

7.7.4 利用挂靠进行税收筹划

我国税法中规定了一些车船可以免征车船税，如果企业或个人的车船能够以这种免税车船的形式出现，无疑可以节省不少税款。当然，许多企业和个人使用车船并非从一开始便具备享受优惠政策的条件，这就需要企业和个人为自己创造条件，来达到利用优惠政策合理节税的目的，这种方式即我们经常所说的“挂靠”。需要注意的是，能够划分、准确核算免税车船可以享受免税待遇，否则应照章纳税。同样，免税单位与纳税单位合并办公所用车船能划分清楚，分别免征或征收车船税；不能划分清楚的，则一律照章纳税。如果企业或个人的车船以恰当的方式出现，便可以节省这笔税款。

7.8 契税税收筹划

在目前的经济生活中，涉及转移土地、房屋权属的契税缴纳行为较多。根据契税缴纳的税收政策进行税收筹划，降低契税支出，日益为各方面纳税人所重视。

7.8.1 利用购买住房的类型进行税收筹划

国家对个人买卖住房进行了一系列税收政策的调整，个人在购买私用住房时，应认真学习并利用这些政策，以节省税款。例如，税法规定，个人首次购买普通住房的，契税税率统一下调到 1%，此时需要了解当地关于普通住宅建筑面积等方面的规定，在符合一定条件的情况下，可以享受税收减免优惠。当然，购买的住房应以适用为主，不能一味地追求节税。在住房的各方面条件均符合自己要求的情况下，比较各套房屋的应纳税款，从而选择最合适的住房。

7.8.2 利用等价交换进行税收筹划

根据我国现行契税税法规定，土地使用权、房屋交换，契税的计税依据为所交换的土地使用权、房屋的价格差额，由多交付货币、实物、无形资产或其他经济利益的一方缴纳税款，交换价格相等的，免征契税。其筹划的核心理念是根据双方当事人的实际情况尽量地缩小两者的价差。

由于当事人进行房屋交换总是会用于某一特定目的，双方当事人交换房屋所有权之后再进行改造以用于该目的与双方当事人在交换之前便进行改造，其实际效果是一样的，都可以将房屋改造得适合于该项用途，但承担契税的税负效果是不一样的。

需要注意的是，双方在交换土地使用权或房屋所有权时，也可采用自由定价、提高或压低价格的方法进行筹划，但这种方法应控制在一定的限度内，否则，税务机关有权调整，如果将该种方法与适当的改造相结合来考虑，将会完美很多。

等价交换的筹划方法的另一种引申便是，将本来不属于交换的行为，通过合法的途径改变为交换行为，以减少税款。

【案例 7-22】　金信公司有一块价值 3 000 万元的土地拟出售给南方公司，然后从南方公司购买其另外一块价值 3 000 万元的土地。双方签订土地销售与购买合同后，金信公司应缴纳契税 120 万元(3 000 × 4%)，南方公司应缴纳契税 120 万元(3 000 × 4%)。

分析： 根据上述文件对于免征契税的规定，提出纳税筹划方案如下。金信公司与南方公司改变合同订立方式，签订土地使用权交换合同，约定以 3 000 万元的价格等价交换双方土地。根据契税税法的规定，金信公司和南方公司各自免征契税 120 万元。

7.8.3　利用隐形赠与进行税收筹划

按照税法规定房屋赠与应照章征税，进行筹划时比较好的办法就是不办理产权转移手续。因为既然愿意赠与房屋，则其原意应该是不再索回赠与的房屋所有权，其实让受赠人实际占有该住房也能达到这种效果。这里所要做的只是赠与人搬出该套住房，受赠人以实际居住的形式占有，只要赠与人不再索回该房屋的所有权就可以解决了。

这种筹划方法可以完全免去契税，效果很好，但容易产生产权归属纠纷，这种方法要建立在赠与人信誉较好的前提下。当事人利用该法进行筹划时，一定要权衡利弊，以做出最优选择。

【案例 7-23】　某男士向其女儿赠送一套住房作为嫁妆，该套住房市价为 100 万元，适用契税税率为 5%，则其女儿要支付契税如下。

应纳契税 = 100 × 5% = 5（万元）。

分析： 假如不办理房产转移手续，则可以节省 5 万元的税款。

7.8.4　充分利用税收优惠进行税收筹划

在进行契税的税收筹划时，应充分利用税收优惠政策从而达到节税的效果。但有很多时候，纳税人并非具备享受优惠政策的条件，因而经常无法享受这些优惠政策。这时，纳税人也可以采取措施，为自己享受优惠待遇创造条件，来达到节省税款的目的。

思考、练习与实训

一、简答题

1. 土地增值税的开发成本与开发费用是如何规定的？如何有效地进行筹划？

2. 印花税在合同类型区别上决定其税负高低，如何有效地利用合同类型进行筹划？

3. 简述关税税收筹划的基本思路。

4. 能否在契税筹划通过减少流通环节加以节约税收？请举例说明。

5. 举例说明如何有效地降低一个企业的车船税税负？

6. 资源税是对在我国境内开采自然资源所征的一种税。这个税种一个重要的课征因素就是对不同品位的矿产资源评级的问题。在我国税收实践中，如何有效地利用这点进行相应的税收筹划？

7. 土地增值税纳税筹划为什么要控制增值率？

二、案例分析题

1. 某外贸进出口企业进口某国际知名品牌的洗衣机进行销售，年销售量为10 000台，每台国内的销售价格为5 000元，进口完税价格为3 000元，假定适用进口环节的关税税率为20%，增值税率为17%。该企业管理层提出议案：在取得该品牌洗衣机厂商的同意和技术协作的情况下，进口该品牌洗衣机的电路板和发动机，进口完税价格为整机价格的60%，假定适用进口环节的关税税率为15%。其他配件委托国内技术先进的企业加工，并完成整机组装，所发生的成本费用为进口完税价格的50%，购进配件及劳务的增值税税率为17%。试分析该管理层议案的经济可行性。

2. 某房地产开发企业，2014年商品房销售收入为10 000万元，其中普通住宅的销售额为6 000万元，豪华住宅的销售额为4 000万元。税法规定的可扣除项目金额为5 600万元，其中普通住宅的可扣除项目金额为3 000万元，豪华住宅的可扣除项目金额为2 600万元。该企业应该如何对此进行税收筹划，以使土地增值税的纳税负担最小化。

3. 朱先生在武汉市有一套私人住宅，市价80万元，扣除项目金额25万元，已经居住满三年零九个月。这时因工作调动，朱先生需要出售其原有住房。朱先生售房的时间有几种选择，应该何时售出才可能减轻缴纳土地增值税的义务？

4. 双嘉门窗厂与某建筑安装企业签订了一份加工承揽合同。合同规定：双嘉门窗厂受该建筑安装企业委托，负责加工铝合金门窗，加工所需原材料由双嘉门窗厂提供。双嘉门窗厂共收取加工费及原材料费共计25万元。另外，双嘉门窗厂提供零配件，价值10万元。双嘉门窗厂应该如何进行税收筹划，以尽量减轻印花税的纳税负担？

5. 某煤矿2014年6月与铁道部门签订运输合同，合同所载运输费及保管费共计350万元。货物运输合同的税率为0.05%，仓储保管合同的税率为0.1%。该煤矿应该如何就缴纳印花税进行筹划，可以减少多少税额？

6. 赵先生准备在儿子结婚时送其一套住房。一种方案是赠给儿子现金40万元，让他自行购买一套110～130m^{2}的新房；另一种方案是将一套市价30万元的现房赠送给儿子，但是在是否办理房产证转移手续上犹豫。契税的适用税率是 5%。请为赵先生出谋划策，以最大限度地减轻其交纳契税的负担。

单元测试题（四）

一、单项选择题

1. 对于关税的筹划，以下叙述错误的是（　　）。
   A. 企业可以考虑进口原材料和零部件进行加工生产，从而降低关税税负
   B. 在商品实质区别不大的情况下，纳税人应优先选择与我国签订了有关税收优惠协定的国家的产品进口，以选择较低的关税税率
   C. 选择同类产品中成交价格比较低的、运输及杂项费用相对较小的货物进口，以降低完税价格
   D. 自然单位容易测量，而要具体测量度量衡单位则很困难，所以我们可以利用度量衡单位进行税收筹划
2. 关于资源税的税收筹划方法，错误的是（　　）。
   A. 在准备对自然资源采掘业进行投资时，可以选择那些没有包含在资源税征税范围内的自然资源，从而避免成为资源税的纳税人
   B. 兼营资源税不同税目应分开核算
   C. 纳税人可预先测算自己企业综合回收率或选矿比，如果相对于同行业折算比较高，就无需准确核算提供应税产品的销售数量或移送使用数量
   D. 原油、天然气销售在不能及时收到货款的情况下，采用赊销或分期收款结算的方式，避免垫付税款
3. 以下方法不属于直接针对土地增值税征税范围筹划的是（　　）。
   A. 变房地产销售为代建行为　　B. 变房地产销售为合作建房行为
   C. 改售为租、投资、联营节税　　D. 均衡收入筹划法

4. 关于土地增值税的税收筹划方法错误的是（　　）。
   A. 将免税项目与非免税项目分开算有利于降低土地增值税的税负
   B. 适当利用捐赠有时可以节税
   C. 将期间费用转化成直接成本一定可以节税
   D. 个人房屋居住时间越长，出售时土地增值税税负越轻
5. 土地增值税成本费用筹划方法不包括（　　）。
   A. 分散收入筹划法　　B. “临界点”筹划法
   C. 费用均分筹划法　　D. 费用迁移筹划法

二、多项选择题

1. 以下属于土地增值税适用税率和计税依据税收筹划方法的有（　　）。
   A. 分别核算增值额　　B. 将装修费从房产价款中分离
   C. 期间费用转化为直接成本　　D. 费用均分筹划法
2. 经营自用房地产的税收筹划方法有（　　）。
   A. 合理划分房产原值　　B. 正确核算地价
   C. 及时做好财产的清理登记工作　　D. 转变房产及附属设施的修理方式
3. 以下关于印花税计税依据的税收筹划方法正确的有（　　）。
   A. 利用模糊金额进行税收筹划　　B. 利用压缩金额进行税收筹划
   C. 利用借款方式进行税收筹划　　D. 利用增加承包合同的环节进行筹划
4. 以下属于关税税收筹划方法的是（　　）。
   A. 可以考虑不进口成品，而是进口原材料和零部件进行加工生产
   B. 在商品区别不大的情况下，应优先选择与我国签订了有关税收优惠协定的国家的产品进口
   C. 采用技术手段避免被认为是倾销
   D. 选择同类产品中成交价格比较低的、运输及杂项费用相对较小的货物进口，以降低完税价格
5. 资源税的税收筹划方法有（　　）。
   A. 利用征税范围的有限性进行筹划　　B. 利用相关产品进行筹划
   C. 利用分别核算进行筹划　　D. 利用折算比的有关规定进行筹划
6. 下面关于土地增值税利息的筹划叙述正确的有（　　）。
   A. 房地产开发企业属于高负债企业，一般都会发生大量的借款，利息支出是不可避免的，因此利息的不同扣除方法对应纳税额会产生很大的影响
   B. 如果房地产开发企业借款较多，利息费用较高，则应尽可能提供金融机构的证明，并按房地产项目计算分摊利息，实现利息据实扣除，降低税额
   C. 如果开发过程中借款不多，利息费用较低，则可不计算应分摊的利息支出或不提供金融机构的证明，这样可多扣除房地产开发费用
   D. 如果开发过程中借款较多，利息费用较高，则可不计算应分摊的利息支出或不提供金融机构的证明，这样可多扣除房地产开发费用
7. 城镇土地使用税的税收筹划方法有（　　）。
   A. 利用不同区域进行税收筹划，可考虑将生产车间设在农村

B. 在经营范围或投资对象上考虑节税
C. 充分利用城镇土地使用税的税收优惠
D. 纳税人购置新建商品房和存量房，尽量延长取得房屋所有权与实际经营运行之间的时间差

8. 关于印花税的税收筹划方法表述正确的是（　　）。
A. 利用税负转嫁进行税收筹划
B. 利用改变业务流程进行税收筹划
C. 利用分开核算进行税收筹划
D. 充分利用印花税的税收优惠

9. 车船税可以考虑的税收筹划方法有（　　）。
A. 适当降低车船的购买价格，从而降低车船税的计税基础
B. 及时上报停用或者报废的车船，因为不使用的车船不用缴纳车船税
C. 清楚划分应税与免税的车船，避免从高适用税率
D. 因车船税的部分税率具有全额累进的特点，故可以利用“临界点”去筹划

10. 关于契税的税收筹划表述正确的有（　　）。
A. 可选择购买 90m^2 以下的住房，适用 1%的契税税率，以降低契税负担
B. 可以利用房屋交换进行筹划，以享受免征契税或者按差价纳税的优惠规定
C. 税法规定房屋赠与应照章征税，进行筹划时比较好的办法就是不办理产权转移手续
D. 利用不办理产权手续进行筹划时不会产生产权归属纠纷

三、判断题

1. 由于车船税的税额全额累进，可以运用车船税额的临界点进行税收筹划。（　　）

2. 利用隐形赠与进行税收筹划既可以少纳税，又能避免产权归属纠纷。（　　）

3. 农村的土地不在城镇土地使用税的征税范围，可以把公司总部设在农村，生产车间设在城镇，这样可以较多地降低城镇土地使用税的税额。（　　）

4. 如果房地产开发过程中借款费用较高，则可不提供金融机构的证明，以降低税收负担。（　　）

5. 费用均分筹划法能够使各处开发业务的增值率大致相同，避免出现在某段时间增值率过高的现象，从而达到节约税款的目的。（　　）

四、案例分析题

1. 2014 年 5 月，北京某开发商开发出两幢普通商品房 A 与 B，拟售。其中，A 楼盘位于北京市三环以内，可扣除项目总金额为 1 亿元，共 10 000m^2，拟销售总价为 2 亿元；而 B 楼盘位于北六环以外，尽管可扣除项目总金额也为 1 亿元，共 10 000m^2，其拟销售总价仅为 1.3 亿元左右。由于这家开发商经营规模不大，财务核算上很难将这两个楼盘的开发费用明确区分开来。如果聘请你担任这家公司的税务顾问，应该如何有效地开展税收筹划工作？

2. 甲将自有普通住宅（90m^2 以下）以 40 万元的价格出售给乙，然后以 120 万元的价格向丙购买了一幢别墅（该地区规定契税的适用税率为 4%）。请提出税收筹划方法。

3. 新发房地产开发公司是某市一家以开发转让土地及房产为主要业务的中型公司。2014 年 7 月月初，公司按该市普通住宅标准建造了一幢住宅，并以市场价格销售给本市居民，共取得收入 240 万元，共发生如下费用：①取得土地使用权所支付的金额为 100 万元；②房地产开发成本为 50 万元；③其他扣除额为 60 万元。

同月，公司转让另一房地产取得收入 400 万元，共发生以下费用：①取得土地使用权所支付的金额为 20 万元；②房地产开发成本为 30 万元；③房地产开发费用为 16 万元；④与房地产有关的税金为 24 万元。

面对激烈的市场竞争，考虑到规模经济，开兴房地产开发公司决定兼并新发房地产公司，以促进市场占有额的扩大。7 月中旬，开兴房地产公司以 400 万元的市场价格收购了新发房地产的标志性建筑大楼，并于 7 月月底最终成立了开新房地产公司，兼并业务正式完成。新发房地产公司在建筑该楼时共发生费用扣除额 100 万元。该月公司共缴纳土地增值税税额 290 万元。

试问：新发房地产公司在 7 月缴纳的土地增值税是否存在问题？如果有，该如何作出筹划安排？

第8章

企业运行过程中的税收筹划

【知识目标】

- 掌握企业经营活动税收筹划的方法。
- 掌握企业筹资活动税收筹划的方法。
- 掌握企业投资活动税收筹划的方法。
- 掌握企业重组活动税收筹划的方法。
- 掌握企业海外投资中税收筹划的方法。

【技能目标】

能够把握本章企业运行过程中经营活动、筹资活动、投资活动、重组活动和海外投资活动税收筹划的基本技能。

案例引入

卖？租？还是投资？

甲公司是位于深圳福田区的老外商投资企业，在华强北路的繁华地段拥有临街厂房一栋。2013 年 1 月，甲公司为扩大生产规模，将生产车间迁移到福田区车公庙工业园，留下厂房以待处理。经过评估机构评估，该厂房的重置价值为 1 000 万元人民币。现在有一外商欲在该市投资设立一家大型购物中心，打算利用甲公司原有的厂房改造成购物中心。购物中心的投资可行性研究表明：外方将投入 600 万美金（约折合人民币 5 000 万元）作为注册资本，投资期限为 15 年。预计投产后第三年开始盈利，盈利前三年每年的税前利润为人民币 800 万元，以后 10 年每年的利润将稳定在 1 200 万元左右。现在有三个方案可供甲公司选择。

方案 1：以 1 000 万元的公平市场价格将厂房转让给购物中心。

方案 2：将厂房租给购物中心，每年租金 100 万元，15 年后处理该厂房的税后净值为 400 万元。

方案 3：甲公司以该厂房折合 15%的股权投资入股，与外方共同投资购物中心。

已知投资报酬率为 8%，企业所得税税率为 15%。请问如何对以上筹划方案做出选择？

在企业的日常经营过程中，税收贯穿于全过程，虽然说企业税负是在经营过程中发生的，但税负的轻重却是在企业做出有关经营决策时就已经决定的。因此，为了降低税收成本，企业要在做出经营决策之前就综合考虑不同决策可能导致的不同税负。

企业在投资时，要考虑到税收因素，因为不同的投资方案，税收因素对企业税后利润的影响是不一样的。一项有利的投资方案在考虑到税收因素后可能变为不利的方案；反之，一项不利的投资方案在考虑到税收因素后可能变为有利的方案。企业在进行筹资活动时，也要充分考虑税收因素，因为不同的筹资渠道可以税前扣除的资金成本不一样。此外，由于税收因素，被投资企业不同的收益分配方式也影响到其股东取得的税后收益。在企业兼并重组中充分利用税收优惠政策，可以达到减轻税负、增加企业营运资金和实现资本扩张的目的。

企业要在有关法律（不限税法）约束下，通过内在经营机制的优化而谋取最大限度的利益增值，这是企业经营理财（含税收筹划）的行为准则和根本出发点。税收筹划作为企业维护自身利益的必要手段，不能仅考虑税负的减轻，还应将减轻税负置于企业的整体财务目标中。

8.1 企业经营活动的税收筹划

企业经营活动的税收筹划结合前面各章分税种的税收筹划进行，此处做一个简单的总结和延伸，主要从以下几个方面进行阐述。

8.1.1 企业购销活动的税收筹划

1. 购销活动税收筹划的原则

（1）要考虑企业的总体税负，不仅要考虑购销过程中的流转税，如增值税、消费税等，同时也要考虑所得税等其他税种，不能因为对某一个税种的筹划引起其他税种的支出增加，应尽量寻找使企业总体税负最低的方案。

（2）企业不能只考虑当年的税负最低，而不考虑这种税负减少对其他年份的影响，必须着眼于整个筹划期间的税负最小化。

（3）作为价值链上的一个环节，企业不仅要考虑自身的税负，同时还要考虑上下游企业的税负，只有这样，才能保持稳定的联系，保证经济活动得以顺畅进行。

（4）企业在进行购销活动的税收筹划时，还必须考虑税收筹划可能会给企业经济活动带来的影响。

因此，企业应从战略的角度进行购销活动的筹划，要具有整体观念，不能一味地寻求税负最低的方案。

2. 购销活动税收筹划的方法

降低企业购销活动的总体税负，可以通过选择适用低税率或减少税基两种方式来实现。而在企业日常购销活动中，更多的是采用减少税基的方式进行税收筹划。

减少收入总额和增加扣除项目金额（包括进项税额在内）可以减少企业的税款支出，降低企业的税收负担。但这两种税收筹划的方法可能会给企业带来消极的影响，企业可以利用其他方法进行税收筹划。因为货币具有时间价值，所以不仅直接减少税款支出会给企业带来税收筹划的好处，税款的延迟缴纳同样会给企业带来税收筹划的利益。

企业应合理地安排申报所得和确认扣除项目的时间，以便尽可能地少缴纳、晚缴纳应纳税额。但是，由于选择所得实现的时间和确认扣除项目的时间往往会有冲突，所以在进行税收筹划时还必须比较确认所得和扣除项目时间的相互抵消效果。

（1）收入总额的税收筹划。销售收入的实现时间与销售方式相关，同时也与结算方式和结算工具密切相关。在销售活动中，企业可以通过销售方式的选择、结算方式的选择以及结算工具的选择来进行筹划。

企业也可以利用转移定价的方式，通过关联方交易来转移收入。这种税收筹划的方法尤其适用于企业集团。较为常见的做法有两种：一是通过提高零部件和产成品的销售价格，将税负向后转移给商品的购买者；二是通过压低零部件和产成品的进价，将税负向前转移给商品的提供者。

但是，采用转移定价方式进行税收筹划必须有一定的技巧，需要在商品价格波动的合理范围内进行，并且有充足的理由。因为现行税法明确规定，关联企业间的交易应按独立企业间的交易进行，否则税务机关将进行调整。

企业还可以通过汇率选择进行税收筹划。企业日常外币业务所发生的汇兑损益原则上都是直接计入当期损益，其所得税筹划的关键是通过选取适当的记账汇率，使得核算出的净汇兑损失最大化或净汇兑收益最小化，从而尽量使企业当期的应纳税所得额最小，减少企业的税收负担。

（2）税前扣除项目的税收筹划。企业可以从两个方面对税前扣除项目进行税收筹划，即增加扣除项目的金额和提前扣除项目的确认时间。在会计核算方面，企业在遵循会计准则和会计制度的前提下，可以通过对会计方法的选择来增加税前扣除项目金额或提前其确认时间。

不论企业采用哪一种方法进行税收筹划，都必须考虑两个因素，即税率变动和税法的限制性规定。

税率变动是指企业实际适用的税率的变化，可能是由于国家调整税收政策导致企业适用的税率发生变化，也可能是由于国家的税收优惠政策含有时间限制，导致企业实际适用的税率在不同的时间会有所不同。

税法的限制性规定是指税法中对税前扣除项目的具体规定。企业在进行税收筹划时必须首先遵循税法的规定，在此前提下选择能够降低企业税负或推迟税款缴纳时间的方法，否则税务机关有权调整。

【案例 8-1】 一家企业老板找到税收筹划师说："我们厂子产品销路很好，但是还赔钱，眼看经营不下去了，你看看能否从财税政策方面想想办法。"

税收筹划师首先对该公司生产经营情况进行了调查了解。原来这家企业是生产细木工板的中型企业，年销售收入 3 000 万元，属增值税一般纳税人，但开业后一直处于亏损状态，年亏损 100 多万元。该公司生产流程如下：首先从旋皮厂（把原木加工成薄片的工厂）购进旋皮，然后将旋皮加工成细木工板进行销售。由于细木工板的适用税率为 17%，旋皮厂是家庭式经营，属小规模纳税人，从旋皮厂购入的旋皮无法抵扣进项税。公司电费、修理用备件等按规定可以抵扣进项税，但与销售额相比，比例很小，因此公司的增值税税负高达 14.33%，这是造成亏损的主要原因。

分析：为了扭亏为盈，必须想办法把税负降下来。从公司的客观情况看，税负高的原因在于公司的进项税额太低。因此，公司进行税收筹划的关键在于如何增加进项税。税收筹划师建议该公司采取以下方案。

公司首先从农民手中收购原木，并开具农副产品收购发票，按规定可以抵扣 13% 的进项税；然后委托旋皮厂加工成旋皮，作为生产细木工板的原材料。

现将该公司接受筹划方案前后的有关数据进行如下对比。

① 筹划前，每年从旋皮厂购进板皮 1 800 万元，公司电费、修理用备件等进项税额 80 万元，全年细木工板销售收入 3 000 万元，应纳增值税额 = 3 000 × 17% − 80 = 430（万元），税负率 = 430 ÷ 3 000 × 100% = 14.33%。

② 筹划后，每年需购进原木 1 600 万元，可以抵扣进项税，其他不变，则应纳增值税额 = 销项税额 − 进项税额 = 3 000 × 17% −（1 600 × 13% + 80）= 222（万元），税负率 = 222 ÷ 3 000 × 100% = 7.4%。

方案实施后节省增值税额为 430 − 222 = 208（万元），节省城建税和教育费附加为 208 ×（7% + 3%）= 20.8（万元），该企业当年扭亏为盈实现利润 128.8 万元。该企业老板高兴地对税收筹划师说："你一个好点子，救活了我们企业！"

8.1.2　企业汇总纳税的税收筹划

汇总（合并）纳税是指企业总机构或集团母公司（简称汇缴企业）和其分支机构或集团子公司（简称成员企业）的经营所得，通过汇总或合并纳税申报表，由汇缴企业统一申报缴纳企业所得税。

1. 汇总纳税范围的税收筹划

企业集团在确定汇总纳税范围时，应注意以下两点。

（1）要选择集团内的盈利企业和亏损企业，盈亏互抵后以其余额为依据缴纳企业所得税，在一定时期内节约部分税款。

（2）除非企业的经营管理或核算上的需要，尽量不要将低税率地区的子公司纳入汇总纳税范围。

2. 就地预缴的税收筹划

根据税法规定，除部分行业和企业（如所得税全部归属中央财政的铁路运输企业等 14 个企业集团）外，对汇总纳税的企业总机构或集团母公司及其汇总纳税的成员企业，一律实行“统一计算、分级管理、就地预缴、集中清算”的征收管理办法。

需要注意的是：“两税”合一前，不具备法人资格的内、外资企业分支机构，都可能单独享受所得税优惠政策。除过渡期优惠政策外，不具备法人资格的分支机构，是不能单独享受新税法中的优惠政策的。分支机构能否同时享受法人的优惠政策，应视下面的不同情况而定。

（1）作为法人整体享受的优惠政策，分支机构可以同时享受。

（2）新税法下的有些优惠政策，只有特定地区的企业才能享受。因此，对总机构设在特定地区的企业，为最大限度地享受税收优惠，可从以下两方面进行筹划：一是使设在特定地区外的分支机构符合不就地预缴税款的条件；二是对总机构设立的具有独立生产经营职能的部门，将其经营收入、职工工资和资产总额与管理职能部门分开核算，使该部门视同一个分支机构就地预缴税款。

（3）新税法规定，纳税人从事有关项目所得可以免征、减征所得税，如果分支机构从事的是符合免征、减征所得税条件的项目，分支机构在就地预缴税款时并不能单独享受该项优惠，而应由总机构在统一计算应纳税款时体现该项优惠，相关的备案或审批手续也应由总机构向其主管税务部门申请办理。对这种情况，企业可考虑将从事免征、减征所得税项目的分支机构分立，成立一个具有法人资格的子公司。

3. 外国企业在中国境内设立的营业机构汇总纳税的税收筹划

根据税法规定，外国企业在中国境内设立两个或者两个以上营业机构的，可以选定其中一个营业机构汇总申报缴纳所得税。如果营业机构有盈有亏，以盈亏相抵后的余额按照有盈利的营业机构所适用的税率计算缴纳所得税，可以使企业当年少缴所得税。

但营业机构汇总纳税的规定与汇总纳税企业不同，发生亏损的营业机构，可以用该营业机构以后年度的盈利弥补其亏损，弥补亏损后仍有利润的，再按该营业机构所适用的税率纳税；其弥补额应当按为该亏损营业机构抵亏的营业机构所适用的税率纳税。

8.1.3 企业分配活动的税收筹划

企业的收益额是指企业在一定期间内进行生产经营活动所取得的利润或发生的亏损。企业实现的利润按照税法规定弥补以前年度亏损并进行相应的纳税调整后，依法缴纳所得税。企业对一定时期的税后利润在企业与投资者之间进行分配，即企业收益分配。企业收益分配不仅关系到企业能否长期稳定地发展，关系到投资者的权益能否得到保障，还对企业和投资者的税负产生直接的影响。

1. 员工及经营者工资分配的税收筹划

如何运用好激励机制是各个企业面临的一个十分重要的问题。现行的员工激励机制最重要的部分就是薪酬激励。广义的薪酬激励包括物质回报与非物质回报两大类；狭义的薪酬激励是指物质回报，是员工为企业所做的贡献（包括实现的绩效，付出的努力、时间、技能、经验等）而获得的直接或间接的货币收入，包括基本工资、奖金、津贴、提成工资、分红、福利等。

企业对员工的激励有多种手段，主要是工资薪金、股票期权和福利等。成熟稳定的公司，员工可能更为关注的是工资薪金和福利待遇；对于成长期的公司，自身的价值随着公司的发展壮大而同步体现，工资薪金和股票期权都具有很重要的激励作用，甚至股票期权的激励作用更大。公司在采取激励手段鼓励员工创造价值的时候，还要注意一个重要因素，即不同激励手段的税收待遇具有很大差异，最终将导致员工的税后所得不同。

工资分配的税收筹划包括基本工资、薪金所得的税收筹划，奖金、年终加薪的税收筹划，员工福利的税收筹划及经营者激励机制的税收筹划，其筹划的主要内容参照个人所得税税收筹划的相关内容。此处需要说明的是，对企业经营者激励机制的办法主要有实行年薪制、为经营者提供非货币性实际福利类薪酬、股票期权和股票认购权等。对管理层而言，采用的激励方法不同导致的税负差异很大，即使在同一种激励方式下，发放方式不同，税收负担也不同。对经营者而言，前两种方式风险小，税负确定；后两种方式风险大，收益可能大也可能小，取决于企业的经营情况。对企业而言，后两种办法可能对股东的激励较大，也可能削弱原股东对企业的控制权。因此，企业在选择某种方法对经营者进行激励时，要综合考虑它对企业的影响，不能只考虑税负问题。

【案例 8-2】 2008 年 1 月 31 日，一份精心设计的股权激励方案，在资本市场上掀起了轩然大波。某股份公司发布公告称，因公司实施股票期权激励计划，将导致公司 2007 年年度报告中净利润出现亏损。

一石激起千层浪。公司的股价应声跌停，报收 24.22 元。由于投资者纷纷抛售，该股成交量亦创出天量。一则预亏公告竟能引发如此效应，既在意料之外，也在情理之中。

股权激励竟导致亏损？

分析：平安证券分析师陈逊说，公司的股权激励计划成本之大令人吃惊。该股份公司的股权激励计划推出之初，各方就已预料到了其成本将是巨大的。

这份庞大的股权激励计划涉及了公司的众多骨干。公司董事长得到 1 500 万份，占股票期权总量的 30%，高管 3 人各获得 500 万份股票期权，其他核心业务骨干共计 29 人共获得 2 000 万份股票期权。其后经调整，公司授予激励对象的股票期权数量由 5 000 万份调整为 64 479 843 份，行权价格由 13.33 元调整为 12.05 元。

该股份公司股票期权授权日的公允价值为 14.779 元/份，按照股份支付准则进行会计处理，损益影响总额为 73 895 万元。也就是说，该股份公司的这一股权激励计划要完全实施，必须付出 7.3 亿元的激励报酬。而这部分激励报酬要计入公司的管理费用，如何分摊直接影响到公司的年报数据。

这 7.3 亿元的激励成本究竟如何计算，绝大多数机构都认为该公司会选择用 8 年的时间来摊薄，这样一年也就一个亿，对净利润影响不大，对于公司和股东都好。

但一纸公告已经给出了答案。公告显示，该股份公司在 2007 年度前三季度盈利 3.3 亿元，但最终年度盈利却为预亏。

“排除第四季度大规模亏损的可能，答案很清楚，公司进行了大量的计提，超过了 3.3 亿元。”证券分析师卢媛媛说，“管理层选择了在两年内行权。”

其实，按照市场的一般理解，如果因为那么大的计提造成了公司账面的亏损，那么股权激励就根本无从谈起。

该公司股份在净利润增长率的计算中特地剔除了股票期权会计处理对净利润的影响数。如此一来，激励对象既可以行权，公司又可以剔除期权费用化对净利润的影响。“潜台词就是，哪怕亏损了，股权激励照样不误。”一名分析师说，“这种做法不仅在国内绝无仅有，在国外也非常罕见。”

“公司有权力进行会计处理，而且股东大会也通过了这个方案，从法律上说没有任何问题。”卢媛媛说，“只能说是道德问题了。”

2. 财务成果分配中所得税的税收筹划

企业实现的财务成果必须遵照国家有关政策、制度和企业公司章程及董事会决议进行分配。财务成果的分配关系到与企业有经济利益关系的各种当事人，包括国家、投资者、企业、债权人和企业职工等的切身利益，也关系到企业的税负问题。企业财务成果分配的第一个层次是企业实现的企业利润应在国家和企业之间分配，应纳所得税归国家，净利润归企业。

这一层次的分配以政府颁布的所得税法为依据，具有强制性的特征，任何企业都不具备控制权和取舍权。企业只能通过合理的安排，尽量减少应纳税所得额或者使企业充分享受税收优惠政策和税前弥补亏损政策，来达到税收筹划的目的。

在有国家参与的利润总额分配中，要减少国家分配的部分（即所得税），企业只能从降低应纳税所得额方面加以筹划,具体方法参照企业所得税税收筹划的相关内容。另外，减少应纳税所得额的另一种方法是使所得归属合理，即企业采用一定的方法，使应纳税所得额合理地归属到不同的纳税年度，可以使企业充分享受税法中的相应政策，达到降低企业所得税负的目的，包括以下3个方面。

（1）扩大减免税年度的应纳税所得额。在享受减免税优惠政策的纳税年度里，特别是在减免税优惠结束前的纳税年度,企业应在不违反税法和财务会计制度的前提下,选择合理的会计处理方法,使其在减免税年度里列支的成本费用和损失减到最低限度,扩大减免税年度的应纳税所得额。这样做可以使部分的成本、费用和损失推迟到正常纳税年度列支，使正常纳税年度的应纳税所得额降低，从而减轻企业所得税负。

（2）推迟生产经营收入取得年度，更多地享受税收优惠政策。根据税法规定，从事国家重点扶持的公共基础设施项目投资经营的所得和从事符合条件的环境保护、节能节水项目的所得，从项目取得第一笔生产经营收入所属年度起，第一年至第三年免征企业所得税，第四年至第六年减半征收企业所得税。企业应当恰当地选择享受税收优惠的第一个年度，适当提前或者推迟进行生产经营活动的日期。

（3）尽量利用税前利润弥补以前年度亏损。要求企业在选择资产计价和摊销方法、费用列支范围和列支标准以及其他会计处理方法时，应充分考虑税前利润弥补亏损的政策，尽可能地使企业发生的亏损最大限度地在税前得到弥补，避免用税后利润弥补亏损，从而使企业在一定期间的企业所得税负降低。

3. 股利分配的税收筹划

企业税后利润的分配，不管利润分配政策如何，都不会对企业本身的所得税负产生影响，但却会影响到企业的投资者（股东）的税收负担。因此，税收筹划应侧重于使投资者（股东）分回的利润应补缴的税款减少，即最大限度地避免投资者（股东）分回利润的再纳税。例如，股利分配方式主要有现金股利和股票股利两种。我国现行税法规定，个人股东获得现金股利，按规定的 20%税率缴纳个人所得税，而根据国税发【1997】198 号，股票股利也征个税，但实际执行难度很大。股票股利对公司也有好处：能使公司留有大量的现金，便于公司发展，满足追加投资的需要。另外，公司利用发放股票股利的办法，使股票的行情保持在一个符合交易需要的范围之内，以确保吸引更多的中小投资者。

8.2 企业筹资活动的税收筹划

1. 融资决策与税收筹划

融资在企业的生产经营过程中占据着非常重要的地位，融资是企业一系列生产经营活动的前提条件，融资决策的优劣直接影响到企业生产经营的业绩。融资对企业经营收益的影响主要是借助于因资本结构变动产生的杠杆作用进行的。企业在融资过程中应当考虑以下 3 个方面。

（1）融资活动对于企业资本结构的影响。

（2）资本结构的变动对于税收成本和企业利润的影响。

（3）融资方式的选择在优化资本和减轻税负方面对于企业和所有者税后利润最大化的影响。

企业各种融资渠道大致可以划分为负债和资本金两种方式。两种融资方式在税法上的待遇是不同的：企业在生产经营期间向金融企业借款的利息支出，按实际发生额扣除，向非金融企业借款的利息支出，不超过按照金融企业同期同类贷款利率计算的数额的部分，准予据实扣除，超过部分不允许扣除。通过负债方式筹资，负债的成本（借款利息）可以在税前扣除，从而减轻了企业的税收负担；而在计算应纳税所得额时，向投资者支付的股息、红利等权益性投资款项不允许在税前扣除，如图 8-1 所示。因此，仅仅从节税的角度而言，负债融资方式比权益融资方式更有优势。当然，我们也不能只从税收负担的角度来片面地考虑各种融资成本的优劣。

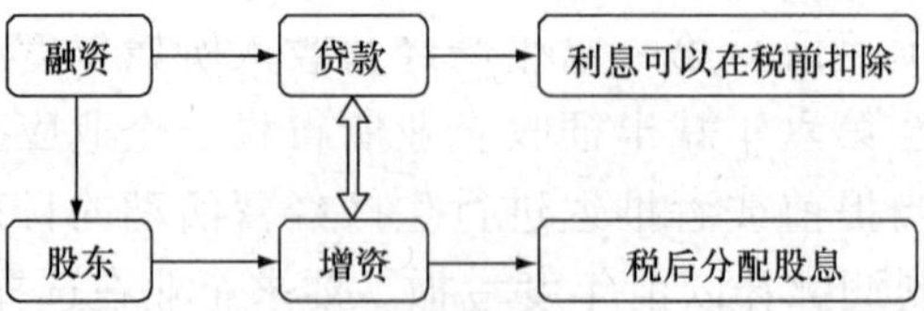

图 8-1　不同融资方式的税收待遇

企业融资的具体渠道包括从金融机构借款、从非金融机构借款、发行债券、发行股票、融资租赁、企业自我积累和企业内部集资等。一般来讲，企业以自我积累的方式筹资所承受的税收负担要重于向金融机构借款所承受的税收负担，贷款融资所承受的税收负担要重于企业间拆借所承受的税收负担，企业间拆借所承受的税收负担要重于企业内部集资所承受的税收负担。因此，向金融机构借款是企业较常用的融资方式，而发行债券则越来越成为大公司融资的主要方案。企业自我积累所需时间较长，无法满足绝大多数企业生产经营的需要，发行股票是上市公司融资的选择方案之一，非上市公司没有权利选择这一方式，适用范围比较狭窄。不同融资方式的税法待遇及其所造成的税收负担的不同为税收筹划创造了空间。

另外，企业还可以通过联合企业经营来进行税收筹划，即以一个主体厂为中心，与有一定生产设备基础的若干企业联合经营。

2．长期借款融资的税收筹划

长期负债融资的好处是：一方面利息支出可以抵减应纳税所得，减少应纳税所得额；另一方面还体现在通过财务杠杆作用增加权益资本收益率上。

仅仅从节税的角度考虑，企业负债比例越大，节税效果越明显。但由于负债比例升高会相应地影响将来的融资成本和财务风险，并不是负债比例越高越好。

权益资本收益率（税前）= 息税前投资收益率 + 负债 ÷ 权益资本 ×（息税前投资收益率 − 负债成本率）。

因此，只要企业息税前投资收益率高于负债成本率，增加负债的比例会带来权益资本收益率提高的效应。但是，这种权益资本收益率提高的效应会被企业的财务风险以及融资的风险成本的逐渐加大所抵消，当二者达到一个大体的平衡时，也就达到了增加负债比例的最高限额，超过这个限额，财务风险以及融资风险成本就会超过权益资本收益率提高的收益，也就会从整体上降低企业的税后利润，从而降低权益资本收益率，如图 8-2 所示。

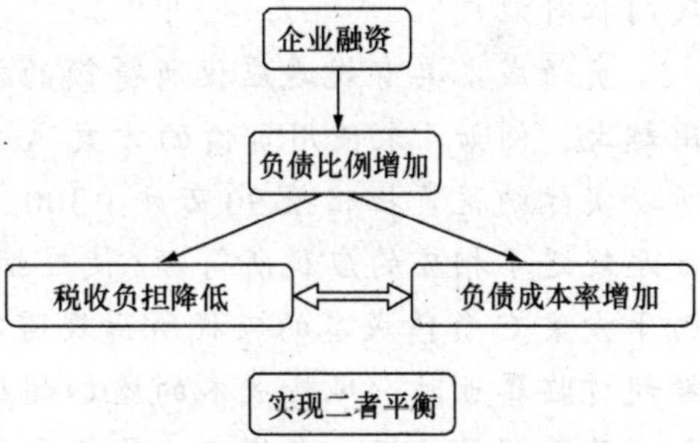

图 8-2　长期借款融资的税收筹划

【案例 8-3】　某企业有 5 种负债总额方案，如表 8-1 所示。

表 8-1　某企业的 5 种负债总额方案　单位：万元

项　目	方案 A	方案 B	方案 C	方案 D	方案 E
负债额	0	6 000	8 000	9 000	9 600
权益资本额	12 000	6 000	4 000	3 000	2 400
负债比率	0	1 : 1	2 : 1	3 : 1	4 : 1
负债成本率	—	6%	9%	10%	12%
息税前投资收益率	10%	10%	10%	10%	10%
普通股数（万股）	12 000	6 000	4 000	3 000	2 400
年息税前利润	1 200	1 200	1 200	1 200	1 200
减：负债利息成本	—	360	720	900	1 152
所得税率	25%	25%	25%	25%	25%
应纳所得税	300	210	120	75	12
年税后净利润	900	630	360	225	36

续表

项　　目	方案 A	方案 B	方案 C	方案 D	方案 E
权益资本收益率					
其中：税前	10.00%	14.00%	12.00%	10.00%	2.00%
税后	7.50%	10.50%	9.00%	7.50%	1.50%
普通股每股收益额（元）					
其中：税前	0.1	0.14	0.12	0.1	0.02
税后	0.075	0.105	0.09	0.075	0.015

分析：由于方案 B 与方案 C 利用了负债融资，在其财务杠杆作用下，使得权益资本收益率以及普通股每股收益额无论税前还是税后的水平均全面超过了未使用的负债方案 A，充分体现出负债的杠杆效应。但同时，该例中也有这样一种规律：随着负债总额的增加，负债比率的提高，利息成本呈现上升趋势；权益资本收益率及每股普通股收益额也并非总是与负债比率的升降正向相关，而是有一个临界点，过之则表现为反向杠杆效应。

负债成本具有规避应税所得额的效应，而且负债比率与成本水平越高，其节税作用越大。例如，未使用负债的方案 A 与使用 50%负债的方案 B，相同的息税前利润之所以实际纳税负担相差 90 万元（300 − 210），原因就在于方案 B 的负债利息成本 360 万元规避了相应的应税所得额，使应纳税额减少 360 万元 × 25% = 90 万元。依此类推，由于方案 C 负债成本的应税所得规避额更大，故而节税效果亦更加显著。由于负债总额超过临界点时，风险成本的增加超过节税利益，企业的所有者权益将下降，这不符合税收筹划的目标。本例中，尽管方案 E 节税效应最大，但因此也导致了企业所有者权益资本收益率水平的降低，即节税的机会成本超过了节税的利益，导致了企业最终利益的损失。

3. 借款利息费用的税收筹划

税法规定，一般经营性借款利息可以直接扣除，但有一定的限制。专门性借款的借款利息在资产投入使用前记入资产成本，不能扣除，只能随固定资产等一起折旧或摊销，没有扣除限额。纳税人可以充分利用这一规定进行税收筹划，即将超过限额不能扣除的一般经营性借款利息转化为记入资产的利息，如图 8-3 所示。

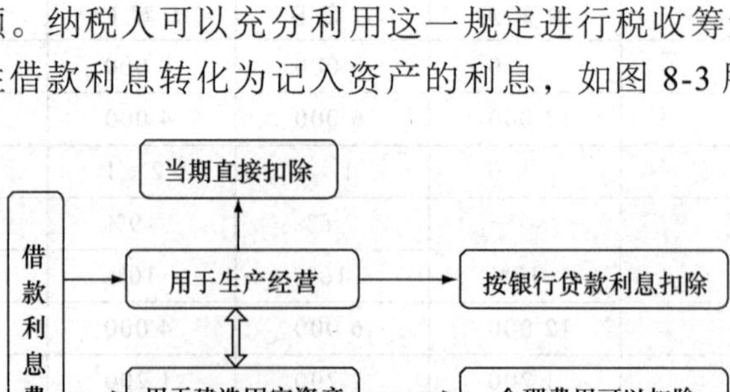

图 8-3　借款利息费用的税收筹划

4. 增加负债降低投资进行税收筹划

根据税法规定，当公司需要一笔资金时，采取负债的方式显然比采取股东投资的方式在税法上更有利。股东可以利用这一制度设计将部分资金采取借贷的方式投入公司，以减轻税收负担。需要注意的是，该方法必须保持在一定的限度内，否则税务机关有权进行调整，如图 8-4 所示。

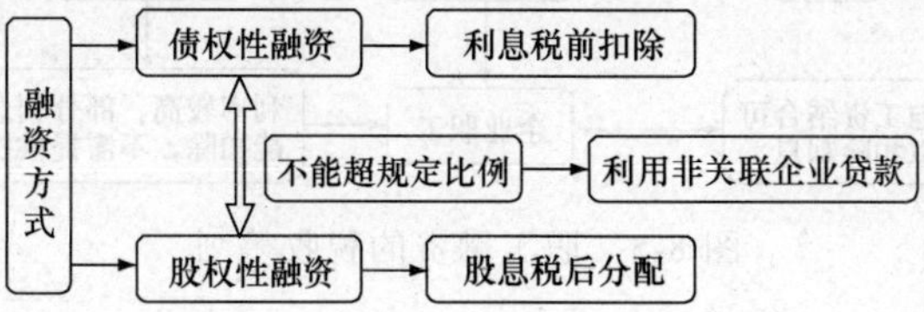

图 8-4　增加负债降低投资进行税收筹划

5. 租赁的税收筹划

（1）租赁形式的划分依据。按照与租赁资产所有权相关的风险和报酬是否转移进行分类，租赁分为融资租赁和经营租赁两种形式。

我国《企业会计准则第 21 号——租赁》规定，对租赁的分类应当全面考虑：租赁期届满时租赁资产所有权是否转移；承租人是否有购买租赁资产的选择权；租赁期占租赁资产尚可使用年限的比例；就承租人而言，最低租赁付款额的现值是否几乎相当于租赁开始日租赁资产的公允价值；就出租人而言，最低租赁收款额的现值是否几乎相当于租赁开始日租赁资产的公允价值，"几乎相当于"是指在 90%以上相当于。

（2）不同租赁形式的税务处理。根据《税法》规定，对于一般的经营性租赁，承租方支付的租金可以在发生当期均匀扣除。对于融资租赁，根据实质重于形式的原则要求，其发生的租赁费不能在税前直接扣除，必须视同自有设备，通过提取折旧的方式在税前扣除。租赁费通过举债支付的，其利息也可以在税前扣除。

（3）租赁业的税收筹划方法。对于融资租赁，由于会计处理要求确认租赁资产和租赁负债，会给承租人带来如下不利影响：由于企业债务金额上升，已获利息倍数、净利润率等指标就会下降，资产负债率就会上升。另外，当出租人和承租人同属于一个大的利益集团时，一般性的经营租赁形式最终将会使该利益集团实现利润合理转移，这是典型的租赁节税效应。因此，承租人一般不喜欢租赁合同被划分为融资租赁。又因为，对于经营租赁与融资租赁的区分依据的是实质重于形式的原则，主要考察与租赁资产所有权有关的风险和报酬是否转移，所以，当租赁双方签订合同时，一般在合同中不要涉及资产所有权转移和廉价购买权问题，或将租期设定为租赁资产有效经济年限的 75%即可，这样可以避免被认定为融资租赁。

6. 职工融资的税收筹划

职工是企业融资的一个重要渠道。职工融资可以将超出限额的部分利息通过提高工资、薪金的方式间接支付，使得超过银行贷款利率部分的利息能够得到扣除，如图 8-5 所示。

7. 融资阶段选择中的税收筹划

企业应当尽量选择盈利年度进行贷款，通过贷款利息的支出抵消盈利，从而减轻税收负担，如图8-6所示。

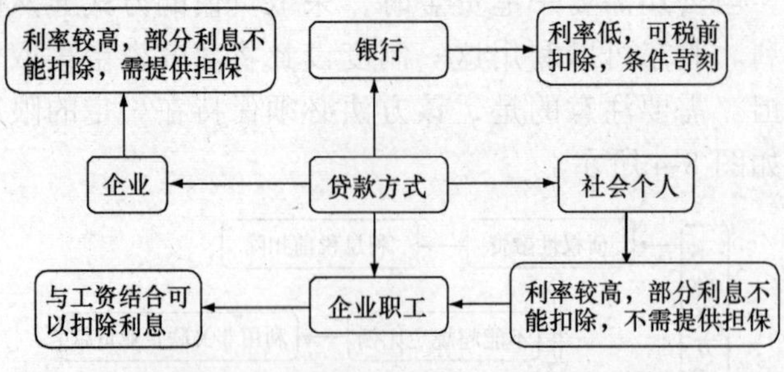

图8-5 职工融资的税收筹划

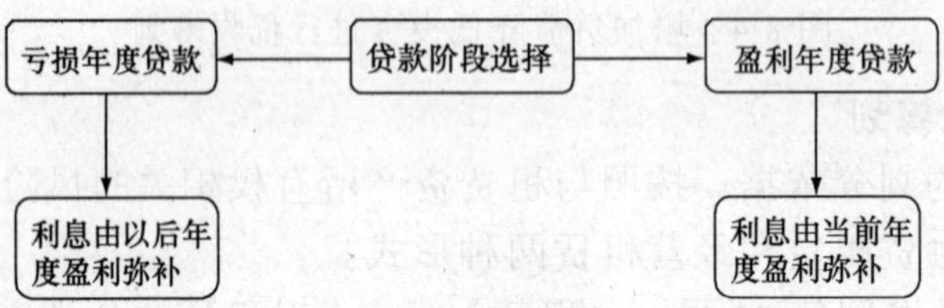

图8-6 融资阶段选择中的税收筹划

8. 关联企业融资中的税收筹划

根据现行税法规定，企业从其关联方接受的债权性投资与权益性投资的比例超过规定标准而发生的利息支出，不得在计算应纳税所得额时扣除。因此，如果关联企业债权性投资超过规定标准，则可以考虑通过非关联企业进行债权性投资来进行税收筹划，如图8-7所示。

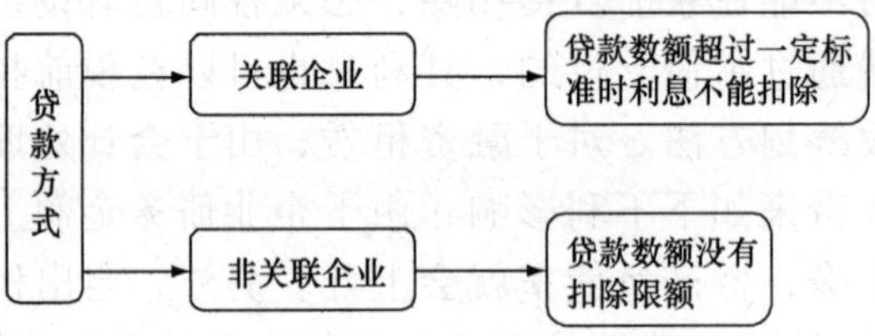

图8-7 关联企业融资中的税收筹划

8.3 企业投资活动的税收筹划

1. 投资产业的税收筹划

税收筹划强调整体性，往往从投资伊始就要进行相应的筹划。投资决策中的税收筹划往往是税收筹划的第一步。

企业或个人进行投资，首先要选择的就是投资的产业。投资产业的选择需要考虑众多因素，仅就税收因素而言，国家对不同产业的政策不是一视同仁而是有所偏爱的。国家对产业进行扶持或限制的主要手段之一就是税收政策。在税收政策中，最重要的是所得税政策，也有一些流转税优惠措施。

国家通过减免所得税的方式来扶持的产业主要包括高新技术产业、农业、公共基础建设产业等。国家通过间接税优惠政策来鼓励产业发展，主要包括增值税优惠、消费税优惠、关税优惠和出口退税优惠措施等。

企业投资产业选择的税收筹划如图 8-8 所示。

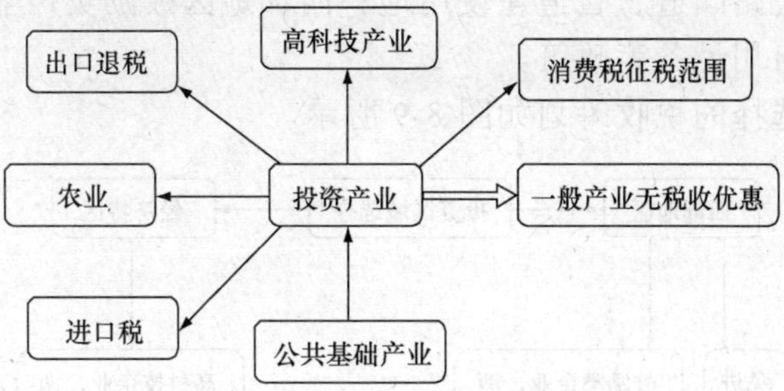

图 8-8　投资产业选择的税收筹划

【案例 8-4】　某企业准备投资于中药材的种植或者香料作物的种植。预计种植中药材前三年每年投资 100 万元，第四年至第六年每年投资 150 万元。前三年没有任何收入，第四年至第六年分别获得毛收入 200 万元、300 万元和 300 万元（已扣除各项流转税）。以后每年投资额约 500 万元，纯收入可以保持在 300 万元。如果投资于香料作物，前六年的状况与种植中药材基本相当，以后每年纯收入可以保持在 340 万元。该企业应当选择哪项业务进行投资？

分析：如果该企业投资于中药材，则前六年总投资为 $100 \times 3 + 150 \times 3 = 750$（万元），毛收入为 $200 + 300 + 300 = 800$（万元），纯收入为 50 万元。由于投资于中药材的所得可以免税，因此，该企业第六年的税后纯收入为 50 万元，以后每年的税后纯收入为 300 万元。

如果该企业投资于香料作物，前六年总投资为 $100 \times 3 + 150 \times 3 = 750$（万元），毛收入为 $200 + 300 + 300 = 800$（万元），纯收入为 50 万元。

由于投资于香料作物的所得可以减半征收企业所得税，因此，该企业第六年的税后纯收入为 $50 - 50 \times 25\% \times 50\% = 43.75$（万元），以后每年的税后纯收入为 $340 - 340 \times 25\% \times 50\% = 297.5$（万元），低于中药材的税后收入。因此，如果企业条件相同，该企业应当投资于中药材。

2．投资区域的税收筹划

投资的区域也是投资决策中需要考虑的一个重要因素，不同地区设立企业所享受的税收政策以及其他方面的政策是不同的，对应的设立企业的税收成本是不同的。

目前，地区性的税收优惠政策主要包括经济特区和西部地区。

（1）根据现行所得税政策，法律设置的发展对外经济合作和技术交流的特定地区内（如深圳、珠海、汕头、厦门和海南经济特区），以及国务院已规定执行上述地区特殊政策的地区内（如上海浦东新区等地区）新设立的国家需要重点扶持的高新技术企业，可以享受过渡性税收优惠政策。即在经济特区和上海浦东新区内 2008 年 1 月 1 日（含）之后完成注册的国家需要重点扶持的高新技术企业，其区内取得的所得，自取得第一笔生产经营收入所属纳税年度起，第一年至第二年免征企业所得税，第三年至第五年按照 25%的法定税率减半征收企业所得税。

（2）按照《财政部、国家税务总局、海关总署关于西部大开发税收优惠政策问题的通知》，西部地区享受的税收优惠政策有多个方面：国家鼓励类产业；民族自治地方企业；新办的交通、电力、水利、邮政、广播电视企业；退耕还林、还草产出的农特产收入；西部地区公路国道、省道建设用地；西部地区鼓励类产业及优势产业项目在投资总额内进口的自用设备等政策。

企业投资区域选择的税收筹划如图 8-9 所示。

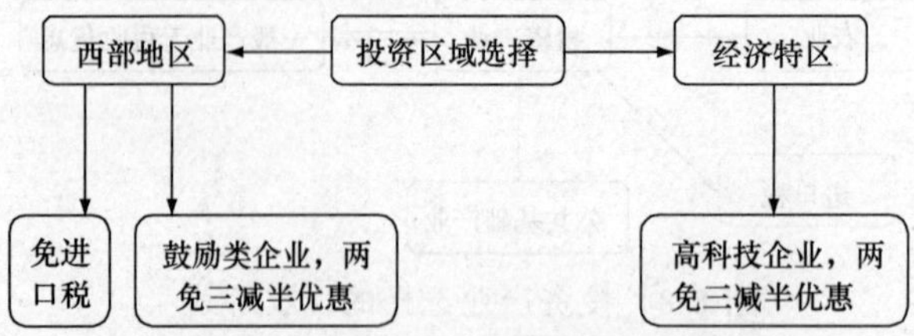

图 8-9　投资区域选择的税收筹划

3．投资项目的税收筹划

企业可以充分利用税法对投资项目的优惠政策进行税收筹划。这些投资项目包括环境保护、节能节水；“三新”研发费用；综合利用资源，生产符合国家产业政策规定的产品；环境保护、节能节水、安全生产等专用设备。

企业投资项目选择的税收筹划如图 8-10 所示。

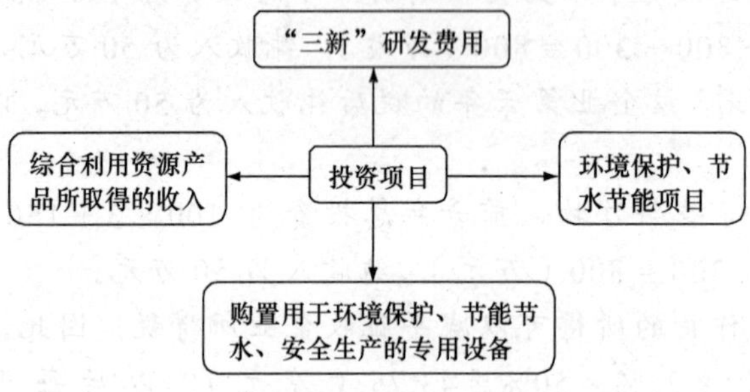

图 8-10　投资项目选择的税收筹划

【案例 8-5】　海南省某市属橡胶集团拥有固定资产 7 亿元，员工 4 000 人，主要生产橡胶轮胎，同时也生产各种橡胶管和橡胶汽车配件。该集团位于某市 A 村，在生产橡胶制品的过程中，每天产生近 30 吨的废煤渣。为了妥善处理废煤渣，使其不造成污染，该集团尝试过多种办法，如与村民协商用于乡村公路的铺设、维护和保养；与有关学校、企业联系用于简易球场、操场的修建等，但效果并不理想。因为废煤渣的排放未能达标，使周边乡村的水质受到不同程度的污染，该集团也因污染问题受到环保部门的多次警告和罚款，最高一次罚款达 10 万元。该集团要想维持正常的生产经营，就必须治污。根据有关人士的建议，该集团拟定了以下两种方案。

方案 1：将废煤渣的排放处理全权委托给 A 村村委会，每年支付该村村委会 40 万元的运输费用，以保证该集团生产经营的正常进行。此举可缓解该集团同当地村民的紧张关系，但每年 40 万元的费用是一笔不小的支出。

方案2：将准备支付给A村的40万元煤渣运输费用改为投资兴建墙体材料厂，利用该集团每天排放的废煤渣生产“免烧空心砖”，这种砖有较好的销路。此方案的好处有以下几点。

（1）符合国家的产业政策，能获得一定的节税利益。财政部、国家税务总局《关于部分资源综合利用产品免征增值税的通知》明确规定，利用废煤渣等生产的建材产品免征增值税。

（2）解决了长期以来困扰企业发展的废煤渣所造成的工业污染问题。

（3）部分解决了企业的就业压力，使一批待岗职工能重新就业。

分析：对两个方案进行比较可以看出，方案1是以传统的“就治污而论治污”的思维模式得出的。由这种模式形成的方案，一般不会有意识、有目的地去考虑企业的节税利益，而仅以是否解决排污为目的。此种方案并未彻底解决废渣问题。方案2既考虑治污，又追求企业收益最大化。此方案的建议者懂得企业要想获得税收减免，就必须努力生产出符合税收政策规定的资源综合利用产品。

该集团最终采纳了方案2，并迅速建成投产，全部消化了废煤渣，当年实现销售收入100多万元。因免征增值税，该厂获得了10多万元的增值税节税利益。

4. 投资方式的税收筹划

投资者可以通过选择不同的投资方式（如货币资金投资、有形资产投资和无形资产投资的选择），在达到投资目的的同时，尽量减轻其投资过程中的税收负担。

【案例8-6】　某市一家企业准备与某外国企业联合投资设立中外合资企业，投资总额为8 000万元，注册资本为4 000万元，中方出资1 600万元，占40%；外方出资2 400万元，占60%。中方准备用自己生产的机器设备1 600万元和房屋、建筑物1 600万元投入。投入方案有下述两种。

方案1：以机器设备作价1 600万元作为注册资本投入，房屋、建筑物作价1 600万元作为其他投入。

方案2：以房屋、建筑物作价1 600万元作为注册资本投入，机器设备作价1 600万元作为其他投入。

分析：以上两种投资方案的纳税情况分析如下（土地增值税、房产税、印花税略）。

方案1中，机器设备作为注册资本投入。根据税法规定，应视同销售商品缴纳增值税。将房屋、建筑物直接作价给另一企业，不共享利润，共担风险，应视同房产转让，需要缴纳营业税、城建税、教育费附加及契税。应缴税金为

应缴增值税（销项税额）$= 1\,600 \times 17\% = 272$（万元），

应缴营业税 $= 1\,600 \times 5\% = 80$（万元），

应缴城建税、教育费附加 $=(272 + 80) \times (7\% + 3\%) = 35.2$（万元），

应缴契税 $= 1\,600 \times 3\% = 48$（万元）（由受让方缴纳）。

方案2中，房屋、建筑物作为注册资本投入。根据税法规定，房屋、建筑物作为注册资本投资入股，参与利润分配，承担投资风险，不缴纳营业税、城建税及教育费附加，但需要缴纳契税（由受让方缴纳）。企业出售机器设备，应缴纳增值税。企业应缴税金为

应缴契税 $= 1\,600 \times 3\% = 48$（万元）（由受让方缴纳），

应缴增值税（销项税额）= 1 600 × 17% = 272（万元），

应缴城建税、教育费附加 = 272 ×（7% + 3%）= 27.2（万元）。

通过上述两个方案的比较可以看出，中方企业在投资过程中，由于恰当地改变了投资方式，可以节约税款 88 万元（80 + 35.2 + 48 + 272 − 48 − 27.2 − 272）。

5. 企业组织形式的税收筹划

根据现行个人所得税和企业所得税税法规定，对于个人设立企业而言，最好设立个人独资企业或合伙企业，设立公司的税收负担比较重。

企业组织形式选择的税收筹划如图 8-11 所示。

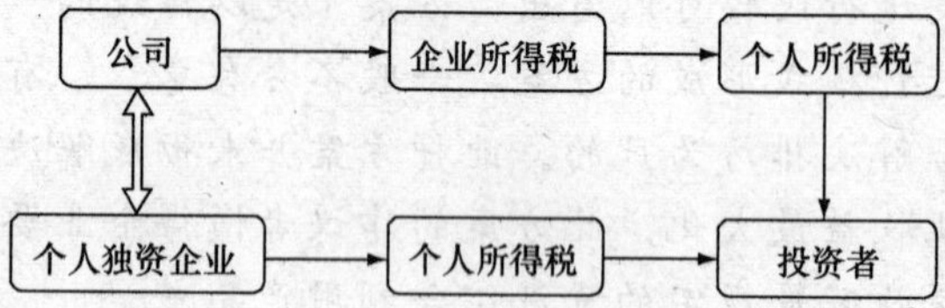

图 8-11 组织形式选择的税收筹划

【案例 8-7】 某人自办一企业，年应税所得额为 500 000 元。该企业如按个人独资企业或合伙企业缴纳个人所得税，依据现行税制，税收负担实际为

500 000 × 35% − 14 750 = 160 250（元）。

若该企业为公司制企业，其适用的企业所得税税率为 25%，企业实现的税后利润全部作为股利分配给投资者，则该投资者的税收负担实际为

500 000 × 25% + 500 000 × (1 − 25%) × 20% = 200 000（元）。

可见，投资于公司制企业比投资于独资或合伙企业多负担所得税 39 750 元。

分析：以上举例和分析，都是在投资的公司制企业不享有任何税收优惠政策的基础上进行的。而事实上，公司制企业在某些地区或行业会享有个人独资公司及合伙企业所不能享有的税收优惠政策。在进行具体税收筹划操作时，必须把这些因素考虑进去，然后从总额上考查实际税收负担的大小。另外，在进行税收筹划时，不应抛开企业的经营风险、经营规模、管理模式及筹资额等因素而单纯地讨论税收负担的大小，应综合各方面的因素，加以权衡，最后决定投资的企业组织形式。

6. 设立分支机构的税收筹划

企业设立分支机构主要有两种方式可供选择：分公司或子公司。两种不同的组织形式在所得税处理方式上是不同的。

一般来讲，分支机构在成立初期处于亏损状态时，可以选择作为分公司，与总公司汇总纳税；在分支机构处于盈利状态时可以选择作为子公司，特别是分支机构属于高新技术企业或小型微利企业时。

企业设立分支机构的税收筹划如图 8-12 所示。

【案例 8-8】 假设 A 公司在国内拥有两家分公司 B 和 C。某一纳税年度 A 公司本部实现利润 1 000 万元，其分公司 B 实现利润 150 万元，分公司 C 亏损 200 万元，企业所得税税率为 25%，则公司该年度应纳税额为

（1 000 + 150 − 200）× 25% = 237.5（万元）。

总、分公司的整体税负为237.5万元。

如果上述B、C是子公司，总体税负则不一样。

A公司应纳所得税 = 1 000 × 25% = 250（万元），

B子公司应纳所得税 = 150 × 25% = 37.5（万元）。

C子公司由于当年亏损200万元，该年度无须缴纳所得税。

母子公司整体税负287.5万元，高出总分公司的整体税负50万元。

如果总机构与子公司或分支机构适用税率不同，则上述情况又将发生变化。

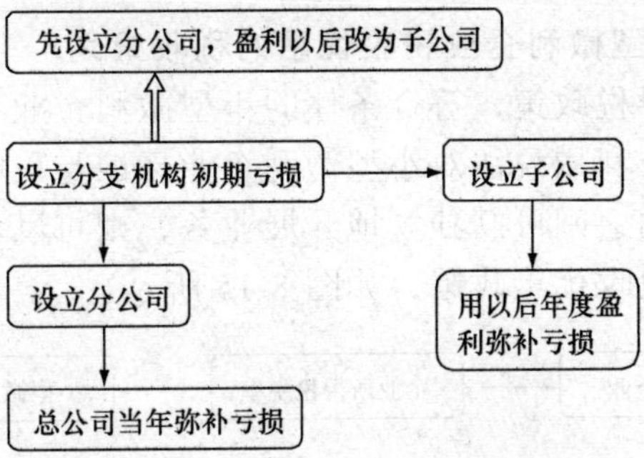

图8-12 设立分支机构的税收筹划

7. 利用特定股息不纳税以及亏损弥补的政策进行税收筹划

税法规定，符合条件的居民企业之间的股息、红利等权益性投资收益免征所得税。《税法》还规定，企业纳税年度发生的亏损，可以用下一纳税年度的所得弥补，下一纳税年度的所得不足弥补的，可以逐年延续弥补，最长不得超过5年。因此，当企业有亏损需要弥补，同时还将获得股息、红利的情况下，应当尽量用应纳税所得去弥补亏损，而不要用免税的股息、红利来弥补亏损，这样可以最大限度地减轻企业的税收负担。如果用免税股息、红利来弥补亏损，则相当于对股息、红利征税了。关于特定股息不纳税以及亏损弥补的相关规定进行税收筹划，具体可以通过提前或延迟被投资企业股息、红利的分配，最好在投资企业盈利年度进行。如图8-13所示。

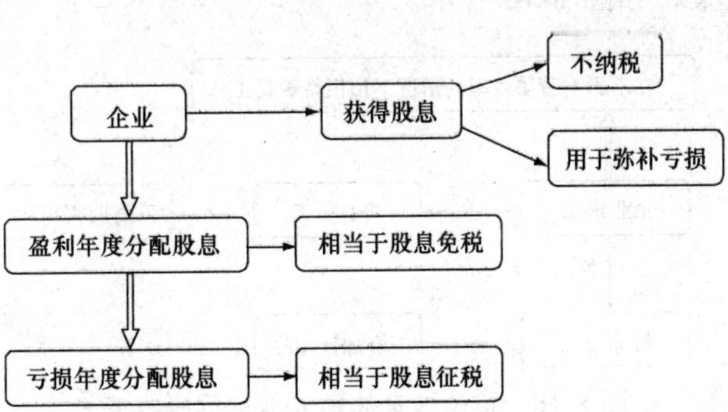

图8-13 利用特定股息不纳税以及亏损弥补的政策进行税收筹划

8. 投资回收方式中的税收筹划

根据现行个人所得税政策，个人投资获得的股息、红利要缴纳20%的个人所得税。同时，根据现行的企业所得税政策，符合条件的居民企业之间的股息、红利等权益性投资收益免征所得税。企业和个人获得股息的税收政策不同，个人投资者可以考虑以成立公司的方式减轻税收负担，如图 8-14 所示。

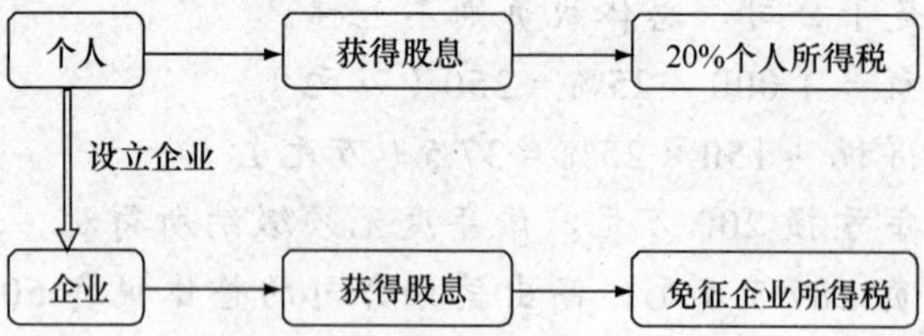

图 8-14 投资回收方式的税收筹划

9. 分立企业享受小型微利企业税收优惠的税收筹划

根据现行的企业所得税政策，符合条件的小型微利企业，减按 20%的税率征收企业所得税。企业可以充分利用税法对小型微利企业标准与税收优惠的规定进行税收筹划。如果企业的各个机构之间可以独立地开展业务，则可以考虑采取分立企业的方式来享受小型微利企业的税收优惠政策，如图 8-15 所示。

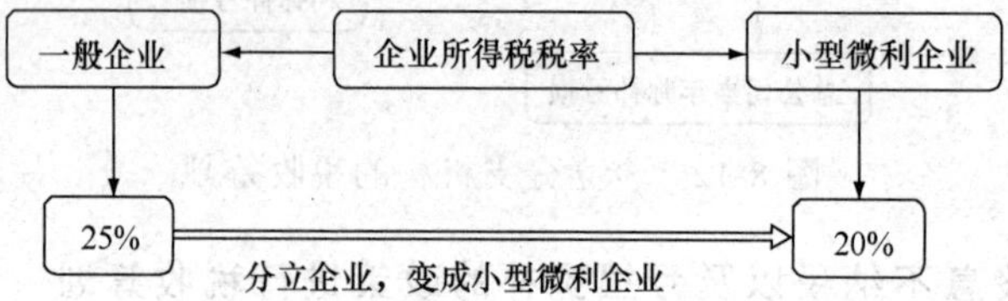

图 8-15 分立企业享受小型微利企业税收优惠的税收筹划

10. 招聘国家鼓励人员进行税收筹划

根据现行的企业所得税法规定，安置残疾人员及国家鼓励安置的其他就业人员所支付的工资可以在计算应纳税所得额时加计扣除。例如，企业安置残疾人员的，在按照支付给残疾职工工资据实扣除的基础上，按照支付给上述人员工资的 100%加计扣除。企业可以利用国家对企业安置残疾人员和其他鼓励安排人员的税收优惠政策进行税收筹划。如果企业的部分生产经营活动可以通过残疾人员来完成，则可以雇佣残疾人员来达到节税效果，如图 8-16 所示。

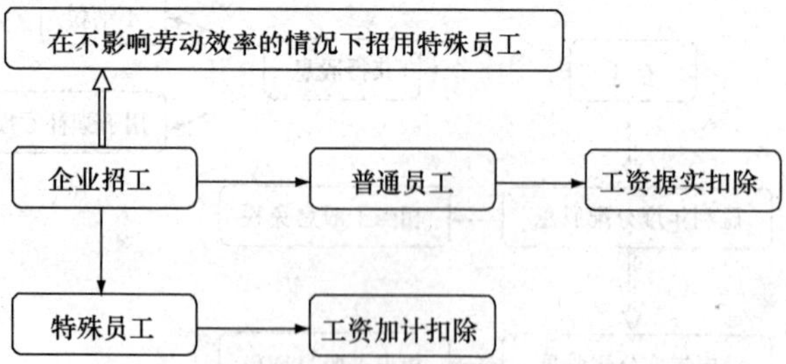

图 8-16 招聘国家鼓励人员进行税收筹划

11. 分公司与子公司灵活转化以充分利用税收优惠政策进行税收筹划

企业在投资以及生产经营过程中应当充分利用相关减免税政策，并结合分公司与子公司税收待遇的不同进行二者之间的灵活转化以达到税收筹划的目的，如图 8-17 所示。

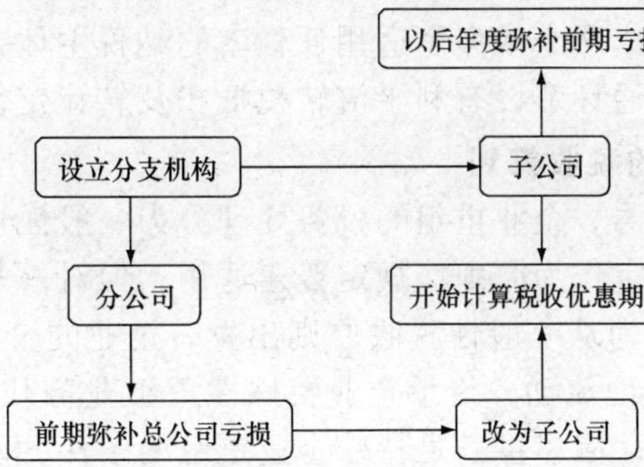

图 8-17　分公司与子公司灵活转化以充分利用税收优惠政策进行税收筹划

8.4　企业重组活动的税收筹划

企业合并、分立等重组行为作为资源优化配置的方式，不可避免地影响着产权关系，甚至还会打破原来的企业边界，实现资产的转移及产权结构的变动，而资产的转移和产权结构的变动会影响企业的税收负担和企业的发展战略。反过来，税收因素也影响着并购重组的动机和过程。首先，不同企业的纳税差别会形成不同的税收利益；其次，不同的重组方式会造成纳税金额和纳税时间的差别。因此，在并购重组中寻找税收筹划的节税空间极为重要，这也是优化企业财税管理，实现价值增长的重要方式。

1. 企业重组的形式

企业重组，是指企业在日常经营活动以外发生的法律结构或经济结构重大改变的交易，包括企业法律形式改变、债务重组、股权收购、资产收购、合并、分立等。

2. 企业合并和分立的意义

（1）企业合并的意义。

合并，是指一家或多家企业将其全部资产和负债转让给另一家现存或新设企业，被合并企业股东换取合并企业的股权或非股权支付，实现两个或两个以上企业的依法合并。

企业合并一般是基于以下考虑：一是合并重组后的企业可以进入新的领域、新的行业，享受税收优惠政策；二是合并有大量亏损的企业，纳税额能得到减免或抵扣，可以实现低成本扩张；三是企业合并可以实现关联性企业上下游流通环节的减少，合理规避流转税和印花税；四是企业合并可能改变纳税主体的性质，如企业合并后可能由小规模纳税人变为一般纳税人；五是企业合并因规模扩充能够提高应提取折旧的资产总额，这也是一个强有力的税收刺激。

（2）企业分立的意义。

分立，是指一家企业将部分或全部资产分离转让给现存或新设的企业，被分立企业股东换取分立企业的股权或非股权支付，实现企业的依法分立。

企业分立一般是基于以下考虑：一是企业分立为多个纳税主体，可以形成有关联关系的企业群，实施集团化管理和系统化筹划；二是企业分立可以将兼营或混合销售中低税率业务和零税率业务独立出来单独纳税，降低税负；三是企业分立可以使适用累进税率的纳税主体分化成两个或多个适用低税率的纳税主体，税负自然降低；四是企业分立可以增加一道流通环节，有利于流转税抵扣及转让定价策略的运用。

3. 企业合并和分立的税收筹划

根据财税【2009】59号，企业重组的税务处理分为一般性税务处理和特殊性税务处理。一般性税务处理规定作为原则性规定普遍适用；但对一些特殊性重组，则适用不同的税务处理方法。因为从一般性税收原则出发，企业的全部资产交换都应纳税，但国家为了促进资源的合理流动，给予企业特殊性重组业务几乎免税的待遇。因此，企业在发生合并和分立时，应尽量满足特殊企业重组的条件，以适用特殊性的税务处理，从而降低自己的税收负担。

【案例 8-9】 甲公司账面应收账款为 9 000 万元，多数债权虽经法院判决，但大多数债务人已经被吊销营业执照或者已经破产，这些债权基本上没有收回的希望。经初步估计，可以扣除的资产损失为 8 500 万元。甲公司全部资产的计税基础是 10 000 万元，公允价值为 3 000 万元。乙公司与甲公司的经营范围基本相同，乙公司在 2013 年年度实现利润 8 000 万元，预计 2014 年年度将实现利润 9 000 万元。试设计乙公司的税收筹划方案。

分析：乙公司可以和甲公司的股东达成协议，甲公司和乙公司合并组成新的乙公司，甲公司的全部资产和负债并入乙公司，甲公司的股东取得乙公司 10%的股权，该 10%股权的公允价值为 3 000 万元。

这种合并免纳增值税、营业税等流转税。

另外，甲公司与乙公司的合并符合企业所得税特殊企业合并的条件，乙公司取得甲公司资产的计税基础为 10 000 元，甲公司股东取得乙公司股权的计税基础也为 10 000 万元。乙公司可以将甲公司的资产损失 8 500 万元在税前扣除，因此，可以少交企业所得税税额为 8 500 × 25% = 2 125（万元）。

甲公司的股东可以在以后年度转让乙公司的股权。假设该股权的公允价值已经增加到 10 000 万元，由于甲公司的股东取得该股权的计税基础是 10 000 万元，因此，甲公司的股东转让该股权没有所得，不需要缴纳企业所得税。而实际情况是，甲公司的股东获得的所得为 10 000 − 3 000 = 7 000（万元）。

【案例 8-10】 甲公司是一家小型制药企业（小型微利企业），属增值税一般纳税人，除生产常规药品外，还从事免税药品等项目的生产经营。该企业 2013 年共实现销售额 100 万元（不含税），企业购进生产用料的进项税额为 10 万元；2013 年企业应纳所得税额为 13 万元。经过内部大概核算，其中免税项目的销售额为 30 万元，购进生产用料的进项税额为 2 万元，应纳税所得额为 2.94 万元，因为财务管理和生产工艺等原因，未能准确划分应税和免税项目的进项税额、销项税额，因此，本来应免税的项目一并缴纳了增值税。

纳税分析：应纳增值税税额 = 100 × 17% − 10 = 7（万元）。

符合条件的小型微利企业，减按 20%的税率征收企业所得税。

企业所得税 = 13 × 20% = 2.6（万元）。

应纳增值税和所得税合计为 9.6 万元。

对此，可以筹划如下：企业应在 2014 年将生产免税药品及用具的部门分立出来设立独立核算的企业。这样，免税药品和用具就不用再缴纳增值税了。

假如 2014 年企业的销售、购进、所得等情况与 2013 年相同，则 2014 年：

应纳增值税 = 70 × 17% − 8 = 3.9（万元），

应纳企业所得税 = 10.06 × 20% + 2.94 × 20% = 2.6（万元）。

增值税和企业所得税合计金额为 6.5 万元，比未分立时降低税负 3.1 万元。

但是，这里应注意两个问题：一是企业分立要办理各种手续，同时会打破原企业的生产格局；二是企业分立后，如果失去了一般纳税人的资格，会给企业的生产经营造成影响。因此，对分立的利弊要仔细衡量，以免得不偿失。

4. 股权收购和资产收购的税收筹划

资产收购，是指一家企业购买另一家企业实质经营性资产的交易。受让企业支付对价的形式包括股权支付、非股权支付或两者的组合。

股权收购，是指一家企业购买另一家企业的股权，以实现对被收购企业控制的交易。收购企业支付对价的形式包括股权支付、非股权支付或两者的组合。

在企业资产和股权收购中，在条件许可的情况下，应当尽量选择免税的收购形式，避免缴纳流转税，免除或延迟缴纳所得税。

【案例 8-11】 甲公司准备用 9 000 万元现金收购乙公司 90%的股权。乙公司 90%股权的计税基础是 5 000 万元。在该交易中，乙公司应当如何纳税？如何对该交易进行税收筹划？

分析：在上述交易中，如果乙公司的股东是企业，应当缴纳企业所得税税额为（9 000 − 5 000）× 25% = 1 000（万元）。

如果甲公司采取免税股权收购的方式取得乙公司的股权，可以向乙公司的股东支付 10%的股权（公允价值为 8 000 万元）以及 1 000 万元的现金。由于股权支付额占交易总额的比例为 8 000 ÷ 9 000 × 100% = 88.89%，大于 85%，如果其他情况也符合要求，那么，根据财税【2009】59 号，此项收购属于免税股权收购。股权支付部分暂不确认资产转让所得。但是，在交易当期，乙公司的股东取得 100 万元的非股权支付额仍应确认对应的资产转让所得并缴纳企业所得税，计算如下。

非股权支付对应的资产转让所得或损失=（被转让资产的公允价值 − 被转让资产的计税基础）×（非股权支付金额 ÷ 被转让资产的公允价值）=（9 000 − 5 000）× 1 000/9 000 = 444.44（万元）。应纳企业所得税 = 444.44 × 25% = 111.11（万元）。节税额 = 1 000 − 111.11 = 888.89（万元），即使将来乙公司将其股权转让给甲公司或其他企业，也可以取得递延纳税的利益 100 × 17% − 10 = 7（万元）。

符合条件的小型微利企业，减按 20%的税率征收企业所得税。

企业所得税 = 13 × 20% = 2.6（万元）。

应纳增值税和所得税合计为 9.6 万元。

5. 调整企业清算日期的税收筹划

如果企业清算之前仍有盈利，清算所得为亏损时，可以通过将部分清算期间发生的费用转移到清算以前，以抵消企业的盈利。这种转移可以通过改变清算日期的方式实现，如图 8-18 所示。

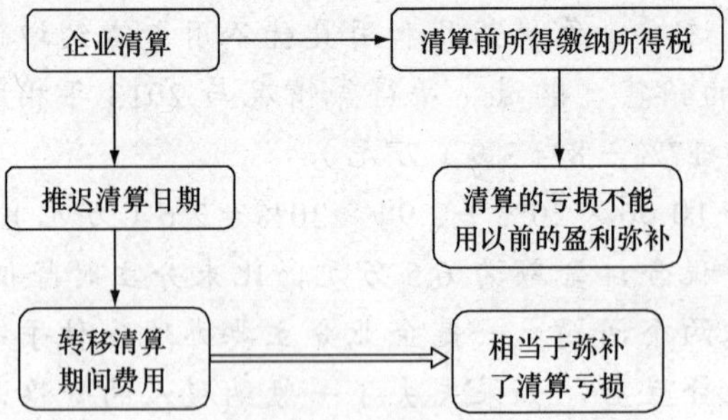

图 8-18 调整企业清算日期的税收筹划

【案例 8-12】 某公司董事会于 2014 年 5 月 20 日向股东提交解散申请书，股东会 5 月 25 日通过，并作出决议，5 月 31 日解散，于 6 月 1 日开始正常清算。但公司在开始清算后发现，1～5 月底预计公司可盈利 8 万元（适用税率为 25%）。于是，在尚未公告的前提下，股东会再次通过决议把解散日期改为 6 月 15 日，于 6 月 16 日开始清算。公司在 6 月 1 日～6 月 14 日共发生清算费用 14 万元。

分析： 按照规定，清算期间应单独作为一个纳税年度，即这 14 万元费用本属于清算期间费用，但因清算日期的改变，该公司 1～5 月由原盈利 8 万元变为亏损 6 万元。清算日期变更后，假设该公司清算所得为 9 万元。

方案 1：清算开始日为 6 月 1 日，则

1～5 月应纳所得税额 = 8 × 25% = 2（万元）。清算所得为亏损 5 万元（9 − 14），不纳税。合计税额为 2 万元。

方案 2：清算开始日为 6 月 16 日时，则

1～5 月亏损 6 万元，该年度不纳税，清算所得为 9 万元，须抵减上期亏损后，再纳税。清算所得税额 =（9 − 6）× 25% = 0.75（万元）。

两种方案比较结果，通过税收筹划，后者减轻税负 1.25 万元（2 − 0.75）。

8.5 企业海外投资的税收筹划

企业海外投资中的税收筹划涉及国际税收筹划。国际税收筹划的基本方式就是跨国纳税人利用或套用有关国家税法和国际税收协定，利用其对企业经营有利的规定，以及利用其差别、漏洞、特例和缺陷，避免国际双重交税，规避纳税主体和纳税客体的纳税义务。纳税主体一般是企业法人，这里统称为“人”；纳税客体一般是指资金投放、劳务付出，或货物交换而产生的收益或所得，这里统称为“物”。国际税收筹划的基本方法包括人的流动税收筹划法、人的非流动税收筹划法、物的流动税收筹划法、物的非流动税收筹划法，如图 8-19 所示。

1. 投资于国际避税地（避税港）进行税收筹划

国际避税地是指没有所得税和一般财产税的国家和地区，所得税和一般财产税的税率很低的国家和地区，或虽然实行所得税或一般财产税政策，但能提供特殊的所得税或一般财产税优惠的国家和地区。在国际避税地，往往通过完全或部分地不征收某些所得税和一般财产税，如公司所得税、个人所得税和遗产税，或完全放弃居民（公

民）管辖权，只行使地域管辖权，即仅对来源于或存在于本国（本地区）的所得和一般财产征税，或在某些方面制定较低税率和某些优惠条款，从而使纳税人的税负水平远低于国际一般水平。

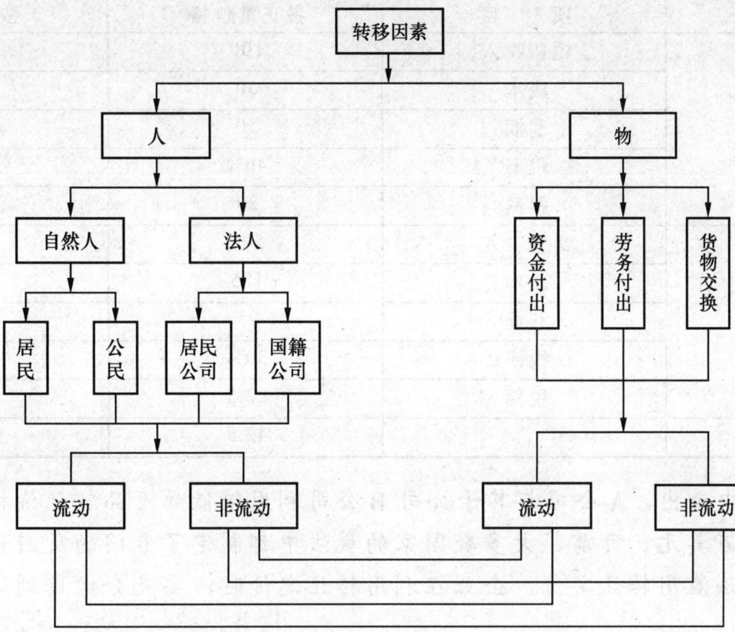

图 8-19　国际税收筹划基本方法示意图

跨国纳税人利用避税地的方式主要是建立基地公司，亦称招牌公司，起减轻税负的基地或中介作用。基地公司实际上是受控于高税国纳税人建立于避税地的虚构的纳税实体，其经济实体仍在其他国家。绝大部分基地公司在避税地没有实质性的经营活动，仅租用一间办公室或一张办公桌，甚至仅仅挂一张招牌。这种公司还被称为“信箱公司”或“纸面公司”。

在一般情况下，将常设机构或公司设在国际避税地，减轻税收负担的渠道通常有 4 种：①税后的所得最好经由国际避税地转移到与具有税收协定关系的国家，可以享受较低的预提税税率；②税前所得最好多体现在国际避税地，这样税收负担低，甚至可能为零税率；③因课征低税率的劳务报酬所得税，从而减轻税负；④在国际避税地多保留税后所得，可享受税收递延的好处，如图 8-20 所示。

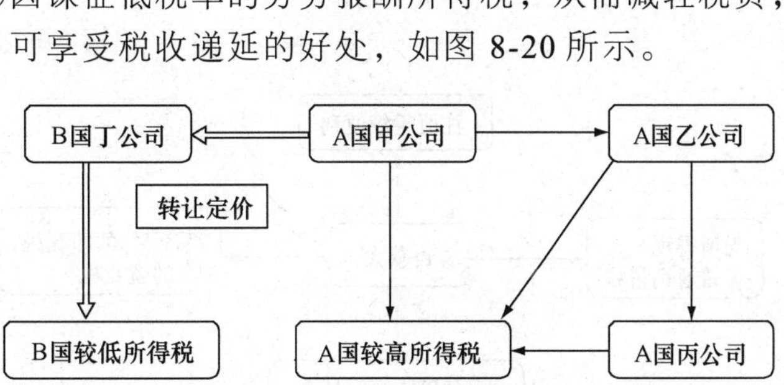

图 8-20　利用国际避税地进行税收筹划的简单图示

【案例 8-13】　假设位于甲国的 A 公司是位于乙国的 B 公司的母公司，A 公司控制B公司100%的股权。甲国公司所得税为40%，乙国为30%，A为B提供一批零件，由B加工后出售，按正常交易价格和低价格进行交易的结果如表8-2所示。

表8-2　转让定价前后的税负比较　单位：万美元

公　　司	项　　目	按正常价格	按低价格
A公司	销售收入	100	75
	成本	50	50
	利润	50	25
	税率	40%	40%
	税额	20	10
B公司	销售收入	200	200
	成本	125	100
	利润	75	100
	税率	30%	30%
	税额	22.5	30
税额合计		42.5	40

分析：从中看出，A公司与其子公司B公司利用较低的产品转让价格降低了公司整体税负2.5万美元。目前，大多数国家的税法中都制定了专门的反避税条款，以制止跨国公司非法滥用转让定价。企业在利用转让定价时，要充分考虑到这些反避税条款的限制。

国际避税地成了跨国公司最热衷的地方。形形色色的国际避税地又由于地理位置、经济发展水平、商业环境以及税收协议缔结的情况各有不同，因此跨国公司也会有所选择。目前，世界上著名的避税地有百慕大、开曼群岛、马恩岛、中国香港等。

百慕大地处北美洲，位于北大西洋西部群岛，面积53km²，人口6万，最主要的经济支柱是旅游业和金融业。百慕大是一个典型的避税港，在境内成立一家公司，允许最低资本额为1.2万百慕大元，两天内就可以完成全部的手续。不征公司所得税、个人所得税和普通销售税，只对遗产课征2%～5%的印花税；按雇主支付的薪金课征5%的就业税、4%的医疗税和一定的社会保障税；对进口货物一般课征20%的关税。另外，百慕大针对旅游业兴盛的特点，征收税负较轻的饭店使用税、空海运乘客税。百慕大的政治、经济一直都非常稳定，其银行、会计、工商、秘书等服务的品质一流，如图8-21所示。

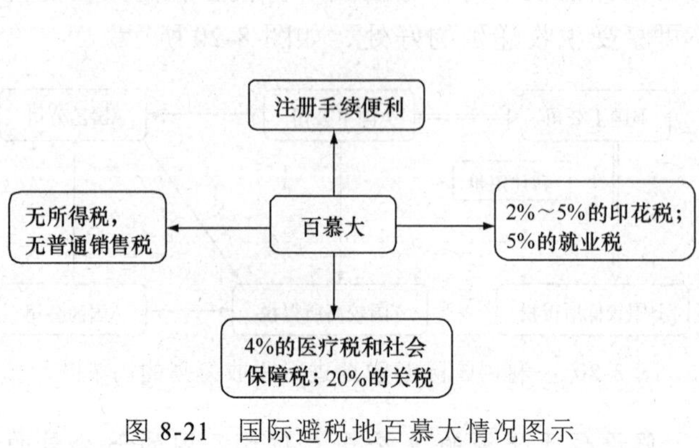

图8-21　国际避税地百慕大情况图示

开曼群岛位于加勒比海西北部，毗邻美国。全岛只有 $259km^2$，人口 2 万多。全岛两大经济支柱，一是金融，二是旅游。金融收入约占政府总收入的 40%、国内生产总值的 70%、外汇收入的 75%。那里课征的税种只有进口税、印花税、工商登记税、旅游者税等简单的几种；30 多年来没有开征个人所得税、公司所得税、资本利得税、不动产税、遗产税等直接税。各国货币在此自由流通，外汇进出自由，资金的投入与抽出完全自由，外国人的资产所有权得到法律保护，交通运输设施健全，现已成为西半球离岸融资业的最大中心。至 20 世纪 90 年代初，全世界最大的 25 家跨国银行几乎都在那里设立了子公司或分支机构，在岛内设立的金融、信托类企业的总资产已超过 2 500 亿美元，占欧洲美元交易总额的 7%，涉及 56 个国家，如图 8-22 所示。

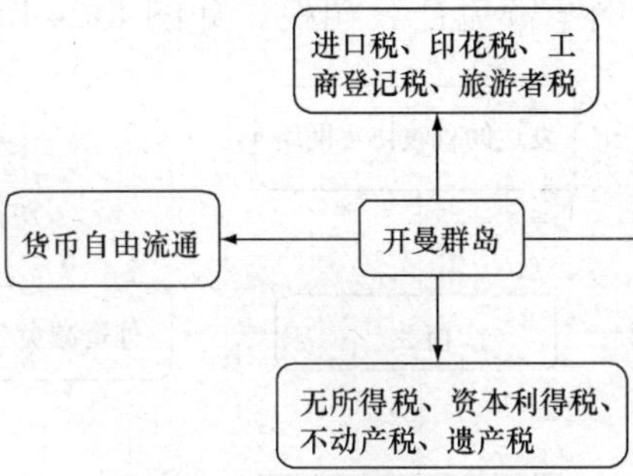

图 8-22　国际避税地开曼群岛情况图示

英属维尔京群岛是加勒比海上的 40 多个小岛组成的岛群，位丁波多黎各东部人约 60 英里（约 96 千米），是一个自治管理、通过独立立法会议立法的、政治稳定的英属殖民地。该岛的支柱产业是旅游业及海外离岸公司注册。世界众多大银行的进驻及先进的通信交通设施使英属维尔京群岛成为理想的离岸金融中心。该岛的公司注册处设备先进而且工作相当高效，交通和邮政服务也是一流。在英属维尔京群岛注册的公司，在全球所赚取的利润无需向当地政府缴税，印花税也被免除，岛上没有任何外汇管制，对于任何货币的流通都没有限制。跨国公司除了每年向政府缴纳一笔营业执照续牌费外，无须缴纳其他任何费用。政府对注册公司给予了最大限度的财产保护，允许自由的资金转移，如图 8-23 所示。

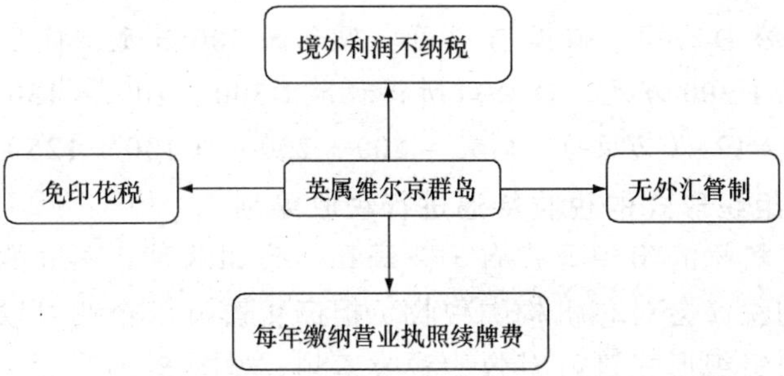

图 8-23　国际避税地英属维尔京群岛情况图示

避税港以对各类所得实行低税率为主要特点，也有一些国家（地区）则是因税收协定网络发达和对外资有较为优惠的政策而成为“准避税港”，成为国际控股、投资公司、中介性金融公司和信托公司建立的热点地区，如荷兰、瑞士、荷属安第列斯、塞浦路斯等。跨国企业集团在这些地区设立控股、投资公司和中介性金融公司，可因这些国家（地区）税收协定的发达网络，获得较多的税收协定提供的好处。

例如，荷兰已同德、法、日、英、美、俄等四五十个国家缔结了全面税收协定，对以上协定国均实施低税率的预提税。预提税税率通常股息为25%，对协定国降为5%、7.5%、10%或15%；利息和特许权使用费不征税。其中，还对丹麦、芬兰、爱尔兰、意大利、挪威、瑞典、英国、美国的股息预提税限定税率为零。此外，对汇出境外的公司利润，也可比照股息享受低税或免税的优惠。荷兰税法规定，居民公司所取得的股息和资本利得按35%的公司所得税课征，但对符合一定条件的公司中的外资部分所取得的股息和资本利得按所占比例全额免征公司税，如图8-24所示。

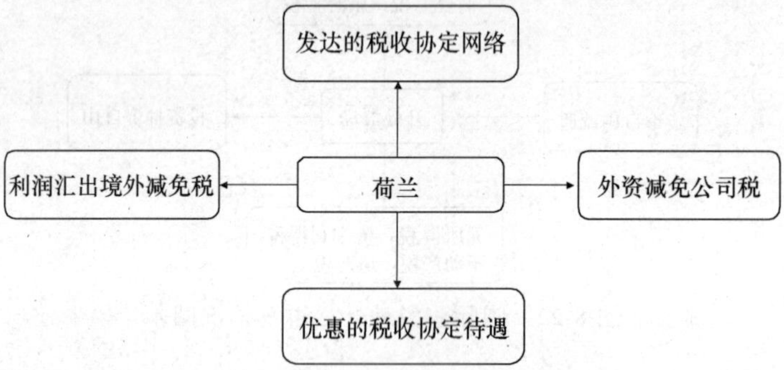

图8-24　国际准避税地荷兰情况图示

【案例8-14】　某企业A，其业务模式主要是通过制造子公司B进行产品生产，再由销售公司C通过购买B公司的制造产品向海外出售来实现利润。由于两个子公司分别缴纳25%的所得税，企业税收负担较重。2014年度B公司实现利润1 000万元，C公司实现利润800万元。请计算B、C两个子公司每年需要缴纳的企业所得税并提出税收筹划方案。

分析：B公司所得税 = 1 000 × 25% = 250（万元）；

C公司所得税 = 800 × 25% = 200（万元）。

筹划：将C公司设置在所得税税率较低的避税港，假设为D公司，所得税税率为10%，产品先销售给D公司。假设B公司实现利润500万元，将另500万元转至D公司，D公司共实现1 300万元。D公司所得税 = 1 300 × 10% = 130（万元）；B公司所得税 = 500 × 25% = 125（万元），减税 = 200 + 250 －（130 + 125）= 195（万元）。

2. 利用不同组织形式的税收待遇进行税收筹划

企业设立分支机构的组织形式有子公司和分公司两种。不同的组织形式分别使用独立纳税和汇总纳税，会对总机构的税收负担产生影响。企业可以利用这些规定，通过选择分支机构的组织形式进行有效的税收筹划，如图8-25所示。其中，子公司是具有独立法人资格、能够承担民事法律责任与义务的实体；而分公司是不具有独立法人资格、需要由总公司承担法律责任与义务的实体。

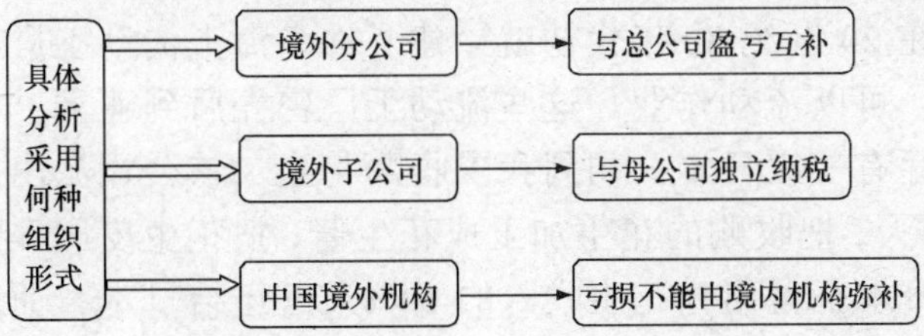

图 8-25　利用不同组织形式的税收待遇进行税收筹划

当一个企业进行国外或外地投资时，它就面临着分公司与子公司之间的选择。由于一些低税国、低税地区可能对具有独立法人的投资者的利润不征税或只征收较低的税收，并与其他国家和地区广泛签订了税收协定，对分配的税后利润不征或少征预提税。因此，跨国法人经常愿意在这些低税国家和地区建立子公司或分公司，用来转移利润，逃避高税国税收。

【案例 8-15】　某国一家制药公司，生产一项有专利权登记的药品，在市场上独一无二，没有竞争对手。该公司打算向国外开拓业务。有如下方案可供选择：①根据海外市场的销售情况，不设立生产场所和销售机构，只通过外国的代理商推销产品；②产品制造仍然在该国，在国外只设立销售营业部；③在国外设立从生产到销售的子公司。试从该公司税负水平分析哪种方案好？

分析：对三种方案的分析如下。

① 方案 1：由于国外未设机构，公司税全部集中在该国境内缴纳，境外不缴所得税。

② 方案 2：该公司在外国设有常设机构，用于常设机构的利润要在来源地缴纳税款，此时，在境外只缴纳一部分所得税。

③ 方案 3：由于子公司是一个独立的法人实体，对于子公司来源于境内外的一切所得，要在子公司所在国缴纳税款，那么，对于母公司而言，要在境外缴纳全部税款。

下面必须比较一下该国与投资国的税负水平的高低，以确定在国外设立机构好还是不设立机构好，设立子公司好还是设立分支机构好。

3. 避免成为常设机构

绝大多数国家利用“常设机构”的概念，作为对非居民个人或非居民公司征税的依据。如果跨国公司对收入来源国而言属非居民法人，其在收入来源国又没有设立常设机构，则其营业利润不受该国的税收管辖，无需向其纳税。即便在该国设有常设机构，如果来自该国的收入与常设机构无关，又不属于常设机构的正常营业范围，也不受该国的税收管辖。因此，避免成为常设机构就成为非居民纳税人国际税务筹划的一个选择，如图 8-26 所示。

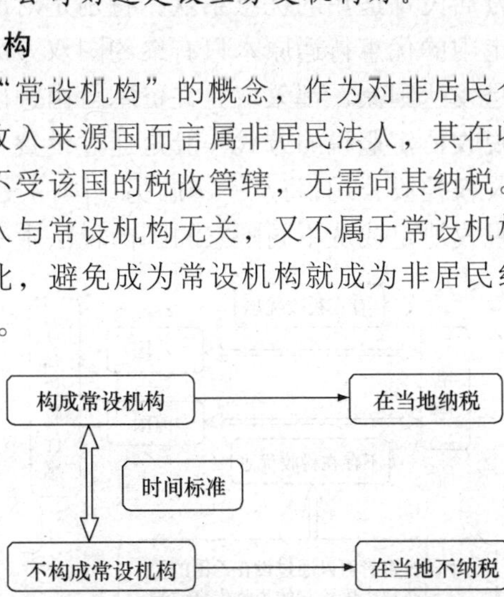

图 8-26　避免成为常设机构进行税收筹划

例如，日本早在20世纪80年代初就兴建了许多海上流动工厂车间。这些工厂车间全部设置在船上，可以流动作业。这些流动工厂曾先后到亚洲、非洲、南美洲等地进行流动作业。曾经有一家日本公司到我国收购花生。该公司派出它的一个海上车间在我港口停留了27天，把收购的花生加工成花生酱，把花生皮压碎后制成板又卖给我国。结果，我国从日本获得出售花生收入的64%又返还给日本，而且日本公司获得花生皮制板的收入税款分文未交。造成这一现象的原因就是我国和其他多数国家都对非居民公司的存留时间作了规定，日本公司就是利用这一规定来合法避税的。

4. 将利润保留境外减轻税收负担

纳税人在境外投资所得必须汇回本国才需要向本国缴纳企业所得税，如果留在投资国，则不需向本国纳税，但要把握好限度，如图8-27所示。

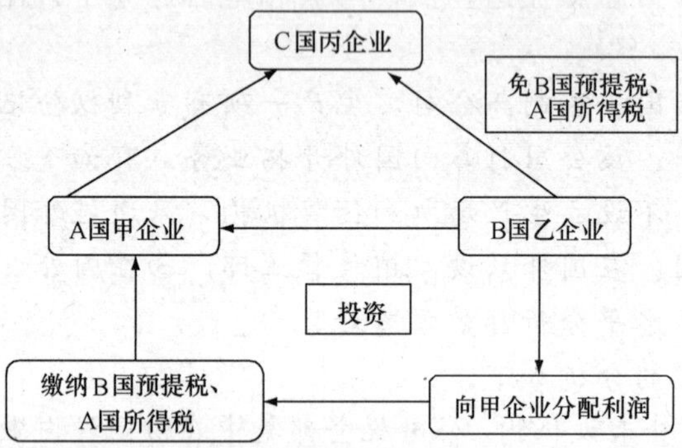

图8-27　将利润保留境外进行税收筹划

5. 利用不同国家之间税收协定的优惠政策

为了解决国际双重征税问题和调整国家间的税收利益分配，国家（地区）间缔结税收协定，特别是双边税收协定已成为各国普遍采用的有效途径。在尊重对方税收管辖权的前提下，要达到避免国际双重征税的目的，缔约国双方均要做出相应的自我约束和妥协，从而形成对缔约国双方居民都适用的优惠条款，特别是对股息、利息、特许权使用费等所得的税收优惠。协定中的优惠待遇原本只有缔约国双方的居民才有资格享受，但由于世界上多数国家特别是发达国家，都采取允许资本自由进出国境的政策，这就为跨国投资提供了方便。利用税收协定避税的方式一般是通过设置直接或间接的导管公司、直接利用双边关系设置低股权控股公司，将从一国向另一国的投资通过第三国迂回进行，以便从适用不同国家间的税收协定或从不同国家的国内税法中受益，如图8-28所示。

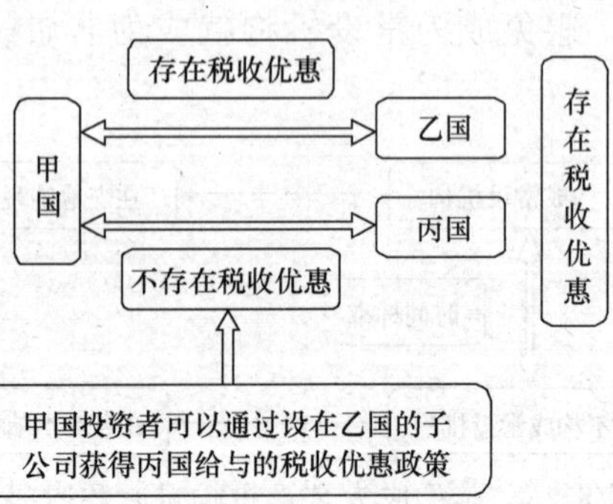

图8-28　利用不同国家之间税收协定的优惠政策进行税收筹划

6. 利用税收饶让抵免制度获得相关税收收益

税收饶让抵免亦称"虚拟抵免"和"饶让抵免"，是指居住国政府对其居民在国外得到减免税优惠的那一部分视同已经缴纳，同样给予税收抵免待遇不再按居住国税法规定的税率予以补征。企业可以充分利用税收饶让抵免制度进行税收筹划，获得相关税收收益，如图 8-29 所示。

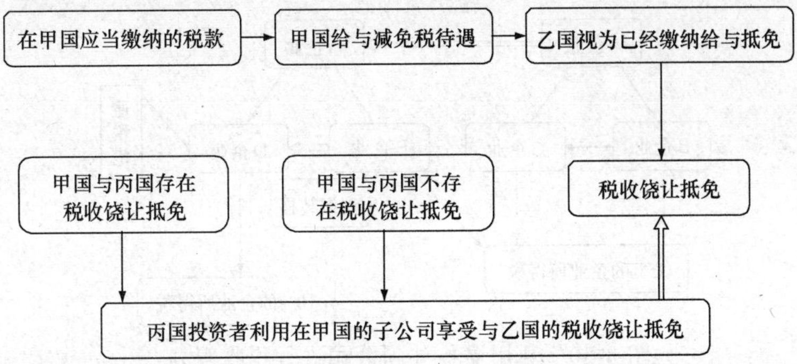

图 8-29　利用税收饶让抵免制度进行税收筹划

【案例 8-16】 境内某企业在B国设有一子公司乙，乙公司在B国税前利润为2 000万元，B国预提税为10%，所得税为10%。中国与B国无税收饶让，但与A国协议有税收饶让，免预提税，所得税率为30%，优惠税率为10%；B国与A国协议有税收饶让，免预提税。乙公司在B国纳税税额 = 2 000 × 10% = 200（万元），税后利润 = 2 000 − 200 = 1 800（万元），利润汇回缴预提税税额=1 800 × 10% = 180（万元）；该笔按我国税法纳税税额 = 2 000 × 25% = 500（万元），应补缴税税额 = 500 −（200 + 180）= 120（万元），税后利润=2000 − 200 − 180 − 120=1 500（万元）。

分析：经过筹划，先在A国设丙公司，将持有乙公司股权转给丙，即可享受税收饶让免抵优惠。乙公司在B国纳税税额 = 2 000 × 10% = 200（万元），税后利润 = 2 000 − 200 = 1 800（万元），利润全分配给丙，不需纳预提税；A国应纳税税额=2 000×10%=200（万元），有税收饶让，不补税；丙公司再将利润分配给甲公司，也不必补税。税后利润=2 000−200−200=1 600（万元），增加利润=1 600−1 500=100（万元）。

7. 利用受控外国公司进行税收筹划

我国税法规定，由居民企业，或者由居民企业和中国居民控制的设立在实际税负明显低于本法规定税率水平的国家（地区）的企业，并非由于合理的经营需要而对利润不作分配或者减少分配的，上述利润中应归属于该居民企业的部分，应当计入该居民企业的当期收入。"控制"包括以下两个方面。

（1）居民企业或者中国居民直接或者间接单一持有外国企业 10%以上有表决权股份，且由其共同持有该外国企业 50%以上股份。

（2）居民企业，或者居民企业和中国居民持股比例没有达到第（1）项规定的标准，但在股份、资金、经营、购销等方面对该外国企业构成实质控制。"实际税负明显低于企业所得税法规定税率水平"，是指低于企业所得税法规定税率的 50%。

由于一些更具体的规则尚未制定，因此进行税收筹划还为时尚早。但从一些原则上来讲，目前，在鼓励国内企业走出去的大背景下，税务机关尚不会严格执行受控外国公司税收制度。因此，企业可以考虑运用受控外国公司进行税收筹划。另外，等更具体的相关规则出台后，企业可以针对更具体的规则实施有针对性的税收筹划措施，如图 8-30 所示。

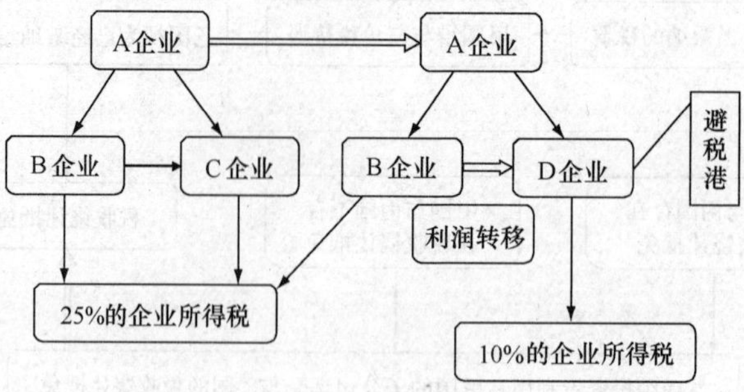

图 8-30 利用受控外国公司进行税收筹划

思考、练习与实训

一、简答题

1. 通过哪些途径可降低税基，进而降低应纳税额？
2. 如何利用注册地点和投资行业进行税收筹划？
3. 哪些企业更适合税收筹划？
4. 投资过程的税收筹划有哪些方面？
5. 对产品购销时间和结算方式如何筹划？
6. 简述企业组织形式的税收筹划方法。
7. 简述企业合并的税收筹划方法。
8. 简述企业分立的税收筹划方法。

二、案例分析题

1. 某股份制企业 A 共有普通股 400 万股，每股 10 元，没有负债。由于产品市场行情看好，准备扩大经营规模，准备筹资 6 000 万元，该公司董事会经过研究，商定了三个筹资方案。

方案 1：发行股票 600 万股（每股 10 元），共 6 000 万元。

方案 2：发行股票 300 万股，债券 3 000 万元（债券利率为 8%）。

方案 3：发行债券 6 000 万元。

企业 A 下一年度的资金盈利概率：盈利率分别为 10%、14%和 18%；概率分别对应为 30%、40%和 30%。企业预期盈利率 = 10% × 30% + 14% × 40% + 18% × 30% = 14%；预期盈利=（400×10+6 000）×14%=1 400（万元）。

要求：试通过计算比较三种方案每股税后净利润，并说明哪种筹资方案更合适。

2. A 公司于 2012 年 2 月 20 日以银行存款 900 万元投资于 B 公司，占 B 公司股本总额的 70%，B 公司当年获得税后利润 500 万元。A 公司 2012 年度内部生产、经营所得为 100 万元。A 公司所得税率为 25%，B 公司的所得税率为 15%。公司可以用以下两种方案来处理这笔利润。

方案 1：2013 年 3 月，B 公司董事会决定将税后利润的 30%用于分配，A 公司分得利润 105 万元。2013 年 9 月，A 公司将其拥有的 B 公司 70%的股权全部转让给 C 公司，转让价为 1 000 万元，转让过程中发生税费 0.5 万元。

方案 2：B 公司保留盈余不分配。2013 年 9 月，A 公司将其拥有的 B 公司 70%的股权全部转让给 C 公司，转让价为 1 105 万元，转让过程中发生税费 0.6 万元。

请通过计算帮助 A 公司进行纳税决策，应该选择哪个方案？为什么？

3. 永生公司今年实现盈利 2 000 万元，准备在上海设立分支机构 A。预计分支机构在设立之后最初两年会亏损，第一年亏损 200 万元，第二年亏损 50 万元，以后每年盈利 300 万元，有效期为 10 年，所得税税率为 25%，贴现率为 6%。

方案 1：设立非独立核算的分公司。

方案 2：设立子公司。

假设永生公司今后每年可实现应纳税所得额 2 000 万元，请对从属机构形式作出选择。

4. 某企业属增值税一般纳税人，当月发生销售业务 5 笔，共计应收货款 1 800 万元（含税价）。其中，有三笔共计 1 000 万元，货款两清；一笔 300 万元，两年后一次付清；另一笔 500 万元，一年后付 250 万元，一年半后付 150 万元，余款 100 万元两年后结清。

要求：计算说明该企业应采用直接收款方式还是应采取赊销和分期收款方式？

5. 甲公司准备用 9 000 万元现金收购乙公司 90%的资产。这些资产包括计税基础为 3 000 万元，公允价值为 4 000 万元的不动产，以及计税基础为 5 500 万元，公允价值为 5 000 万元的无形资产。在该交易中，甲公司和乙公司应当如何纳税？如何对该交易进行税收筹划？

6. 英国居民公司 A 计划在中国投资建立一个生产基地 B。假设 B 基地当年在中国获得利润总额 2 500 万元，其中包括单独核算的技术转让所得 800 万元。A 公司准备转让一项专利技术给中国的居民企业 C，转让价为 2 000 万元。有以下三种方案。

方案 1：B 在中国注册成立，为中国居民企业，适用 25%的企业所得税税率。由 B 成立研发部门组织开发该专利技术，发生研发支出 1 200 万元，再由 B 将该专利技术转让给 C。

方案 2：B 为 A 设在中国的生产机构，没有在中国注册，其实际管理机构在英国，不具备中国居民企业身份。由 B 成立研发部门组织开发该专利技术，发生研发支出 1 200 万元，再由 B 将该专利技术转让给 C。

方案 3：B 在中国注册成立，为中国居民企业。由 A 在英国成立研发部门组织开发专利技术，发生研发支出 1 200 万元，然后直接转让给 C。

请分析不同方案的税负情况并作出选择。

7. 某股份有限公司 A2012 年 9 月兼并某亏损国有企业 B。B 企业合并时账面净资产为 500 万元，去年亏损为 100 万元（以前年度无亏损），评估确认的价值为 550 万元。

经双方协商，A可以用以下方式合并B企业：①A公司以 180万股和10万元人民币购买B企业（A公司股票市价为3元/股）；②A公司以150万股和100万元人民币购买B企业。A公司合并后股票市价为3.1元/股。A公司共有已发行的股票2 000万股（面值为1元/股）。假设合并后被合并企业的股东在合并企业中所占的股份以后年度不发生变化，合并企业每年未弥补亏损前的应纳税所得额为900万元，截至合并业务发生当年年末国家发行的最长期限的国债利率为4%。增值后的资产的平均折旧年限为5年，行业平均利润率为10%，所得税税率为25%。请对两种合并方式做出评价。

单元测试题（五）

一、单项选择题

1．一般来说，以下哪种筹资方式所承受的税收负担最重？（　　）

A．自我积累　　B．向金融机构借款

C．企业间拆借　　D．企业内部集资

2．纳税人从关联方取得的借款金额超过其注册资本（　　）的，超过部分的利息，不得在税前扣除。

A．25%　　B．40%　　C．50%　　D．60%

3．具有财务杠杆效应的筹资方式是（　　）。

A．股票筹资　　B．吸收直接投资　　C．留存收益　　D．债券筹资

4．子公司与分公司的根本区别在于（　　）。

A．子公司具有独立的法人资格

B．母子公司有直接的隶属关系

C．母子公司存在法律上的独立财产权益

D．子公司独立纳税

5．从企业采购角度讲，下列哪种结算方式更有利于采购者节税？（　　）

A．现金结算　　B．支票结算　　C．银行本票结算　　D．托收承付结算

6．通过调整所得的归属年度，从而起到减轻税负或延期纳税的作用，这种税务处理属于（　　）。

A．企业投资决策中的税收筹划　　B．企业成果分配中的税收筹划

C．企业成本核算中的税收筹划　　D．企业筹资决策中的税收筹划

7. 下面关于关联企业间转让定价的表述错误的是（　　）。

A. 这种筹划方法尤其适用于企业集团

B. 可以通过提高零部件和产成品的销售价格，将税负向后转移给商品的购买者

C. 可以通过压低零部件和产成品的购买价格，将税负向前转移给商品的提供者

D. 因为同一企业在不同年份适用的税率可能不同，所以就给转让定价提供了便利

8. 财税【2009】59 号《关于企业重组业务所得税处理办法》规定，受让企业收购的资产不低于转让企业资产的（　　），且受让企业在该资产交易发生时股权支付金额不低于其交易支付总额的（　　），可以选择特殊性税务处理。

A. 75%，85%　　B. 85%，75%　　C. 85%，85%　　D. 75%，75%

9. 关于企业重组的说法错误的是（　　）。

A. 从一般的税收原则出发，企业的全部资产交换都应当纳税

B. 特殊性税务处理约等于免税

C. 特殊性税务处理中，交易各方就非股权支付部分仍应在交易当期确认相应的资产转让所得或损失，并调整相应资产的计税基础

D. 在特殊性税务处理中，交易各方就股权支付部分在交易当期也应当确认相应的资产转让所得或损失

10. 在国际避税筹划中，以下哪种方式不能降低企业集团的税收负担？（　　）

A. 在低税率国家建立基地公司

B. 设立导管公司，将从一国向另一国的投资通过第三国迂回进行

C. 若预计境外分支机构发生亏损，则境外的分支机构宜选择分公司的形式，因为境外分支机构的亏损可以由我国境内机构的盈利来弥补，以降低税负

D. 充分利用税收饶让抵免制度，获得相关的税收利益

二、多项选择题

1. 下面关于利息费用的说法正确的有（　　）。

A. 利息具有杠杆效应

B. 借款越多，融资成本越高，税前扣除越多，税后收益越大

C. 可将超过限额的不能扣除的利息转化为可以扣除的项目

D. 利息有时表现为反向杠杆效应

2. 可以发挥抵税效应的筹资方式包括（　　）。

A. 长期借款　　B. 发行债券　　C. 融资租赁　　D. 发行股票

3. 子公司在税收上的优势体现在（　　）。

A. 可以与母公司进行一定幅度的转移定价

B. 若东道国适用税率低于居住国，子公司利润可以递延纳税

C. 向母公司支付的有关费用一定能得到税务当局认可

D. 子公司向母公司支付的股息在东道国一律免征预提税

4. 企业投资活动的筹划方法有（　　）。
A. 选择有税收优惠的产业投资
B. 若允许选择，可以选择将房屋、建筑物作为注册资本投入，参与接受投资方的利润分配，共担风险
C. 选择西部地区国家鼓励类产业投资
D. 在分支机构成立初期，最好选择子公司形式

5. 企业经营活动的税收筹划方法有（　　）。
A. 采取赊销或分期收款方式推迟收入的实现
B. 关联企业间转让定价
C. 在分配活动中，适当控制补贴的发放，尽可能给员工提供福利
D. 尽量增加税前扣除项目

6. 关联企业间的转让定价，有助于实现（　　）税种的税收筹划。
A. 增值税　　B. 消费税　　C. 营业税　　D. 企业所得税

7. 在销售方式的筹划中，以下说法正确的是（　）。
A. 未收到货款不开发票
B. 尽量采用托收承付的结算方式
C. 尽可能采用支票、银行本票和汇兑结算方式
D. 多用销售折扣、少用折扣销售方式

8. 针对企业采购结算方式的筹划，下列说法正确的有（　　）。
A. 尽可能说服销售方采用委托收款的结算方式
B. 尽可能采用银行本票结算方式
C. 尽可能说服销售方接受托收承付的结算方式
D. 采用分期付款方式

9. 企业合并一般是基于以下考虑：（　　）。
A. 合并重组后的企业可以进入新的领域、新的行业，享受税收优惠政策
B. 合并有大量亏损的企业，纳税额得到减免或抵扣，可以实现低成本扩张
C. 企业合并可以实现关联性企业上下游流通环节的减少，合理规避流转税和印花税
D. 企业合并可能改变纳税主体的性质，使适用税率与征管方法改变，因此降低税收负担

10. 关于企业海外投资的税收筹划方法正确的是（　　）。
A. 税前所得最好体现在国际避税地　　B. 避免成为常设机构
C. 将利润保留在境外不汇回国内　　D. 在高税率国家建立信箱公司

三、判断题

1. 降低企业购销活动的总体税负，可以通过选择适用低税率或减少税基的方式来实现。（　　）

2. 在免税期，推迟生产经营收入的取得能实现递延纳税。（　　）

3. 一般来说，企业内部集资的税收负担是最重的。（　　）

4. 企业债权性融资与权益性融资不能超过规定的比例，否则会受到税务机关的

调整。(　　)

5. 购买用于环境保护、节能节水、安全生产方面的专用设备的投资额可以在应纳税所得额中抵免其中的10%。(　　)

6. 在企业组织形式的选择上，最好设立公司制企业以降低税负。(　　)

7. 股权收购中，无论是一般性税务处理还是特殊性税务处理，非股权支付部分在交易当期有关各方都应当确认相应的资产转让所得或损失。(　　)

8. 在企业资产重组中，最好采取免税重组的方式以降低税负。(　　)

9. 目前世界上著名的避税地有百慕大、开曼群岛、马恩岛和中国香港等。(　　)

10. 基地公司纯粹是出于降低税负的需要，并没有实质性的经营活动。(　　)

四、案例分析

1. 湖北省某市孙某想经营一家税务师事务所，预计年盈利20万元。该所如果采取个人独资企业组织形式，则要被课征个人所得税；如果采取公司企业组织形式，则先要缴纳企业所得税，然后，对于税后利润作股息分配时还要缴纳个人所得税。

要求：(1) 如果采取个人独资企业组织形式，孙某要承担多少税负？

(2) 如果采取公司企业组织形式，孙某要承担多少税负？

(3) 比较两种组织形式，孙某采取哪种形式税负较轻？

2. 奥立电梯公司主要生产销售电梯并负责电梯的安装、维修及保养。2014年，奥立电梯公司取得含税收入3 510万元，其中安装费约占总收入的30%，保养费、维修费约占收入总额的10%，假设本年度进项税额为240万元。

要求：计算该公司流转税应纳税额，并提出减轻税负的筹划方案。

3. 河南东风机械有限公司（以下简称东风公司）由5个自然人投资组建，投资比例每人各占20%。公司共有员工50人，2014年实际支付工资600 000元。5位股东均在企业任职，每人每月工资1 000元。若2014年东风公司预计将实现税前会计利润522 400元，企业所得税适用税率为25%，税后利润全部按投资比例分配，没其他纳税调整项目。

要求：计算该公司及股东所得税应纳税额，并提出减轻税负的筹划方案。

4. A公司由潘湖公司与蜀渝公司两家公司投资设立，双方各占50%的股权。A公司的资产构成如下：货币资金2 000万元；厂房一栋，计税基础为3 000万元，评估价格为2 500万元（土地增值税中扣除项目），公允价值为3 000万元。存货一批计税基础为1 000万元，公允价为3 000万元。净资产5 000万元的构成如下：股本为3 000万元，未分配利润为2 000万元。契税税率为3%，A公司、潘湖公司与蜀渝公司的企业所得税税率均为25%。为讨论方便，忽略城建税与教育费附加等因素。

2015年3月，A公司拟进行改制，有如下两种方案可供选择。

方案1：A公司进行整体资产转让（转让所有的资产与负债和劳动力）给B公司。两家协商后，B公司支付其股票6 000万股（面值6 000万元），公允值为7 000万元，同时付现金1 000万元，合计8 000万元。A公司转让后成为一个投资公司。

方案2：A公司先分配未分配利润1 000万元，后由潘湖公司与蜀渝公司转让各自的股份与B公司，B公司支付其股票6 000万股（面值6 000万元），公允值为7 000万元。

要求：试比较不同方案的税负。

参考文献

[1] 中国注册会计师协会. 税法（2011年度注册会计师全国统一考试辅导教材）. 北京：经济科学出版社，2011.

[2] 计金标. 税收筹划（第3版）. 北京：中国人民大学出版社，2010.

[3] 蔡昌. 税收筹划——理论、方法与案例. 北京：清华大学出版社，2009.

[4] 翟继光. 新税法下企业纳税筹划. 北京：电子工业出版社，2010.

[5] 王振. 企业所得税纳税筹划36计. 大连：东北财经大学出版社，2010.

[6] 庄粉荣. 纳税筹划实战精选百例. 北京：机械工业出版社，2010.

[7] 盖地. 税务筹划——理论·实务·案例·习题. 北京：首都经济贸易大学出版社，2011.

[8] 于长春. 企业税务筹划. 北京：北京大学出版社，2009.

[9] 刘佐. 中国税制概览. 北京：经济科学出版社，2011.

[10] 中国税务报——筹划周刊. 2010~2012年5月各期.

[11] 凌辉贤. 最新增值税纳税指南与税收筹划. 大连：东北财经大学出版社，2009.

[12] 张云莺. 税收筹划. 北京：清华大学出版社，2010.

[13] 中国税收筹划网. http://wwww.ctaxplan.net.

[14] 中华财税咨询网. http://wwww.nickhj.com.

[15] 无忧会计网. http://wwww.51kj.com.cn.

[16] 中国税网. http://www.ctaxnews.com.cn/.

[17] 都新英. 税收筹划. 北京：北京大学出版社，2012.

[18] 盖地. 税务筹划学. 北京：中国人民大学出版社，2009.

[19] 盖地. 税务会计与纳税筹划. 大连：东北财经大学出版社，2012.

[20] 庄粉荣. 纳税筹划实例全集. 北京：机械工业出版社，2013.

[21] 李晶. 税收优惠政策解析及应用. 大连：大连出版社，2008.

[22] 徐泓. 企业纳税筹划（第2版）. 北京：中国人民大学出版社，2014.

[23] 梁俊娇. 税收筹划（第3版）. 北京：中国人民大学出版社，2014.

[24] 汪华亮. 企业税务筹划与案例解析（第2版）. 上海：立信会计出版社，2014.